唐朝往事系列

耿元骊 主编

梦回大唐

衣食住行民间百态

赵龙 著

辽宁人民出版社

图书在版编目（CIP）数据

梦回大唐：衣食住行民间百态 / 赵龙著 . —沈阳：辽宁人民出版社，2025.1. —（唐朝往事系列 / 耿元骊主编）. —ISBN 978-7-205-11239-4

Ⅰ . K242.09

中国国家版本馆 CIP 数据核字第 20241EN279 号

出版发行：辽宁人民出版社
　　　　　地址：沈阳市和平区十一纬路 25 号　邮编：110003
　　　　　电话：024-23284191（发行部）　024-23284304（办公室）
　　　　　http : //www.lnpph.com.cn
印　　刷：天津光之彩印刷有限公司
幅面尺寸：145mm×210mm
印　　张：10.5
字　　数：188 千字
出版时间：2025 年 1 月第 1 版
印刷时间：2025 年 1 月第 1 次印刷
责任编辑：赵维宁　段　琼
封面设计：乐　翁
版式设计：一诺设计
责任校对：冯　莹
书　　号：ISBN 978-7-205-11239-4
定　　价：78.00 元

总　序

盛唐：中华文明的辉煌时代

唐朝有自己独特的气质。当我们提起唐朝，经过长达千年集体记忆形塑，大概每一个华人都会立刻呈现一幅宏大画卷萦绕脑海，泱泱大国典范形象勃现眼前，甚至还会莫名有一种自豪感油然而生。三百年波澜壮阔（实289年），四千位杰出人物（两《唐书》有姓名者约数），五千万烝民百姓（开元载簿约数，累计过亿），共同在欧亚大陆东端上演了一出雄浑壮丽、辉煌灿烂的人间大剧。

唐朝在中国历史上有着巍然的地位。它海纳百川，汲取万方长处；自信宏达，几无狭隘自闭之风。日本学者外山军治以域外之眼，推崇隋唐时代是"世界性的帝国"，自有其独到眼光。唐代在数百年乱世基础上，在经历多次民族大融合之后，引入周边各族之精英及其文化，融合再造生机勃勃的新一代文化，从而使以华夏文明为中心的中原文明再次焕发出生机与活力。唐朝，也成为中华文明辉煌的时代。如果在朝代之间进行比赛，唐代在大多数项目上都能取得前几名，"唐"也与"汉"共同成为中华代称。

唐朝有着空前辽阔的疆域。其开疆拓土之勇猛气概与精细作业之高超能力，一时无双。皇帝的"天可汗"称号，使唐成为周边各区域政权名义共主。这是一个大有为的豪迈时代，自张骞通西域以来，再次大规模稳定沟通西域，所谓"是时中国盛强，自安远门西尽唐境凡万二千里，闾阎相望，桑麻翳野"。在南方则形成了稳定通畅的广州通海夷道，大概是同时代世界上最远的航路。杜环、杨良瑶在中亚游历，促进了东西方海路沟通，大批波斯、大食商人来到广州，唐代和中亚、西方直接往来越来越密切，唐帝国是世界舞台上的优胜者。

大唐独有气质、巍然历史地位、空前辽阔疆域，共同形成了"盛唐气象"。"盛唐气象"也从最初描绘诗文格调的形容词，逐渐转变为唐代整个社会风范的代名词。"盛唐"逐步成为描绘唐朝基本面貌最常用词语，一个典范概括。唐朝各个方面，都呈现出进取有为和气质昂扬的面貌，无论是精神、文化还是生活上，都展现了独特时代风貌，其格局气势恢宏，境界深远，深深体现在盛唐精神、文化、生活等各个方面。

盛唐的精神

大唐精神体现在何处？首先是开放的心态，其次是大规模的制度建设。没有开放心态，就不会建成这些制度。唐朝有传统时代最开放的万丈雄心，不自卑，也不保守，更没有"文化本位主义"的抱残守缺。上层统治群体胡人血统很深，胡汉通婚情况很普遍，社会氛围基本不强调排外。唐高祖母独孤氏，太宗母窦氏、皇后长孙氏，这些都是鲜卑人。"胡客留长安久者，或四十余年"，来华的日本人很多在唐娶妻生子，大食国李彦、朝鲜半岛崔致远等，都考中进士，日本人阿倍仲麻吕进士及第后还当过官员。华夷观念上，没有鲜明对抗。唐朝人不自限天地，也不坐井观天。

在制度建设方面，唐朝延续了隋朝之初创，多方面建立了模板标杆，后代仿而行之，千年而未改，是盛唐精神最佳外在表现。在中央行政体制上，建立了完善的三省六部制，其体制健全，运行相对其他制度较为顺畅。结束了家国一体、门阀政治局面，以皇帝为核心，建立官僚政治制度，以严密官僚体系，分门别类推动行政运作，这个基本框架和运行模式历经改良在后世得到了长期沿用。在法律上，唐代创建了律令格式体系，形成了中华法系。特别是唐律，不仅仅在中国，在东亚历史上都有着重要地位，得到了长期沿用。在科举体制上，进一步完善科举模式，也得到了长期沿用。科举公平考试最受益者无疑是寒素出身者，推动并加快了社会阶层流动速度。在礼制这个社会等级秩序最鲜明标志物的建设上，唐代也有着最大贡献，形成了最早的国家礼典，在东亚文化体系当中影响巨大。

盛唐时期昂扬向上，走在各方面都开创事功的道路上，能出现贞观之治、开元盛世新局面，也就不足为奇。虽然安史之乱打破了原有局势，但是它并没有颠覆已经形成的大格局，所以唐朝仍能继续维系百年以上。

盛唐的文化

唐朝是文化的时代，各种艺术形式都让人有如臻化境之感。大唐是诗之国度，唐诗是诗之顶峰，唐诗至今仍是我们中国人日常最爱古典文化，谁不能脱口而出一两句唐诗呢！唐诗厚重与灵巧并重，对现实、人生总是充满着昂扬奋发的精气神，所体现出的时代精神是那么刚健、自豪！读李白诗，不由得让人有意气风发之感。读杜甫诗，不由得起家国之深思。才气纵横如李白，勤思苦练如杜甫，是唐诗当中最亮的双子星。读边塞诗，似亲行塞上，悲壮深沉。读田园诗，则宁静致远，平和悠适。即使安史之乱以后，大唐仍然有元稹、白居易、韩愈、柳宗元等诸多诗文大家。韩、柳更是开启古文运动，兴起一代文体新风。无论是诗还是文，大唐诗人都已长领风骚千年之久。即使到了白话文广泛通行的今日，唐诗、古文又有哪个华夏子孙不读之一二呢？

而绘画、书法、舞蹈与音乐、史学等都在中国历史上具有重要意义，是前此千年的总结，又是后此千年的开创。吴道子是唐代最有名的天才画家，"吴带当风"，被称颂为"气韵生动"，自成一派；而山水画也开始兴起，出现了文人画，两派画风都深深影响了宋朝人审美趣味，流风余韵至今日。书法在本质上已经脱离了记录符号，其实也是一种绘画，是绘画和文字本身含义的结合体。唐代书法大盛，书法理论自成一格。前期尊崇王羲之书法，盛唐之后形成了张旭草书新体，书风飘逸；又形成了颜真卿楷书，端庄正大，成为至今通行常用字体，其影响可谓远矣。舞蹈与音乐更是传统时代的顶峰，太宗时形成"十部乐"，广泛引入了域外曲调。盛唐时代，更是从玄宗到乐工，都精于音律，《秦王破阵乐》《霓裳羽衣曲》大名流传至今。唐代史学承前启后，《隋书·经籍志》确定了史部领先子、集的地位，一直沿用到《四库全书》。纪传体成为正史唯一体裁，也是在唐代得以确立，"二十四史"由唐朝修成有8部之多。设史馆，修实录，撰国史，成为持续千年的国家规定动作，影响之大，自不必言。

文化是盛唐精神的最佳展示，是大唐时代风貌的具象化展示，表达了全社会的心理和情绪。

盛唐的生活

盛唐时代经济富庶，生活安定，杜甫有一首脍炙人口之史诗可为证："忆昔开元全盛日，小邑犹藏万家室。稻米流脂粟米白，公私仓廪俱丰实。"这就是唐代经济社会繁盛的形象化表述。盛唐时代，"天下大稔，流散者咸归乡里，……东至于海，南及五岭，皆外户不闭，行旅不赍粮，取给于道路"，几乎是到当时为止农业经济条件下，所能取得的最高峰。南方特别是江南得到了广泛开发，开元、天宝之时，长江三角洲开发已经取得了显著成绩，工商业更加发达，经济水平在全国取得了领先性地位。

盛唐时代，也是宗教繁荣时代。高宗建大慈恩寺，请玄奘译经。武则天更是深度利用佛教，在全国广建大云寺，推动了佛教大发展。玄宗尊崇密宗，行灌顶仪式，成为佛弟子。除唐武宗灭佛之外，唐代其他皇帝基本是扶持利用佛教。在中国历史上，唐代是佛教全盛时代，整个社会笼罩在佛教影子之下。唐朝也崇信道教，高祖自称老子后裔，高度推崇道教，借道教提高李氏地位，建设了一大批道教宫观。太宗规定道士地位在僧人之前，高宗追封老子，睿宗两个女儿出家入道。玄宗对老子思想高度赞赏，尊《老子》为《道德真经》，并亲自为其注释，颁行全国。

在唐代社会生活中，婚姻、丧葬、教育、养老是最重要的内容。盛唐时代，婚姻仍然非常看重门第，观察对方家族的社会名望和地位，对等才能让子女结合，基本实行一夫一妻多妾制。丧礼是社会关系确认重要标志，唐代有厚葬之风。在丧葬仪式方面，朝廷出台了官方规定，形成了系统化、程序化仪式。教育在盛唐时代也被高度关注，中央设立六学二馆，地方上设置了郡学和县学，开元时期全国各州县普遍设学。唐朝强调以"孝"治国，唐玄宗亲自为《孝经》作注，提高了老人地位，对老人提供各种礼节性待遇。

盛唐时代，虽然围绕最高权力争夺不断，但是百姓生活尚称安乐。然而，"渔阳鼙鼓动地来，惊破霓裳羽衣曲"，大唐转折来得也很猛烈，安史之乱对盛唐造成了重大伤害。另外，在我们对大唐赞叹有加的同时，不得不说，唐代短板也很多，特别是原创思想开拓性不足，微有遗憾。在传统时代唐朝所具有的开放性足以为傲，但是对其相对的封闭性也要有明确认识，值得思考。唐朝社会精英可以对外开放，但是普通百姓必须遵守牢笼规则，遍布长安的高墙和里坊就是佐证。大唐女性，看起来可以袒胸露乳，气质昂扬，独立自主，但只是少部分贵族妇女。大部分普通女性，还是生活在枷锁之中，虽然还没有裹脚这种身体残害，但是被禁锢的附属品命运还是传统时代所常见。

总之，唐朝个性鲜明，"大一统"最终成为定局。在唐朝之前，只有汉朝在一个较长时期内落实了大一统。隋朝虽然恢复了大一统体制，但是流星般的命运让它没有时间稳固大一统。唐朝立国稳定，最终把大一统定局为中华政体的深层底蕴结构，从此，大一统有了稳定轨道和天然正义性，延续千年，成为中华民族社会心理的共同基本。

如此唐朝，谁又不爱，谁又不想了解呢？然而时代变迁，让每个人都从史籍读起，显然不可能。虽然坊间关于唐代的读物已有不少，其中品质高超者也为数甚多，但是在文史百花园当中，自当要百花齐放，因此即使关于唐朝的普及性读物已经汗牛充栋，我们还是要在这著述之海当中，继续增加一些新鲜气息，与读者共赏唐朝之美！我们曾表达过，孟浩然"人事有代谢，往来成古今"最能代表我们的心声。没有人，没有事，也就没有历史。见人，见事，方见历史。所以，我们愿意努力在更多维度上为读者提供思考和探寻唐代历史的基础，与已经完成的"宋朝往事"略有不同，在人和事两方面基础上，增加了典制内容。大唐三百年历程，人事繁杂，典制丰富。我们采中国传统史学模式当中的纪事本末、列传、典制体裁之意，并略有调整，选十事、五人、五专题进行定向描绘，各书文字流畅，线索清晰，分析准确精当，且可快速读完。希望读者能和我们一起从更多维度观察唐、了解唐、思考唐，回首"唐朝往事"。

公元 617 年，留守晋阳（今山西太原）的唐国公李渊起兵，拉开了大唐王朝序幕，攻势如破竹，一年不到就改换了天地。虽然正史当中塑造了一个平庸的李渊形象，但是实情是没有李渊的方略和能力，就不会建成大唐。玄武门之变，兄弟刀兵相见，血流成河；父子反目，无奈老皇退位。从玄武门之变到出现贞观之治，二十多年时光，选贤任能、开疆拓土、建章立制，李世民留给世界一段值得长期探讨、反复思考的"贞观"长歌。太宗才人武媚，与高宗李治一场姐弟恋，却开创了大唐一段新故事。武周霸业，建神都洛阳，成就武则天唯一女皇。神龙元年（705），李武势力默认，朝臣积极推动，"五王"主导政变成功，女皇被迫退位，重新成为李家儿媳。此后十年间，四次政变，四次皇位更迭，大唐核心圈就没有停止过刀光剑影，但是尚未伤到帝国根本。玄宗稳定了政局，"贞观之风，一朝复振"，再开新局，开放又自由，包容又豁达，恢宏壮丽的极盛大唐就体现在开元时代。

"开元盛世"四字，至今脍炙人口。

盛极而衰，自然之理。盛世接着就是天宝危机，酿成安史之乱。这场大变乱，改变了中国历史走向，时间长，范围广，破坏大，影响深。战乱过后，元气大伤。河朔藩镇只是名义上屈服，导致朝廷也只能屯兵防备。彼此呼应，武人势力极度膨胀，群雄争霸，朝廷无力。唐宪宗元和时代，重新形成了短暂振兴局面，这也是唯一一位能控制藩镇的皇帝，再次构建了由中央统领的政治秩序。元和中兴也成为继开元盛世后，大唐王朝最后一次短暂辉煌。宪宗身后，朝廷局势一天不如一天，穆宗、敬宗毫无能力，醉生梦死。文宗时代，具体操办政务运行的朝臣，以李德裕、牛僧孺各自为首的政治集团党争不断，势同水火，"去河北贼易，去朝中朋党难"。宦官权重，杀二帝，立七君，势力凌驾皇权之上。导致皇帝也难以忍受，文宗试图利用"甘露之变"诛杀宦官，但是皇帝亲自发动政变向身边人夺权功败垂成，朝臣一扫而光，大唐也就踏上了不归路。

大唐功勋卓著的名人辈出，自不能逐一详细介绍，只好有所选择。狄仁杰，我们心目中的"神探"，实是辅周复唐大功臣，两次为相，为君分忧，为民解难。特别是劝说武则天迎回李显，又提拔张柬之等复唐主力人物。生前得到同时代人赞誉，死后获得了后世敬仰。郭子仪在战乱中显露英雄本色，平安史，击仆固，退回纥，是力挽狂澜的武将代表。长期位极人臣，生活在权力核心地带，谨慎经营，屹立不倒，"完名高节，福禄永终"，可谓文武双全，政治智慧超群。上官婉儿是唐朝著名女性代表，有着出色的文字能力，是可以撰拟诏敕的"巾帼宰相"，还可以参与军国权谋，但命运多舛，未有善终。近年来墓志出土，形成了一波婉儿话题。韩愈，千古文宗第一人。谏迎佛骨，显示了韩愈风骨。一代文化巨人，"匹夫而为百世师，一言而为天下法"，努力振兴儒学，文起八代之衰，推动"古文"运动，千年之后，仍然能够感受到他的影响。陆羽，唐代文人的代表，撰写了世界上第一部茶叶专著——《茶经》，号为"茶圣"，影响千年，成为古今中外吟咏不已、怀念不止的人物。

大唐创业垂统，建章立制。三省六部，成为中国古代官僚行政的典范。三省六部是决策机构，九寺五监是执行机构。虽然三省屡经变迁，但是所确立的中枢体制模式，却是千年如一。六部分科管理行政，其行政原理至今还在运行。九寺五监，今日"参公""事业"单位名目仍可见其遗意。唐代法律完善，律令格式体系齐备，是中华古典法系的杰出代表，对东亚影响可谓广泛。大唐生活，千姿百态。衣食住行，是维系每个大唐人生存的基本，婚丧学老，是每个大唐人成长所必有的经历。八件大事，又都和等级制度挂钩，是观察唐朝日常的最佳窗口。古都长安，是东亚中心，也是当时"世界"之都，是经济中心，是文化交流中心，是思想和学术的高地。巍巍长安，是盛唐气象直接承载体，长安风华引领着世界风潮，展示着盛唐文明所达到的高度。吐鲁番地处丝绸之路要地，是中外文明交汇融通之处。多元人口组成，多元文化集结地，是大唐开拓西域的关键节点，具有重要的军政和战略地位。凡此种种，理当书之。

以上，就是"唐朝往事"的总体设计。我们希望以明晰的框架，建设具有整体感的书系。既有主线，又可分立；有清晰流畅语言，有足够的事实信息，也有核心脉络可以掌握。提供给读者既不烧脑又不低俗的"讲史"，以学术为基础，但是又不是满满脚注的学究文。专业学者用相对轻松的笔调来记录和阐释，提供一点不一样的阅读感受。这个目标能否实现还很难说，但是我们正在向此努力。我们21人以一年时光，共同打造的20部小书，请读者诸君阅后评判！

感谢鲍丹琼（陕西师范大学）、侯晓晨（新疆大学）、靳小龙（厦门大学）、李航（洛阳师范学院）、李瑞华（西北大学）、李效杰（鲁东大学）、李永（福建师范大学）、刘喆（北京师范大学）、罗亮（中山大学）、雒晓辉（中国社会科学院古代史研究所）、孟献志（首都经济贸易大学）、孙宁（山西师范大学）、王培峰（山东师范大学）、许超雄（上海师范大学）、原康（淮北师范大学）、张春兰（河北大学）、张明（陕西师范大学）、赵龙（上海师范大学）、赵耀文（重庆大学）、朱成实（上海电机学院）等学界友朋（按姓名拼音为序）接受邀请，给予大力支持，参加"唐朝往事"的撰写工作，更要感谢他们能在一年多的时间内不停忍受我的絮叨和催促，谢谢大家！感谢辽宁人民出版社蔡伟先生及其所带领的编辑团队，是他们的耐心细致，才使得本书以这样优美的状态呈现出来。

现在，亲爱的读者，请您展卷领略"唐朝往事"，与我们一起走进大唐，思考大唐！

耿元骊

2024年3月26日于唐之汴州

目录

引　言

　　我们平常所看到的历史学家研究历史时，往往多将目光投向上层建筑中的政治角力、制度法规、军事战争等层面，然而历史是多维度的，古人的生活场景也是多方位的。生活，是为大俗，居于其中的是人们所熟悉的柴米油盐酱醋茶，并折射出人间百态。古代民众的日常也是今人需要认真加以探讨的。

　　生活于春秋时期的管子云："仓廪实而知礼节，衣食足而知荣辱。"衣食住行，伴随着生命个体的始终，关系到人类的生存繁衍，是人类生活的最基本需要。《新唐书》卷十一《礼乐制》也言："凡是教化百姓孝慈、友悌、忠信以及仁义的，不外乎居处、动作、衣服和饮食。人们朝夕从事的，无非就是这些事情。"不经意间，吃穿住行成为推动历史车轮向前滚动的最基本动力，人们在日复一日的日常生活中，逐渐习以为常，进而生成一些特定的礼仪与习惯，成为影响社会风尚、社会秩序等的重要因素，甚至直接影响到一个国家基本国策的制定。

唐代诗人王维《和贾舍人早朝大明宫之作》云："绛帻鸡人报晓筹，尚衣方进翠云裘。九天阊阖开宫殿，万国衣冠拜冕旒。日色才临仙掌动，香烟欲傍衮龙浮。朝罢须裁五色诏，佩声归向凤池头。"诗歌描述了唐王朝万国来朝、商旅不绝的繁华景象，不禁让今天的人们想要了解那距今已有1400余年的唐朝民众的日常生活究竟是何等场景。

回望唐朝，自李渊立国至朱温灭唐，一共存在了290年，充斥其中的宫廷斗争残酷不已，使人胆寒；而诸如唐太宗李世民重用魏徵等人，开创万古流芳的"贞观之治"，令人赞叹；"安史之乱"，犹如残阳晚照，导致唐朝走向衰亡，让人叹息。

走进唐朝，期待能发现唐朝的细节。唐朝人的绝代风华，是否绽放于眼花缭乱的衣着服饰？唐朝人的味觉盛宴，是否隐藏于纵情饮酒与细烹茶饮的兼容并蓄？唐朝人的诗情画意，是否彰显于亭台楼阁与特色家具的古典魅力？唐朝人的壮志豪情，是否体现于策马扬鞭的豪迈与孤帆远影的伤感？

事实上，蕴藏于唐人衣食住行中的文化内涵十分丰富，因此，本书不打算关注历史研究者眼中占据重要研究地位的"宏大叙事"，不深究政治经济和道德学问，而转向民众日常的历史学叙事，从衣、食、住、行四个维度出发，通过对传世文献以及出土文献的爬梳，接近有血有肉的社会生活，还原那些可能已被历史遗忘了的微观生活场景。与读者一起漫游唐朝，从历史的尘埃中找寻唐朝的人间烟火与世俗风情，揭示一个别样的唐王朝，以期更好地传承和弘扬中华优秀传统文化。

第一章
始于衣冠：服饰与唐代生活

中国自古就有"衣冠上国""礼仪之邦"之称，"冠"与"衣"关系密切，至今仍用"衣冠楚楚"来形容一个人衣帽穿戴得很整齐和漂亮。"衣冠"的引申义逐渐拓展至礼仪、家世等与社会地位相关的领域。中国的服饰传统悠久，而唐代服饰被誉为中国古代服饰史上的瑰宝。唐代服饰承袭了历代冠服传统，为后代衣冠文化打下基础，广泛吸纳与融合多种元素，在中国古代服饰史上独具特色。不论是官服还是民间服饰，男女装的样式和色彩均彰显着一种开放思想、探索精神，充分展示了唐朝鲜明的时代特征和浓烈的民族风采。唐朝睿智的政策、开放的社会环境、繁荣的文化艺术、先进的纺织技术以及唐代人对外来文化包容的态度，共同构成了唐代服饰多样化的重要推动因素，这些因素共同推动了唐代服饰的繁荣。

一、男子服饰

唐代的男子服饰，将魏晋至隋以来的服饰发展固定下来，并逐渐融入法律制度中。唐代法律对男子服饰穿着有严格规定，并通过法律规定体现出服饰的等级性，对后世产生了重要影响。相对于唐代女子服饰而言，唐代的男子服饰多了些浓厚的政治意味，是唐代服饰文化特质的具体体现。总体而言，有唐一代，男子服饰平稳发展，同时也具有一定的阶段性特征，又随着唐王朝的由盛而衰，折射出服饰穿着特点的变化。本节依照男子体态，从上至下介绍男子服饰。

首先是首服，也称"头衣"，即裹头之物，大致包括巾幞、帽、冠等。其中巾幞起聚拢头发的功用，出行时给人利落之感，在干活时也能很好地避免头发散落，提高工作或劳动效率。帽在春夏季使用时，主要作为装饰，在秋冬时节使用时，主要起到避寒保暖之用。冠则主要强调修饰的作用。

首服之中，巾幞也有所区分，巾主要是指男子裹头的头巾。

唐代男子对头巾的使用是比较广泛的，男子地位不同，所用的头巾在款式和颜色上也有所区别。幞即幞头，据《北周书》记载，幞头大约在南北朝晚期出现，而男子佩戴幞头始于北周武帝时。它以汉魏时期的幅巾为底版，在鲜卑族常用的鲜卑帽的影响下逐渐发展而成。幅巾，简单来讲，就是普通的方巾大小的布，使用方法是从额头开始，包裹住脑部，束至脑后。鲜卑帽，即头部前后各系两带的四角头巾，通常被视为和幞头最为接近的服饰。南北朝时期，鲜卑贵族成为中国北部的主要统治者，孝文帝极其推崇汉化改革，促使鲜卑服饰与汉族服饰进行了融合。这时期的幞头顶上发髻处隆起，是汉族与鲜卑族通用的发型代表，是当时民族融合的重要象征。最初，幞头只在军营中使用，军士操练或出兵，利用幞头束发更加方便行动，在后来逐渐发展成为男子较为日常的首服。

幞头经隋、唐、宋、金、明历朝，一直为男子佩戴，通行时间长达1000余年。隋代的幞头，其特征主要为平顶，额前系结带，不必将发髻拥起。至宋，男子发髻已被幞头向前系结的巾脚拥起。这种包裹头部的方法，在沈括的《梦溪笔谈》一书中有所记载："幞头有四脚，其实是四根带子，两根带子系到脑门上，多余的带子反复纠缠之后塞入幞头内，两根系到后脑勺，多余的带子直接垂放下来。"直至清初，幞头被满族特制的冠帽所取代。

幞头是唐代男子最重要的首服，从皇帝到平民，幞头都是男子常服中不可缺少的组成部分。唐代的幞头发生了多次重要的变化，最主要的区别是，首先唐代的幞头加入了用以支撑其形状的固定饰物，不同于前朝软塌的特点。其次还体现在材质方面。幞头初出现时，只是作为一种裹头的用具，故而不太在意其材质与美观，最初所使用的材料主要是较为粗厚的缯、绢。这类布料用以裹头既沉重又不透气，考虑到便携性与舒适度，幞头的材质渐趋轻盈，后来甚至出现了专门用来制作幞头的丝织物。不过丝织物价格昂贵，不是一般百姓所能承受得起的，普通人家男子所用的幞头仍然是价格较为低廉的粗布制作而成。幞头鲜见于世界其他地区，是我国古代男装的独特标志。幞头的出现与使用，在中国古代服饰史上有着非常重要的意义。

唐代时，男性多佩戴纱帽，其中以乌纱帽最为常见。这乌纱帽，外观呈幞头状，后部凸起，内衬黑纱，外表涂以乌漆。最初，乌纱帽只有皇帝才能戴，隋代时仅供皇帝和王公大臣佩戴，普通士庶不得佩戴。但到了唐代，乌纱帽的使用逐渐普及，士人和平民都可以佩戴。《中华古今注》中记载了唐太宗时期的法令，规定天子戴乌纱帽，所有百官和士庶都可模仿。此外，除了乌纱帽，还有一种笠帽，主要供底层劳动者佩戴，俗称斗笠或笠子，主要用于农田劳作时，可以防雨遮阳。这种帽子呈圆形，有檐，由便宜的材料如竹篾编织而成，通常由农民、渔民或樵夫等人佩戴。

唐代的冠是表明官员地位和身份的主要标志。有通天冠、远游冠、进贤冠等不同类型。通天冠源于秦代楚冠的制式，是皇帝的礼冠，通常用于郊祀、朝贺和宴会等场合。远游冠也是源自楚冠的一种，属于各位皇室成员的礼冠。而进贤冠则是文官和儒生的头冠。在唐代，除了头上的冠，腰饰也是非常重要的装饰品。男性佩戴腰带，不仅有实际功能，还象征了他们的社会地位。

首服之下为衣裳，唐代男子的上衣主要有衫、袍、袄、襦等，衫、袍均是长衣，两者的不同在于衫是单衣，袍是冬衣。男子夏天所着之衫，讲究轻薄、透气，这类料子多为锦、罗、绮等，价格较为昂贵，故多为贵族所穿。不仅如此，除用料极好外，有的为追求美观，在衫、袍上绣出各种图案；而平民只能着麻、布、褐衣等，只求蔽体、便携。唐代男子下身常着裤，裤多束脚，裤长一般过膝。

唐代男子所着履有舄、木屐和靸鞋等，"革舄"，是用皮革所制的履。男子家居时多穿屐，因屐多为木制，故常称木屐。靸是唐代拖鞋的别名。此外，还有草鞋，一般由蒲草或芒草编制而成。质地简单，人人有之。用芒草编制的草鞋称为芒屩，多见于江南，江南贫民常采芒草制成芒草鞋着之。还有与之类似的麻鞋，多为平民百姓所着。麻鞋质地简单，是用大麻中的苴麻纤维制成的鞋子，便宜、轻便且耐穿，非常适合一般平民行用。

唐代男性服饰的等级差异主要体现在服色和冠帽制度上。唐代男性的服饰颜色划分相当明显，高级官员一至三品着紫色，四至五品穿绯红色，六至七品穿绿色，八至九品则穿青色，尽管不同时期可能略有变化，但大体相当。尽管官员们按照品级高低穿不同颜色的服装，但由于实际中散官品阶不对等，因此赐服、借服等现象十分普遍。庶民服色多为黄、白、黑三种颜色，最主要的是，法律对服饰颜色有着较为严格的规定，从实际来讲，颜色鲜丽的服饰既要求布匹质量，更要求染剂工艺，耗资较高，也不是寻常百姓家能负担得起的。

唐代男子服饰按用途分类，主要有祭服、朝服、公服、常服、赐服、燕服、戎服、丧服等。《旧唐书·舆服志》中说"衣裳有常服、公服、朝服、祭服四等之制"，也是按用途进行分类。在本文中主要按照衣着场合，将唐代男子服饰主要分为两类，即冠服和常服。

先说说冠服。唐初，经历了隋末的战乱，重在休养安息。由于制度尚未完备，唐代的服饰仍然沿用隋朝的传统。直到唐高祖武德四年（621），颁布了一项全新的律令。这个律令详细规定了由皇帝和皇后到文武百官以及他们的家属，对于服饰和装束的要求。这一重要律令被称为"武德令"，是从汉明帝恢复"礼制"、隋文帝"宪章古制，创造衣冠"以来，唐代所制定的最为系统的舆服制度。武德令使唐代的服制系统更加完善，也更加规范了服饰在社会等级方面的体现。随着武德令的实施，唐代的冠服制度在周汉传统的基础上经过不断的修改和完善，形成了一个更为完整的序列，涵盖了服饰配套、服装材料、纹饰颜色等各个方面。

冠服也叫礼服，是在特定场合的着装，比如上朝、祭祀等官方活动。古人敬天保民，尤其注重祭祀，唐人在祭祀时还有专门的祭服，以示对上天神明的尊敬，也说明了祭祀仪式的高贵与重要。他们通常戴高冠、穿革履，着宽松的衣物，腰间佩戴宽大的腰带。由于其正式性和法律的严格规定，渐渐演变成了一套冠服制度。这一制度不仅代表着权力等级的差异，而且体现了儒学的核心理念，即恪守祖先的传统法规，这被视为忠诚与孝道的基础，进一步巩固了儒学作为封建社会统治阶级精神支柱的地位。他们认为冠服制度必须遵循古代法规，如在大礼仪式中使用的祭服和朝服等，不可违背先王的传统规定。因此，这一制度具有明显的等级性、保守性和封闭性。

朝服是指官员参加朝会和处理公事时所穿服装。根据唐代的制度，不同品级的文官和武官在朝服的款式、颜色、刺绣和面料方面有明显的区别。朝服在官礼服中仅次于祭服，适合一品以下和五品以上的官员在陪祭、朝飨、拜表等重要场合穿着。典型的朝服包括绛纱单衣、白纱中单以及白色裙襦，此外还包括各种复杂的配饰。在唐代，朝会根据规模和时间的不同分为大小朝会和朝夕朝会，礼仪也因此有所不同。加之不同职位的官员，朝服的等级差异非常明显，主要表现在配饰的差异。因此，不同等级的官员有各自的服饰规定，这也是唐代服饰等级制度的重要体现。

公服，是在礼节性较轻的场合中，官员所选择穿戴的一种服饰，其地位仅次于庄重的朝服。公服与朝服之间的区别，可以概括为以下三个方面：一是在装饰细节上，公服的设计相对简洁，并不追求过分的精致。与朝服相比，公服省去了蔽膝、中单、剑、绶等繁复装饰，显得更加简洁实用。二是两者的用途有所不同。公服适用于礼节性要求不太严格的场合，而朝服则专为重大礼仪场合而设计。三是在足部穿着方面也存在差异。穿公服时配履，而朝服则需搭配更为正式的舄。公服主要为五品以上的官员在公务和每月初一、十五的朝拜以及拜见太子时所穿。其标准款式为绛纱单衣搭配白色裙襦，这样的装束既体现了官员的身份，又适应了不同场合的礼仪需求。

常服也叫便服，如同其字面意义，为男子平日着装，包括简单的幞头、袍衫、靴袜等。一般来讲，都是头裹乌纱或幞头巾子，身着圆领衫子，腹系红色腰带，脚穿乌皮六合靴。从皇帝到公吏，常服在式样上几乎相同，主要差别是在使用材料和颜色及带头装饰上。

最初，受传统礼仪影响，只有冠服被纳入律令之中。而自魏晋时代起，除了冠服之外的常服逐渐受到人们的重视，并且在多数情况下已经取代了冠服在各种场合的地位。因此，在隋炀帝对服饰进行初步规范之后，唐廷仍然需要承担起将常服等级制度化的重任。随着常服使用的广泛性与普遍性，为规范社会等级与方便社会管理，人们所穿的常服也逐渐制度化、等级化。

据《全唐文》卷五的记载，唐太宗李世民于贞观四年（630）下《定服色诏》：

> 不同人之间贵贱有别，根据历朝典章所定的冠冕之制，已经有了较为详细的法律。至于寻常服饰，一直没有制定等级，如今开始有所规定，特颁行，以告天下。

在这项法令中，主要是通过规定常服的服色来区分不同的等级。唐太宗制定了紫、绯、绿、青等服色等级，从而使常服在大体上实现了等级制度的规范化。然而，在执行过程中，常常出现服色非法越级使用的情况，主要表现为官员违规使用不符合其官职等级的服色。到了唐玄宗时期，服色的越级使用演变为通过合法手段来获取高品位服色，也就是所谓的"借服（色）"，这事实上也反映出了常服等级制度已经成为一种普遍遵守的行为规范。

"借服（色）"的行为，导致服色被滥用和僭越，为此唐玄宗在开元四年（716）颁布了《禁僭用服色诏》进行制约。然而，之后的僭越之风并未完全被遏制，而是转向了常服的材质和款式上。有鉴于此，唐代宗、敬宗、文宗等多位皇帝屡次下令，严禁常服在用料和设计上的过度奢华。尽管如此，紫、绯、绿、青等服色所代表的等级秩序已成为不可动摇的规范。这种服色分级不仅划分了社会阶层，还凸显了不同职业的身份特征。因此，当时人们常以服色作为等级的象征，如"紫袍犀带"代表高贵的贵族，"青衫"则象征着低级官员，而"白衣"则指的是无官职的普通人。

在朝廷官员中，服色等级越高代表官职越高，地位越高。一为紫衣，三品以上文武高级官员才能穿紫色公服，这是服制中最高的一级。紫色的官服，是一种高贵身份的象征。其二为朱衣，"朱"是朱砂的颜色，比绛色浅，比赤色深，古代视为五色中红的正色。"朱衣"在唐初和中晚唐为四、五品官所服。再往下是绿衣、青衣，绿色是唐代六、七品官的服色，青色是八、九品官的服色，与青色相近的还有碧色。青碧之色被视为低等的颜色。

关于唐代服饰颜色的等级区分，《资治通鉴》第二百一十八卷中，有一个关于唐肃宗和李泌的故事。最初，唐肃宗想任命李泌为内相，但李泌坚决拒绝。后来，他们一起出征，士兵们私下议论说："那个穿黄衣的是圣人，那个穿白衣的是山中隐士。"唐肃宗听说后，告诉了李泌，并说："现在正值战乱时期，我不敢强迫你接受官职，但你应该暂时穿上紫袍，以免引起人们的疑虑。"无奈之下，李泌只好接受了紫袍。这个故事清楚地展示了服饰颜色的等级区别。

唐朝的服饰制度对普通民众的日常服饰的颜色、质地和样式都有严格的规定，严禁超越等级，以维护服饰的等级性。在《全唐文》卷十三《禁僭服色立私社诏》中记载，唐高宗下达诏令，严禁百姓"在袍衫之内，穿着朱、紫、青、绿等色短的小袄子"。普通百姓和劳动人民只能穿着开衩较高的缺胯衫子，而且不能使用过于鲜艳的颜色，大多数人只能穿着本色麻布衣。此外，还有一些人由于没有衣物可穿，只能在脚上穿线鞋、蒲鞋或草鞋等。

总之，唐前期根据不同场合实行祭服、朝服、公服和常服四种服饰等级分类，这主要取决于典礼的性质。然而，自开元十七年开始，从皇帝开始，所有官员在祭祀、常朝、随祭等场合都穿常服，场合差异不再是决定服饰等级的重要因素，官员的品级逐渐成为唯一区分服饰等级的准则。

相对于冠服，常服更具时代特征。在盛唐时期，受胡风影响，但中晚唐后又逐渐恢复了汉式衣着。大唐皇室起源于西陲，具有浓厚的胡族血统，这在服饰上表现为胡服的流行。有记载显示，天宝初年，无论贵族、士子还是普通百姓多喜欢穿胡服，包括头戴豹皮帽，女性则喜欢头戴步摇。这种胡化的服饰风格也在文学作品中有所体现。

与传统中原服饰相比，胡服不具备严格的等级制度，注重自由、舒适，男女可以穿着相同的服饰。胡服的流行反映了唐代皇室与关陇地区的民族豪强、边塞精神之间的联系，这是一种勇武雄壮、粗豪朴野的气质。唐代流行的胡服代表了多民族共存与文化交流，具有深远的文化意义，反映了大唐帝国的开放、包容和平等特质，这种开放的社会环境使人们的创造力得以充分释放。

唐代常服的制度化和等级化不仅肯定和承认了南北朝、隋以来男子服饰的发展趋势，更是大唐帝国根据自身特点进行内部调整的重要成果。这一变革对后世产生了深远的影响，被五代、宋等广泛借鉴和吸收，彰显出其在中国服饰史上的重要地位。《宋史·舆服志》中就有所记载："宋代的常服因循唐制，三品以上的官员着紫服，五品以上的官员着朱服，七品以上的官员着绿服，九品以上的官员着青服。"唐代男子服饰的逐渐发展，推动了中国古代服饰的不断完善。我们今天常听到以及见到"唐装"，虽然关于"唐装"的释义有着多重的意见，较为中肯的观点应该是它是一种晚清以来的改良服饰。但总体来看，这是世界文明对于中国古代服饰文化的重要肯定，这也说明了唐朝的繁荣昌盛，故而以其朝代命名，唐朝服饰是中国更是世界服饰文化中的重要瑰宝。

二、女子服饰

唐代人的服饰绚烂多样，特别是女子服饰，以其艳丽的色彩、雍容的款式和不拘一格的穿着方式，展现了唐代文化的博大精深。这些服饰不仅是时代的印记，更是历史的见证，它们诉说着那个时代的风华绝代。首服，作为唐代女装的重要部分，其演变历程也体现了时代的变迁。起初，唐代女性在外出时，常戴一种名为"冪罗"的饰物。这种饰物原本起源于西域，最初并无男女之分，后在魏晋南北朝时期传入中原。至隋末唐初，它已成为社交场合的时尚标配。刘肃在《大唐新语》中记载，武德、贞观年间，宫中女子骑马时，皆以羃羅蔽全身。然而，与西域的使用习惯不同，羃羅在传入中原后，主要被女性所采用，男性则较少使用。女性通常将其作为一种遮面的装饰，而非仅仅用来遮挡尘土。

随着时间的推移，唐高宗永徽年间，帷帽开始流行。这种帽子形似斗笠，四周垂有布帛或纱网，垂下的布匹约长至颈部，需要时可将面部的布掀开。这种设计既实用又美观，深受女性喜爱。到了唐玄宗开元初年，胡帽开始盛行，女性逐渐可以露出发髻出行，或戴胡帽驰骋，不再需要遮蔽面部或全身。这一变化不仅揭示了女性服饰由遮蔽到逐渐袒露的趋势，更体现了唐代文化的逐渐开放。

在首服之下，唐代女性的衣裳同样精彩纷呈。她们通常穿着衫、襦、袍、袄等衣物，并搭配帔帛。衫是由罗、纱等轻薄材料制成的单层衣物，轻盈飘逸。而袍则是一种较为厚实的外套，它在汉魏深衣的基础上演化而来，注重的是整体的雍容与典雅。襦和袄则是短款上衣，长度通常至腰部左右。这些衣物的材质与女性的社会经济地位密切相关。贵族女性常穿绸缎和丝织物制成的衣物，并饰以精美的刺绣或其他装饰；而贫穷的女性则只能穿着麻布等粗糙材料制成的衣物。值得一提的是，唐代女性的衫和襦的袖子风格也经历了变化。唐初时期，袖子相对较窄；但到了唐代中后期，宽袖逐渐取代了窄袖成为主流风格。至唐代晚期，女性的衫和襦更加宽大飘逸，增添了一种灵动之美。然而，这种过分追求宽大的风格也带来了一定的社会资源浪费问题。

除了衫、襦等衣物外，帔帛也是唐代女装不可或缺的一部分。这种长状巾子可披搭于肩上或绕于手臂间，在行走时随风飘动，展现出一种摇曳生姿的美感。帔帛在唐初就已成为妇女服饰中的重要元素并深受贵族妇女的喜爱。据史料记载，杨贵妃就常常披着帔帛作为服饰点缀，《酉阳杂俎》记载，唐玄宗与宁王下棋，杨贵妃与贺怀智在旁侍奉，杨贵妃的领巾甚至覆盖到了贺怀智的巾帻。不仅贵族女性如此，宫女和普通妇女也常以帔帛为饰，白居易的诗作中就多次描绘了宫女披帔帛的场景，如《吴宫辞》曰："淡红花帔浅檀蛾，睡脸初开似剪波。坐对珠笼闲理曲，琵琶鹦鹉语相和。"

若说杨贵妃与宫女常披帔帛皆属于皇宫宫城，不一定能代表下层女性喜好风气，其实唐宋笔记小说中不乏对普通妇女多披帔帛的描述记载。如段成式《酉阳杂俎》就记载了这样一则故事：

贞元末，郑琼罗父母早亡，只能依靠于她的嫂嫂，她的嫂嫂是一个寡妇。后来嫂嫂又不幸遭遇变故去世，

于是郑氏来到扬州寻找姨亲。来的路上半夜不幸遇到市
坊痞子王惟举，喝醉酒乘机将其逼辱。郑氏不堪受辱，
于是用领巾绞项自杀，王惟举将郑氏尸体悄悄埋在鱼行
西渠中。

郑氏受辱用帔帛上吊自杀，这一故事侧面揭露了唐代下层妇
女在日常生活中也流行披帔帛。

值得强调的是，唐代社会存在一个相当独特的群体，即女
妓。为了吸引关注并展现自己的优美姿态，她们常常站在时尚
的前沿。在这一时尚领域，披帔帛成为一种非常具有吸引力的选
择，因为它可以随风摇曳，轻盈而优雅，因此在女妓中非常流
行。沈从文在《中国古代小说》中说：

唐式披帛的应用，虽最早见于北朝石刻伎乐身上，
但在普通生活中应用，实起于隋代，盛行于唐代，而下
至五代宋初犹有发现。一般应用长状巾子，多披搭于肩
上，旋绕于手臂间。

帔帛在唐代社会各阶层的广泛流行，可以归结为两大主要因
素。首先，唐代社会风气的开放对此起到了重要的推动作用。当

时的统治者持开明态度，推行开放与包容的外交政策，这不仅促进了中外文化的深度交流，也使得中原与周边少数民族的经济文化交流日益密切。随着北方少数民族不断迁入中原，中外文化的交融使得人们对外来服饰的接受度大幅提高。其次，佛教在唐代的迅速发展也对帔帛的流行产生了深远影响。在统治者的扶持下，佛教思想深入人心，同时，反映佛教文化的外来服饰也逐渐被大众所接受。正是在这种多元文化的熏陶下，帔帛逐渐成为唐代女性的一种标志性服饰。然而，至唐末时期，帔帛的流行度逐渐下降。这一现象的背后有两个主要原因：一是随着唐代女性开始追求更为宽大的衫裙风格，帔帛这种外披的服饰形式逐渐显得不再适宜；二是唐末经济实力的衰退导致许多女性无法负担起宽大的帔帛，从而使得其流行度受到影响。

在唐代，女性同样热衷于穿着长裙，这种裙子又被称为裳，其设计宽大，需要消耗大量的布匹。特别值得一提的是，唐代女性的长裙多为束胸设计，能够很好地展现出女性身形的修长。这些长裙的材质和装饰都极为讲究，有布制、罗制、锦制等多种选择，且常常绣有精美的图案或印有独特的纹样。其中，百鸟毛裙和花笼裙在贵族女性中尤为受欢迎。

据张鷟的《朝野金载》记载，安乐公主曾创制了一款百鸟毛裙，其设计层次丰富，错落有致，生动传神，一时间引得众人争相效仿。这种追求时尚的风潮甚至导致了大量珍稀鸟类被捕捉，对社会生态产生了一定影响。直到开元年间，朝廷禁止了某些奢侈品的使用，这种捕捉鸟兽的风气才得到一定程度的遏制。《旧唐书》中也提及了安乐公主创制的百鸟毛裙，描述了其制作过程的奢华与精细。这条裙子在不同角度下会呈现出不同的色彩，栩栩如生地展现了各种鸟类的形态，充分体现了当时织造技艺的精湛。这也从侧面反映了唐代国力的强盛和社会财富的丰盈。

在开元年间，五色夹缬花罗裙和花笼裙成为流行的服饰选择。五色夹缬花罗裙以其色彩明亮、纹样清晰而著称，其制作工艺可追溯到隋代。而花笼裙则以其轻盈、柔软、半透明的丝织品材质和精美的花鸟绣饰而受到女性的喜爱。这种裙子通常作为衬裙罩在其他裙子之外，既优雅又富有贵族气质。

唐初时期，女性的服饰展现出独特的特点。衣裙通常平围着胸部以上束起，肩膀处则扎以"半臂"作为装饰。这种半臂由轻薄材质制成，能够隐约透出手臂的线条美感。同时，裙裳常采用两种不同颜色的绫罗拼合而成，以创造出具有独特美感的间道裥褶效果。正如诗人李群玉在《同郑相并歌姬小饮戏赠》中所描绘的那样，"裙拖六幅潇湘水，鬓耸巫山一段云"，生动地展现了唐代女性衣裙的壮丽之美。

随着社会的稳定和经济的发展，人们开始追求更为华丽的服饰。唐代女性常穿超过六幅的长裙以彰显其尊贵与时尚。贵族女性的长裙甚至逐渐变得更加宽大奢华，有些间色裙甚至达到七幅、八幅之多。这种变化不仅凸显了唐代时尚服饰的奢华风格，也体现了当时社会对长裙之美的崇尚。然而，这种过于长的长裙也可能引发社会的奢侈风气。值得注意的是，这种裙子的变化主要适用于贵族阶层，平民妇女因劳动需要通常穿着较短的裙子。

襦裙服作为唐代妇女的主要服饰之一，其历史可追溯到战国时期。经过漫长的演变过程，它在唐代成为女性时尚的代表。《旧唐书》中记载了其广泛的流行程度："上自皇宫内，下至市井小巷，人人争相制作和穿着襦裙服，无论贵贱，都可以穿着。"这种服饰通常由襦或衫、裙子以及可能的帔帛或半臂组成。襦作为一种较短且相对较厚的上衣，在唐代深受女性喜爱，并发展出多样的款式和丰富的颜色选择。特别是红色襦裙在当时尤为流行，展现了唐代女性的独特魅力。

在颜色选择上，唐代女性偏爱艳丽的红色和绿色，这使得衫、襦等服饰呈现出绚丽多彩的特点。此外，浓艳的紫色和浅艳的黄色也是她们常选的颜色。然而，在唐代社会中，青色被视为侍婢的服色，并不十分流行于主流时尚圈。尽管如此，《旧唐书·舆服志》中却揭示了当时女性服色选择的自由化趋势。尽管法律对服色有一定规定，但风俗的奢靡和自由使得人们并不完全遵从这些规定。从宫廷到民间，女性都根据自己的喜好自由选择服饰颜色，这导致了贵贱之间的服饰差异逐渐模糊。然而，值得注意的是，唐代的女婢通常仍然穿着青色的服饰，这表明青色仍然被视为低贱者所穿的服饰颜色。

唐代女性服饰的面料体现了一系列显著特点，如轻薄、暴露、轻盈和透明。在款式上则越来越开放，热衷于追求时尚。服饰图案变得更加复杂，多样的装饰应运而生。服饰色彩逐渐从朴素走向奢华，呈现出强烈的华丽之美，具备艺术性和装饰性。唐代服饰独具特色，一定程度上摆脱了封建礼教的束缚，充分体现了以生命、感性和自然为美的审美趣味，表现了以人性和情感为核心的特质。

值得一提的是，唐代女性服饰中胡服的色彩比男性的服饰更具魅力。胡服早在赵武灵王时代就进入了中原地区，到了唐朝，更广泛地为人所接受，风靡一时。唐代的服饰呈现出两类不同的款式，一类延续了汉式服装的传统，包括冠冕、朝服等，适用于礼仪和一些正式场合；另一类则受到北齐、北周改革的影响，采用圆领缺胯袍等，作为常服。胡服与中原传统服饰的差异在于其更加简便，利于游牧民族的骑马活动，这与中原地区的宽大服饰形成鲜明对比。

唐代女性的鞋子包括履、靴、屐等，履使用丝绸、麻织物等不同的布料制成。有的履还具有精美的绣饰，如丝鞋上的虎头纹样，履头的设计也多种多样，有圆头、高头、云形和花形等。靴多采用锦绣面料，工艺精湛，装饰华美。夏季时，履成为广受民间女性喜爱的足下之选，有的女性甚至光脚穿着，正如李白的诗中所提到的："履上足如霜，不着鸦头袜。"综言之，唐代女子服饰呈现出了丰富多样、多姿多彩的特征，其独具的审美和时尚趣味使之成为封建社会历史上的一朵瑰丽之花，超越前代，也无后来者可及。

唐朝女性的服饰之开放可谓史无前例，正如诗中所言，"慢束罗裙半露胸"这一特点在古代装束中独树一帜，突显了唐代社会思想的开放。这一着装趋势初见于唐初宫廷，后来逐渐风靡于盛唐时期，同时民间也在广泛模仿。在经典的《簪花仕女图》中，女性典型的"大袖纱罗衫"造型得以展现。

此外，唐代女性的开放还表现在穿男装的倾向上，这一现象在《新唐书·五行志一》中有所记载。太平公主在高宗的一次宴会中，身着紫衫、佩戴玉带、头戴皂罗折上巾，还携带弓、剑，然后在帝王面前跳舞演唱。帝王和皇后虽然提出女性不宜身着军装，但他们却笑纳了这一装束，表明对这种穿着的默许。这一举动足以证明，在唐初时期，女性穿男装已经有了一定的趋势。太平公主率先"玩酷"，这无疑对女性穿着男装的风气产生了深远的影响。唐代女性在一定程度上打破了礼教的束缚，无论是宫廷妃子、公主、侍女，还是普通妇女，都热衷于穿戴男装。

李时人《全唐五代小说》记录了温庭筠写的一则故事：

> 贞元末有一女子，名孟姬，年一百余而卒。她有一女儿，六十多岁了。衣黄绸大袭，头戴乌纱帽，跨门而坐。她说："我二十六岁的时候，嫁于张謇为妻。丈夫张謇身材高大雄壮，非常擅长骑射。当时在郭子仪部下任职，丈夫死后，我寡居十余年。因我身形高大，便女扮男装，穿戴我丈夫的衣帽，冒名为丈夫的弟弟，替补他的职位，继续在郭子仪军中任职。"

孟姬之女着男子衣冠冒名张謇之弟，而戴乌帻是女子着男装的最显著代表。

女子服饰相较于男子服饰，最为精致的当数头发的梳理以及首饰的佩戴。唐代女子的发髻见于记载的有 40 多种，如凤髻、螺髻、乌蛮髻、同心髻、侧髻、囚髻、椎髻、抛家髻、双髻等，每一种发髻的梳理装扮都不是轻易就能完成的，并且为了使发髻看上去更加饱满，唐代女性已经用假发来使自己看起来更加完美。在唐代，假髻特别流行，尤其是高髻，有的竟然高达一尺。

假发在唐代被称为义髻，一般是年轻女子的造型。有的义髻用铁丝加假发编制而成。还有的是用薄木制成髻的样子，在上面缀以珠宝，或绘上彩画；有的在髻上插花；有的在髻上缀以花钿、钗等首饰。除了名目繁多的假髻之外，唐代女子对鬓角的修饰也很讲究。分为圆鬓、丛鬓、松鬓、蝉鬓、小鬓等多种式样，而且还有大小厚薄之分。唐朝妇女头发梳理的复杂与精致由此显而易见。

在唐代时期，妇女的金银饰品中，发饰的种类与复杂度堪称一绝。唐代女性对于发饰的热爱与追求，从她们精心装饰发髻所用的各式首饰便可见一斑。这些首饰种类繁多，包括簪、梳、篦、钗、珠翠、步摇以及金银宝钿等，每一种都承载着不同的美学意义和文化内涵。这些金银发饰，对唐代女性而言，不仅仅是简单的装饰品，它们的数量与种类，实际上与女性的社会地位有着紧密的联系。在那个时代，一位女性所佩戴的发饰越丰富、越精美，往往意味着她的社会地位越高。因此，这些发饰在某种程度上成为女性身份与地位的象征。同时，这些金银头饰也是唐代女性追求美感和时尚的重要体现。她们通过巧妙地搭配不同的发饰，来展示自己的审美品位和个性风采。这些光彩夺目的头饰，无疑为女性的美丽增添了几分璀璨与魅力，使得她们在人群中更加引人注目。值得一提的是，这些金银头饰不仅反映了唐代女性的审美追求，更折射出大唐帝国时期的独特社会氛围和审美观。在那个繁荣昌盛的时代，人们将多样性、繁复和珍贵视为美的核心要素。这种审美观与大唐帝国的繁荣和文化繁盛相辅相成，共同塑造了一个充满活力与创造力的社会景象。

唐代的簪、钗、钿和笄都属于用以装饰发髻的饰品。虽然在功能上它们有一些相似之处，但在唐代又各有独特之处。发簪和发钗的主要区别在于，发簪是单股，而发钗则是双股。初唐时期，发钗通常是两股并排的。当时的发髻较为平坦，因此发簪和发钗的长度相对较短。然而，到了盛唐时期，高髻风格盛行，因此簪和钗的长度也相应增加。初唐和盛唐时期，插入发髻的深度较大，发髻外只露出簪或钗的头部。而中晚唐时期，钗的设计变化较大，除了固定发髻外，还会将较长的一截钗身与钗头一同展现在发髻外，增加了钗的装饰性和观赏性。在广州皇岗唐代墓中发现的首饰包括花鸟钗、花穗钗、缠枝钗、圆锥钗等，每种款式都以一式两件的形式出现，花纹相同但方向相反，这表明当时女性追求左右对称美。

唐代的钿则是一种由金银和珠宝制成的鬓发装饰，是金属制成的花状饰品。在初唐时，贵族女性礼服中就有与之相配的"花钿"。唐代的花钿有两种形式，一种背面带有钗梁，可以直接插入发髻中使用，而另一种背后没有支架，花朵部分或花瓣上有小孔，需要用簪或钗来固定。随着时间的推移，花钿和钗逐渐融为一体。在盛唐时期，女性喜欢佩戴多枚钿花，有些人甚至戴到满头都是。此外，还有一种著名的首饰，称为"步摇"，也叫"珠松"或"簧"，得名于其跟随步伐摇曳生姿的特点。步摇是在钗的基础上发展而来，最早出现在战国时期。唐代的步摇通常与钗、钿一同使用，是非常重要的首饰，一般由金玉制成，呈鸟雀状，嘴巴中挂有珠串。在唐代社会，奢华风潮盛行，富贵的女性以珠翠点缀头发，彰显美丽和财富。在所有这些华丽的发饰中，步摇扮演着重要的角色。

簪花也是唐代女性钟爱的一种装饰，而现今热衷汉服的人们也经常使用簪花作为佩饰。唐代贵族妇女更倾向于使用大型花卉佩戴在头顶，而不是以小花佩戴在鬓边。这体现了唐代贵妇们张扬的个性。值得一提的是，唐代簪的种类逐渐变得更为繁复，装饰功能逐渐增强。此外，虽然男女都佩戴簪，但其用途和外观存在明显差异。男性通常在官场上佩戴簪，与冠饰相辅助，更注重实用性，不像女性的簪那样注重工艺精致和装饰性。

梳与篦也是唐代女性尤其是中晚唐的贵族女性喜欢的发饰，大致相当于今天人们常用的梳子。二者区别在于梳齿疏，篦齿密。唐代时期，梳子的材质确实多种多样，其中金和银是显赫的贵重材料。此外，一些其他珍贵材料如象牙、犀角、水晶也被用来制作梳子，这些材料都被视为高级的制作材料，用以制造精美的梳子，反映了唐代社会对奢华和美的追求。从盛唐到晚唐，梳与篦经历了一个由简及繁的过程。

项饰，又称为璎珞，是一种饰品，通常似玉似石，可以视作项饰的起源。由于唐代的服装裸露的部位较多，佩戴项饰成为一种能够更好地衬托贵族高贵气质的方式。因此，在唐代时期，项饰在宫廷御用中得到广泛使用。然而，需要注意的是，项饰主要是为了凸显华贵气质，因此在底层百姓中佩戴并不常见，这使得项饰的佩戴并没有形成主流。随着时间的推移和审美观的演变，早期的璎珞逐渐演化为更加简化和规整的形状，具有特定的装饰内涵，对中国的世俗生活产生了越来越大的影响。

耳饰，是指一种只能在穿耳后才能佩戴的饰品。在唐代，耳饰并没有形成大规模的潮流，多数是域外传入的，而本土制作较少。穿耳的习惯需要对身体进行损伤性改变，因此在隋唐时期并不受青睐。穿耳的习惯暗示着社会地位较低，这与当时自由审美观念不符合。关于耳环的使用，最早可以追溯到晚唐时期的诗文记载，到了五代和宋初，汉族妇女佩戴耳环已经变得相当普遍。这表明耳环的使用在中国社会中逐渐流行起来。

唐代的文化和诗歌中确实对手部产生了浓厚的兴趣和欣赏。赵光远的《咏手二首》中生动地描绘了女性妆容的精致以及手部的美感，这种关注手部之美的情感在唐代诗词中并不罕见。描述手部为"玉手纤纤"或类似的表述，突出了女性的美丽和细致。在唐代，手部饰品也广泛流行，包括手镯、臂钏、指环等。手镯的制作非常精美，通常采用金、银等贵重材料，有的还镶嵌宝石。这些手镯多采用宽窄结构，中间较宽，两头较窄，镯面上常镶嵌花纹或装饰，两端则细如丝，可以调节大小以适应手腕的粗细，便于佩戴和取下。这些手镯的制作工艺体现了唐代工匠的高超技艺以及当时社会对于华美饰品的需求。这些手部饰品不仅代表了贵族妇女的高贵身份和审美追求，还反映了唐代社会对于美丽的重视，尤其是女性之美。它们也为后代的审美观念和饰品制作提供了启发。唐代还有一大类手镯称为"玉臂钗"或"玉臂支"，这类手镯一般由至少两节分支组成，制作工艺精良繁杂。

综言之，从初唐至晚唐，女性服饰经历了显著的变革。以下按时间序列进行大致区分。初唐时期，女性的服饰主要包括窄袖衫襦、间色长裙和帔帛。这一时期的风格相对朴素。盛唐时期，女性服装仍由衫襦、长裙和帔帛构成，但与初唐相比，发生了显著变化。服饰在颜色、纹饰、款式和制作工艺上呈现出更多样化和精致的特点，特别是丝织品的制作更加精美。总体而言，与初唐相比，盛唐时期更注重服饰细节，更为精致、豪华和艳丽。此时的服装不仅在工艺上精湛，款式也更符合女性审美。在晚唐时期，唐代妇女的服饰变得更加多彩。女性开始重新兴起了汉魏时期的大袖宽衣、长裙丝履，发髻高耸，头上点缀着多款簪钗和花梳，这些元素与依然精美的服装相得益彰，打造了一副雍容华贵的形象。同时，面部饰品也变得更加丰富，额黄、花钿、面靥点缀着面部。时世妆和回鹘装的盛行，显示了当时女性时尚中融入了对强势外族的模仿和好奇之情。

唐代女性的服饰风格独树一帜，与其他历史时期存在显著差异。她们的头饰种类繁多，包括羃罗、帷帽、胡帽和面衣等。特别是从戴羃罗到逐渐露出发髻的流行趋势，深刻反映了当时社会文化的日益开放。在衣着方面，唐代女性偏爱衫襦、帔帛、半臂以及长裙等款式。值得注意的是，衫裙的款式经历了由紧身到宽松的变革，服饰色彩也变得越发绚烂夺目。此外，别出心裁的百鸟毛裙与花笼裙，更是彰显了唐代人民对时尚潮流的无限热爱与不懈追求。至于鞋袜，唐代女性同样讲究，她们可以选择舄、木屐、草履、珠鞋，还有那由细腻麻线精心编织的线鞋，每一双都体现了匠心独运的设计和精湛的手工技艺。唐代开放的社会风气还催生了女性穿着男装的新风尚，尤其是家中女仆身着的袍裤，为我们提供了一扇观察唐代民间生活风貌的独特窗口。

三、服饰仪礼

在中华历史的长河中，历代封建王朝均对服饰制度给予极高的重视，将其视为维系整个封建统治秩序的重要基石。从遥远的战国时期开始，人们便根据文章的优劣、服饰的华美程度来区分人的高下，衣服和饰物成为标明社会等级的鲜明标志。同时，通过年长与年幼的序列，彰显了伦理秩序，而男子则通过学习威严的仪态来展现勇猛之气。这种观念一直延续到清代，清太宗皇太极更是直言不讳地宣称，"服制制度等级是用以治国的基础"。这深刻反映了服饰制度在封建社会结构中不可或缺的地位。服饰制度的建立，不仅有助于构建和维护封建等级体系，更是加强社会管理、规范社会秩序的有效手段。同时，与之相配套的是一套详尽的服饰与礼仪管理机构。这些机构对服饰的生产流程、分配机制、穿着规范以及与之相关的礼节都进行了详尽的规定，并实施严格的监督。唐代，作为中国封建社会的鼎盛时期，不仅进一步强化和细化了服饰等级制度，更在服饰制度的管理上进行了全面的完善。这一时期形成的服饰礼仪和管理制度，其严密和完备程度对后世封建王朝产生了深远而持久的影响。

值得一提的是，中国古代的服饰礼仪，大都深受儒家思想的影响。儒家学者对不同阶级的服饰选择、不同场合的着装要求以及服饰之间的搭配、配饰的选用等方面，都提出了具体而明确的标准。以孔子为代表的儒家学者，一方面强调要辩证地理解和践行服饰之礼，另一方面也意识到在现实生活中，这些烦琐的服饰礼仪往往会遭遇挑战甚至被僭越和破坏。尽管如此，服饰礼仪的发展依然历经了漫长的岁月沉淀，不同历史阶段都有其独特的历史印记和特点。

特别是服色等级制度，它可以说是封建社会等级制度的一种直观展现。在唐代，这一制度达到了前所未有的完备程度。《唐六典》——这部唐代最具权威性的法典，就为我们提供了有力的证据。尽管在官位设置上，《唐六典》与古老的《周礼》存在显著差异，但在制定服饰制度时，依然借鉴了《周礼》的框架。特别是在服饰色彩的等级划分上，《唐六典》的规定比《周礼》更为详尽和精细，这无疑体现了唐代对服饰制度的高度重视和规范化管理的决心。

服色等级制度，作为封建社会等级制度的一种显著标志，在隋唐时期经历了更为精细与强化的演变。自隋炀帝大业元年（605）伊始，便明文规定五品及以上的官员可着朱紫色服饰，而后在大业六年（610）进一步细化为五品及以上官员着紫色，六品及以下官员着绯绿色，胥吏及其下属着青色，普通民众着白色，而屠夫则限定为黑色。进入唐初武德年间，服色规定再次被细分，例如，三品及以上官员可用紫色，四、五品可用朱色，六品及以下则可用黄色。及至贞观之时，六、七品官员换为绿色服饰，八、九品则穿青色。到了龙朔二年（662），八、九品官员的服色又被新规定为碧色。这些仅仅是关于服饰颜色的规定，就历经了数次调整与完善，更不必说关于冠帽、鞋履、图案、面料以及配饰等的详尽规定了，其繁杂程度可见一斑。如此复杂的制度体系，自然需要庞大的官僚机构来维系与执行。

隋炀帝大业三年（607），隋朝实施了对后世有深远影响的三省六部制度。唐朝在行政机构的构建上，虽基本承袭了隋制，但在服饰管理的机构职能与人员配置上，显得更为精细且周到。作为中央政府的重要部门，尚书省设有"都堂"，即总办公厅，位居中心。其东侧布置了吏部、户部和礼部，而西侧则是兵部、刑部和工部。左丞统管吏部、户部和礼部，右丞则负责兵部、刑部和工部。各部门职责明确，各司其职。每个部门均由尚书主管。

在唐朝，礼部承担着制定包括服饰在内的各种礼仪制度的任务。礼部尚书（正三品）与侍郎（正四品下）共同负责祠部、礼部、膳部和主客部四部的工作，各部均设郎中主管。特别是礼部，它专门负责具体的服饰礼仪，配置了郎中（从五品上）1名、员外郎（从六品上）1名和主事（从八品下）2名，他们的职责是管理五大类别多达 152 项的礼仪，并制定从皇帝到庶民在各类仪式中的服饰规范。

唐朝的服饰制度由礼部负责制定，全面管理从皇帝到普通民众的服饰礼仪。在机构数量、人员编制以及职责分工方面，唐朝的服饰礼仪管理均达到了空前的规模。从规划到实施的服饰制度，由外廷和内廷的众多机构联手完成，其体系的繁复程度超过了以往任何朝代。

在唐代，服饰礼仪的制定和执行牵涉多个机构和各级官员。从中央到地方，各级官僚机构都在各自的权责范围内参与服饰礼仪的规范制定与执行。首先，中央政府的礼部是主导服饰礼仪的主要部门。刑部负责相关法令的执行，并确保各级官员对于服饰礼仪的遵守。户部下属的金部则掌管服饰的赏赐等支出。这三个部门均由左右丞统领，形成了一个严密的中央层面的服饰礼仪管理机构。在宫廷的细致分工中，殿中省下辖的尚衣局肩负着管理皇帝服饰的重任，确保天子的装束庄严而合体。与此同时，内侍省下的尚服局则悉心打理皇后、内命妇以及宫廷女官的服饰，彰显皇室女性的尊贵与品位。此外，尚功局专注于宫内的服饰制作，以精湛工艺确保每一件服饰都精美绝伦。而织染署则主要承担皇帝、太子及百官的衣冠制作，以细致入微的匠心独运，打造符合各自身份的衣冠。值得一提的是，太子府也特设了专管服饰礼仪的机构，以确保东宫服饰礼仪的周全与规范。

尽管唐代的服饰礼仪制度设计得相当严密，但在实际操作中，由于种种复杂因素，仍然不可避免地出现了一些僭越与灵活通融的情况。举例来说，借服和赐紫绯这类行为，虽未明确列入制度条文，但在某些特殊情境下，也被视为一种合理的变通。特别是为了招募士兵而采用赏紫绯的方式，这无疑是出于国家特殊需求的权宜之策，充分展现了唐代服饰礼仪制度在实践操作中的灵活性和实用性。另一方面，随着社会的繁荣，富裕的平民阶层也开始穿戴起紫绯等高级服饰，这无疑是对原有统治阶层服饰秩序的一种僭越，成为唐代服饰文化中一个值得注意的社会现象。唐代的服饰礼仪机构及其相关制度不仅继承并强化了隋代的基础，更对后世产生了不可磨灭的影响。以宋代为例，其服饰制度与机构在很大程度上都是依照唐代的模式来设立的。据《宋史》记载，当唐代的平巾帻之服失传后，宋代官员在经过详细考证后，重新制作了新的平巾帻之服。这一历史事件不仅体现了宋代对唐代服饰文化的传承，更彰显了唐代服饰制度对后世的深远影响力。

隋朝晚期，战火纷飞，唐太祖李渊趁乱起兵。其次子李世民平定全国，建立了强大的唐王朝，实现了军事和政治上的统一。在此基础上，唐朝缓和社会矛盾，制定了一系列措施来维护社会安定，社会生产力得到了空前的发展，形成了完备的政治秩序和经济体系。在太宗至高宗时期，唐朝疆域广阔，海陆交通发达，手工业、商业繁荣，并以长安为中心与亚洲各国进行频繁交流。在这样的背景下，唐代艺术发展到了前所未有的巅峰。

然而，历史的洪流中总潜藏着不可预知的暗涌。唐玄宗天宝十四载（755），安禄山的叛乱如惊雷般爆发，这场被后世称为"安史之乱"的浩劫给辉煌的唐王朝带来了前所未有的冲击。尽管在唐代宗广德元年（763）叛乱终被平定，但它已在唐朝的历史长卷上留下了深刻的烙印。此后，唐朝陷入了"藩镇割据"与"朋党之争"的旋涡，盛世的繁华开始褪色，艺术风格也随之转变，由原先的雍容转向更为多元、复杂与精致。

晚唐时期，社会阶级矛盾日益凸显，政治腐败与经济萧条如同双重的枷锁，束缚着这个曾经强大的王朝。皇室的昏庸与民众的起义交织成一幅动荡的画卷，国家陷入了混乱与不安。这种动荡也深刻地影响了当时的审美文化，伤感、消沉与细腻成为主流风格并一直延续至五代。

伴随着唐代艺术风格的变迁，服饰风格也展现出不同的时代特色。初唐的服饰清新明丽，盛唐则显得自由开放，到了中唐更是绚丽多姿，而晚唐时期则趋于细腻精致。这些变化不仅反映了唐朝服饰文化的丰富多样，更折射出这个伟大时代独特的服饰礼仪与审美追求。

　　唐代服饰继承了周、战国、汉代和魏晋时期的特点，将周代服饰的图案设计严谨、战国时期的舒展、汉代的明快以及魏晋的飘逸融为一体，并赋予其更多的华贵特质。此外，唐代服饰对色彩的选择和搭配也非常重视。色彩是服装设计的重要元素。唐代官方的织染署在此方面发挥了关键作用，其组织架构庞大，分工细致。织染署下设 25 个作坊，其中有 6 个专门负责染渍色彩，包括青、绛、黄、白、皂、紫。每个染渍作坊都专注于特定色阶的专业生产。这一时期的服饰文化呈现出了极大的多样性和精湛工艺。

　　在唐代，女性的服饰呈现出多样的风格，展现了中国古代服饰史上独具特色的一面。其不仅款式多变，各种色彩争奇斗艳，还点缀了各种装饰，宛如一幅绚丽多彩的画卷。唐代女性的着装风格可以是雍容华贵，也可以是开放大胆，或者是朴实大方，还有温婉可人的风格，每一种都让人欣赏不已。发型也多种多样，有凤凰图案，有牡丹花纹，甚至还有云纹的装饰。头上的饰品包括簪、钗、步摇、胜、钿、花等，常常以玉、金、银、玳瑁等高贵材料制成，工艺精湛。

　　值得一提的是，古代中国对服饰色彩的选择具有深刻的社会内涵。一种流行的服饰颜色通常首先兴起于民间，但一旦被皇室或贵族青睐，就会禁止普通民众使用，违者可能受到严重的惩罚。这一现象既反映了古代中国对服饰色彩的高度重视，又揭示了服饰色彩在社会中带有明显的阶级性。

唐代服饰的重要功能在于强化政治统治。自古以来，中国人通过各种文化形式来反映社会秩序，而服饰在其中扮演了重要角色。它不仅是统治阶级用来区分内部和外部、亲疏的工具，也是维护社会等级制度的象征。尽管唐代社会风气开放，但传统观念中的"礼""仪""等级尊卑"等核心要素并没有因此消失，反而在服饰上表现得更为突出。

为了稳固政权，唐代统治者精心构建了一套完备的等级制度，同时运用多元策略来强化并塑造皇家至高无上、天恩如海的威严形象。以武则天为例，这位非凡的女皇在荣登帝位之后，为了彰显皇恩浩荡，特别下令制作了一款新颖独特的绣袍。这款绣袍以山形图案为设计核心，周围精心绣制了寓意深远的十六字铭文。这些铭文不仅强调了德政为先、选贤举能的重要性，还体现了对职责、和谐社会的追求以及对清廉、谨慎、忠诚和勤勉等品质的推崇。在武则天执政时期，她进一步发挥了服饰在身份标志中的作用。她巧妙地赐予武官绣有威猛瑞兽如对狮、麒麟、对虎、豹等图案的袍服，而文官则获赐绣有神禽如雁、鹰等图案的袍子。这样的巧妙设计，不仅严格区分了等级秩序，使得官阶一目了然，更通过图案的象征意义，对不同身份的官员所应具备的能力与品格进行了暗示和引导。可以说，唐代的服饰文化不仅映射了森严的等级体系，更蕴含了对官员角色的深切期许和精心塑造的形象理念。

唐代，这一中国历史上的盛世，政治、经济和文化均达到了前所未有的高度。在这个时代，国家统一、繁荣昌盛，对外贸易活跃，社会生产力显著提升。盛唐时期，唐朝更是成为亚洲各民族经济与文化交汇的中心，为我国的文化历史增添了光辉的一页。在这一时期，印度、伊朗等国的文化元素被积极吸纳，并与本土文化深度融合，这种融合在壁画、石刻、雕刻、书画、绢绣、陶俑以及服饰艺术上均有所展现。特定的政治环境、经济基础和文化氛围共同塑造了社会意识形态，进而深刻影响了社会的风尚和人们的衣冠服饰。

天宝年间，一股新的时尚风潮在唐代女性中悄然兴起，她们开始模仿穿着男装，这一潮流从宫廷迅速蔓延到民间。同时，随着对外开放的深化和东西方交流的日益频繁，西域胡服也逐渐融入了人们的日常生活，成为当时备受追捧的装束之一。

唐代服饰文化在继承历代服饰文化精髓的基础上，又广泛吸纳了异域服饰文化的元素。所谓胡服，即指源于中国北方和西北方游牧民族的服装，但它并非某一民族的专属，而是涵盖了波斯、突厥、回纥等西域及北方游牧民族的服装特色。

唐初，统治者沿袭了隋代的一系列利国政策，并进行了深入的政治经济改革，推动了社会生产力的空前发展，从而开创了"贞观之治"和"开元盛世"的辉煌局面。同时，唐代统治者高度重视文化教育，实行科举制度选拔人才，儒、道、佛三教并立，且对西域传来的景教、伊斯兰教等宗教持尊重态度。在诗歌、绘画、音乐、舞蹈等领域，唐代都取得了举世瞩目的成就，展现了多元文化的繁荣景象。此外，唐代统治者还致力于加强与少数民族的融合关系，其包容性的文化政策对周边各国、各民族产生了强大的吸引力，众多外族和外国人纷纷涌入中原，带来了丰富多彩的文化习俗。在唐代社会普遍的好奇心和开放心态的驱使下，上自帝王、下至百姓都热衷于学习"胡俗"，从而形成了具有浓厚"胡风"色彩的文化氛围，这也深刻体现在唐代服饰的胡化特色上。

胡旋舞的服装便是唐代服饰文化胡化特色的一个生动例证。胡人来到中原后，他们的舞蹈深受唐人喜爱。当时的社会上流行着这样的诗句："天宝季年时欲变，臣妾人人学团转。中有太真外禄山，二人最道能胡旋。"胡舞的动作要求服装具有浓郁的异域风情，如康居的胡旋舞，"一舞两人齐跳，着绯红色袄子，织锦袖子，身披绿色绫罗，浑裆裤，赤皮靴，白裤袼。舞蹈节奏明快，舞者旋转如风，俗谓之胡旋。"胡舞的流行对唐代服饰文化产生了深远的影响，不仅舞蹈服饰发生了变化，"女为胡妇学胡妆"，女子的妆容也呈现出胡风的特点。

胡靴是唐代胡服中最具特色的服饰之一，它最初是北方和西北方游牧民族的服装，在赵武灵王时期传入中原。其中，乌皮六合靴是百官常服之一，又称"六合靴"，由六块乌皮缝制而成，象征着东、西、南、北、天、地六合之意，华丽非凡，通常为帝王、百官朝会时所穿。此外，还有线靴等不同样式的胡靴供人选择。

唐代国土广袤，资源丰富，人才济济，与西北的突厥、回纥，西南的吐蕃、南诏以及东北的渤海等诸多少数民族保持着密切的交往。当时的长安作为国际间最繁华的都市，连接着新疆通往印度、波斯、地中海的商路，商旅络绎不绝。海上贸易则以广州为出海口，贯穿南洋直至印度洋，远及非洲东岸和地中海南岸的各国。与东方朝鲜、日本的交往也日益频繁，长安、广州等城市居住着大量外国人。在唐代强盛的国力和民族自信心的支撑下，人民对外来文化持开放和包容的态度。这种民族自信和凝聚力使得外来异质文化一经融入大唐文化，便自然地成为其补充和滋养，这也是唐代服饰多样、优美的原因之一。胡服的盛行与唐朝采取的开放政策密不可分，唐朝在对待异域文化上的政治策略更多地表现为交融吸收而非排斥。

唐朝可以被视为大量吸收外来文化的时期，这种吸收不仅体现在绘画、雕刻、音乐、舞蹈等方面，也深刻地反映在衣冠服饰上。开放包容的社会氛围为唐代服饰文化的繁荣发展提供了广阔的舞台，创造出了独特的时代风貌。首都长安会聚了来自世界各地的商人、使节和文化人，他们带来了各自国家的文化瑰宝。东西方的交流与融合、优势互补，共同推动了当时社会的繁荣与进步。著名的丝绸之路不仅促进了中国与外界的贸易往来，更将中国精美的丝绸传播到了世界各地。在盛唐时期，妇女的服装以小窄袖为主流，深受胡服影响。随着时间的推移，胡服、胡舞等胡人的生活方式逐渐被唐代人所接受和喜爱，唐朝服饰的变化也生动地反映了东西方在经济和文化等方面的深度交流与融合。

第二章

食为民天：饮食与唐代生活

　　秦朝末年，郦食其运用"民以食为天"的思想，建议刘邦夺取贮粮非常丰富的敖仓，刘邦依计而行，坚守敖仓，收回荥阳，取得最终的胜利。这一故事最早出自西汉司马迁的《史记·郦生陆贾列传》，说明了粮食对国家、对百姓的重要性。在唐代，中国古代物质文化的发展已达到了一个鼎盛阶段。人们的饮食不仅仅为了解决温饱，在食物种类、烹饪技术、制作花样等方面均呈现出丰富、多彩的特点。

一、主食副食

唐前期，社会安定，四邻友好，农业、手工业和商业都非常发达，这为饮食行业的兴旺发展创造了良好的条件。唐初的统治者高度重视农业的复兴与发展，可见于武德六年（623）颁布的《劝农诏》。唐太宗即位后的第一年，他派遣魏徵等大臣巡视各州的农业生产，并提出："国家以人民为根本，人民的生计以食物为基础。如果谷物产量不充足，国家将无法维持。"此后，武则天和唐玄宗也非常注重农业，认为"国家的根本在于人民，而食物乃是维系生命的重要之物"。

唐初期，粮食产量不断增加，到了天宝年间，国库储备充足。根据《通典·食货典》的记载，天宝八载（749）的粮食储备达到了9600多万石。考虑到当时的人口为5000多万人，平均每人每年的粮食分配大约是948.85市斤。正如杜甫在他的《忆昔》诗中所言："忆昔开元全盛日，小城市都存在许多富有的家庭。稻米丰产、粟米洁白，无论是国家还是个人的仓库都充实丰富。"这一切都表明唐代农业取得了前所未有的成就。这为唐朝人在饮食方面的富足与创新奠定了坚实的物质基础。

中国古代以农立国，人们一向以各种粮食为主食。但在不同时代、不同地区人们的主粮结构也不尽相同。唐代的主粮结构主要由粟、麦、稻构成。其中北方以粟、麦为主，南方以水稻为主。

粟类粮食的品种很多，主要包括粟、黍、粱等。粟类粮食在唐代的地位较高，是国家征收储存的常备粮食，也是北方中原居民最主要的食粮。就中原地区内不同区域而言，唐代河北、山西等地的粟类种植极为普遍，是当地居民的绝对主粮。唐代时，麦类作物的种植在北方得到了迅速推广。王利华《中古华北饮食文化的变迁》中认为："至少在唐代后期，中国北方麦子的种植已是无处不在了。"在唐代，麦类作物的地位获得了显著提升，这主要归因于两方面的重要因素。随着当时社会生产力水平的持续提高，农业生产技术也取得了长足进步。特别是在北方中原地区，粟、麦的一年两熟轮作复种制度逐渐得到推广和实施。这一先进的耕作制度不仅优化了土地利用，还有效地扩大了麦类作物的种植面积，从而进一步提高了麦类的产量。除此之外，面粉加工技术的革新和面食烹饪技艺的提升，也为麦类地位的提升起到了推波助澜的作用。随着面粉加工工具和方法的不断改进，面食的制作变得更加精细和多样化。人们开始更加深入地认识到麦类，特别是小麦的独特食用价值和美味。因此，以麦为原料的面制品在唐代的饮食文化中逐渐占据了举足轻重的地位。

同时，在唐代初期，中原地区的水稻栽培也迎来了一个崭新的发展阶段。不仅水稻的种植面积大幅度增加，其产量也达到了历史的高峰。水稻的主要种植区域集中在唐代的关中、河南、淮北以及山东等地。尤其是关中地区，作为唐朝的政治和文化中心，其农业发展备受政府关注。为了推动关中地区水稻种植的繁荣，唐初的政府在此设立了专门的水利管理机构，并大力修复和新建了一批灌溉设施。这些重要的农业基础设施为关中地区水稻的大规模种植提供了有力的水利保障，从而推动了该地区水稻产业的蓬勃发展。

值得一提的是，在唐代，大豆的角色发生了重大转变。此前，大豆曾是许多人的主食之一，然而在唐代，它的地位逐渐从主食转变为副食。这一转变是多方面因素共同作用的结果。首先，随着麦、粟、稻等主要粮食作物的产量大幅增加，人们的日常饮食需求得到了充分满足，因此大豆不再需要作为主食来提供能量。其次，尽管大豆营养丰富，但其口感相对较差，尤其是制成豆糜后口感并不理想，因此它并不如其他粮食作物适合作为主食。最后，随着豆酱、豆豉等调味品的广泛流行以及豆腐等重要副食品的发明，大豆在副食领域的应用变得越来越广泛。这些新的应用和加工方式不仅丰富了人们的饮食选择，也使得大豆更加适合作为副食来食用。尽管大豆逐渐转变为副食，但由于其广泛的用途和庞大的市场需求，其总产量并未下降反而有所增加。在我国人民的饮食结构中，大豆一直被誉为"副食之王"。这一转变对我国人民的饮食生活产生了深远的影响，也标志着我国饮食文化的进一步丰富和发展。自唐代以后，豆类作为副食原料的地位逐渐得到巩固和发展，并一直延续至今。

在主食方面，唐代饮食的制备原料依然以麦、粟和稻为主，偶尔也会加入各类杂粮。在加工和制备方面，可分为粗加工和精加工，这也反映了唐代人们的经济状况和生活水平的差异。当然，全国各地区也各有其特色。例如，西北地区以麦类为主要食用谷物。这一点可以从敦煌所留存的寺院文书中得到佐证。据此获悉部分僧众、工匠以及唐定兴户、安庭晖户等主食食用情况。由此可以窥见麦在西北地区的普遍食用。

其中，由于南方稻米产量的显著提高，特别是在中唐时期之后，大量稻米开始运往北方，稻米也成为北方人日常的主食之一。在烹饪方法方面，人们逐渐从传统的单一的米饭或粥发展为更多元化的食材搭配，这些搭配的选择相当巧妙，使得主食的制备更加精致。其中主要的食物类别包括面食、米饭以及粥食等。

面食，古已有之，指的是将谷物磨成粉制成的食品。但唐代的面食比前代丰富得多，唐朝时，人们食用的面食主要有面饼、面条、面糕等。面饼日常可作为主食，节日可作为贡品。饼者，是用水和面和在一起制作而成。饼制作较为简单，能携带，不易变质，故普通百姓家中常备饼食。饼也可以当作一种饭后点心，与果子一起搭配食用。唐代时期，人们热衷于食用各种类型的饼，这些饼的种类多种多样，主要包括蒸饼、镮饼和胡饼。蒸饼是其中最古老的一种，它的历史最早，由酵糟和小麦面制成，呈单面形状。镮饼，又被称为寒具，主要在寒食节期间食用，它由糯米和粉制成。此外，唐代注重礼仪，国家会在节日期间赠送各种饼食给官员，以展示国家的繁荣。

在唐代，面条的品种变得更加多样，杜甫、白居易、刘禹锡等文人多有赞美，其中包括"冷陶"和"汤饼"。所谓的"冷陶"指的是凉水面条，而"汤饼"则是指面汤。此外，糕点也备受欢迎，由黍、糯米和粳米粉蒸熟而成，呈现出坚固的形状。糕点通常使用小麦面或糯米粉制成，广泛流行。但是，糕点的材料选择非常讲究，形状精美，制作过程复杂，通常用于重要场合，如祭祀和招待客人。《太平御览》中记载，重阳节当天，人们会携带糕点和美酒登高远眺，以表达对亲朋好友的思念之情。重阳节的习俗也包括享用粉糕，这是各阶层共同的传统，也是朝廷赏赐给官员的节令食物之一。

在唐代，所谓的"饭"指的是将谷物整粒煮熟后，与菜一同食用。通常情况下，饭是由脱壳后的稻米蒸熟制成的。稻米的质地因生长环境的不同，所以品质各异。人们常将其他食材，如藜、麦、豆等，与稻米一同蒸煮，这彰显了饮食原料的多样性与饮食方式的丰富性。值得一提的是，稻米饭在南北方都极为普及，成为一种百搭的主食。稻米的质量与其生长环境密不可分，在西南地区，土壤贫瘠、水源稀缺，所产稻米自然不如中原地区和东南地区的优质。此外，除了以米蒸熟为饭，也有的直接将一些谷物蒸熟为饭，例如荞麦、粟米等。

粥，其名源自煮米至糜化，使之烂糊，在唐代饮食中占据了相当大的份额。米是熬制粥的最常见原料，而新鲜的米熬制的粥通常更为浓郁。据《太平御览》的记载，人们将粳米与麦一同制成酪，再加入捣碎的杏仁，制成香浓可口的粥，这样不仅增加了粥的美味，也受到了各年龄层的喜爱。

粥，这类饮食在古代扮演着重要的社会角色和医疗角色。在社会方面，施粥作为古老的赈灾方式起源于汉代，成为救济灾民的有效手段。唐代时，政府常常给予"公粥"来赈济灾民，即由国家提供粥食，这对于缓解灾荒时期的饥饿问题非常重要。粥不仅是日常主食，也成为官府缓和社会矛盾的有效措施。

古代官府在节日期间，特别是在慰问老年人时，通常会以粥等必需品作为礼物。这类节日福利与现代社会中政府赠送给老年人的礼物相似，往往是与老年人的饮食需求相符。老年人由于消化功能下降，更适合食用软糯的食物，因此粥便成为理想的选择。

唐代人在主食方面不断创新，增加了多种花色品种，呈现出多彩多样的饮食文化。面条也被用于食疗，唐代医学家昝殷《食医心鉴》记录了多种用面条治疾的方子，他将面条称为索饼，其中包括榆白皮索饼、羊肉索饼、黄雌鸡索饼等。

此外，唐代不仅有丰富多样的面条，还有多种发酵面团和其他制品，如包子、油条和点心等。点心一词即起源于唐朝，宋人吴曾《能改斋漫录》中云："世俗例，以早晨小吃为点心，自唐时已有此说。"显示出了唐代面点制作工艺的高超水平。1972年，3种精致的点心在新疆吐鲁番的唐代墓葬中被挖掘出土，其中包括一款形似梅花的点心，其制作水平可与当代点心相媲美。此外，在唐代，官员在被封官后为表庆祝会举办筵席，名曰"烧尾"，寓意鱼跃龙门，希望官运亨通。韦巨源的《食谱》中记载，他在拜尚书左仆射后，为宴请唐中宗，提供了多达25种不同的面点，包括双拌方破饼、单笼金乳酥、曼陀样夹饼、贵妃红、七返膏、金铃炙、见风消、玉露圆、八方寒食饼，等等。这些面点对颜色和造型有着极高要求，彰显了唐代面点制作工艺的高超，丰富多样的品种和独特的口味在中国面点历史上占有重要地位，对中国面点历史的发展起到了重要作用。

就副食而言，主要有肉、水果、蔬菜类。在唐代，农业经济繁荣，畜牧业即使成为经济中的重要组成部分，肉类还是比蔬菜更为珍贵。同时，唐代人在肉类储藏方面取得了显著进展。主要的肉类仍然包括牛、羊、猪和鸡，猪肉通常是煮熟后食用，常与酒搭配，这样不会过于油腻。鸡可生蛋，能为家庭提供长期的食材，所以唐朝人通常不会食用鸡肉。

唐代人不断开拓新的食材来源，将海产品和珍奇之品纳入菜谱之中，其中包括各类鱼和海鲜。据《大业拾遗记》《岭表录异》等文献记载，唐代的水产品包括鳍鱼、鳅鱼、嘉鱼、黄腊鱼、乌贼、石头鱼、比目鱼、海蜇、蚝以及各类蛤、蚌、蟹和虾等数十种，同时还详细介绍了它们的加工和烹饪方法。此外，一些野味如鹧鸪也成为文人雅士宴会的美食之选。

在南方水资源丰富的地区，副食以鱼为主，这受到当地环境的影响。例如，杭州地区有专门的鱼市，被称为鱼盐市场，主要销售各类鱼和海鲜。这样的鱼市，与北方主要以畜牧业为主的情况大不相同。古代文献中有许多记载有关如何食用鱼，主要包括鱼脍和鱼鲊，而鱼鲊又可以分为鲤鱼鲊、裹鱼鲊和干鱼鲊等不同做法。

在唐代，蟹类也成为人们餐桌上的美味。诗人白居易在描述他在东南地区的旅行时提到了"亥日饶虾蟹"，"亥日"指的是唐代集市开市的日子，海鲜市场上虾和蟹的供应已经非常普遍，可见当时食用蟹的人数众多。虾也是海滨居民常见的一种荤菜，尽管虾和鳖都是当时人们捕捉的对象，但对这两种食物的消费相对较少。因此，关于这两种食材的烹饪方式在古代文献中记录较少，这也是因为人们并不经常食用这些食物。

早期的采集和捕猎是人们谋生的方式，随着农业的兴起，这些活动逐渐退出了经济的中心地位，但是采集和捕猎仍然是获取生存所需资源的途径之一。在唐代，国家颁行法律法规管理自然资源，但是贵族统治者也会组织专门的狩猎活动来捕杀野生动物。这些狩猎活动通常是定期举行的，一方面展现了他们的勇气，另一方面起到军事训练的效果，同时也有助于补充珍贵的肉类食物来源，还能够提供娱乐和消遣的机会。在唐代的日常饮食中，蔬菜占据了相当大的比重。唐代人每日的膳食都离不开蔬菜，它们常常与主食一同食用，因此古代人常将食物总称为"蔬食"，这也显示了蔬菜在饮食结构中的重要性。唐代的蔬菜和瓜果品种比前代更加丰富，种植的菜类主要包括芹、葵、韭、葱、姜和匏瓜等。野菜中有蕨、荠、菁、笋、石发等，水生类蔬菜有菱、芋、藕、莼等。同时，唐代还从域外引进了一些新品种，如竹笋、木耳、香菇等，这些都成为相当常见的食材。

唐代的食物如此丰富多样，大致有以下原因。一方面是烹饪技术的多样，唐代的烹饪技艺也较前代有较大的进步，名菜佳肴争奇斗艳。烹饪技术最考验的就是对于火候的掌握，如炙品名肴有唐代八珍之一的驼峰炙，它的制作需要厨师对于火候的精准掌握，火大肉老又干，火掌握够好，味道才够鲜美且不腻。据《酉阳杂俎》记载："唐贞元中有一位将军指出：没有不能吃的东西，关键在于掌握火候与调味的关系。"

另一方面，则是烹饪调味料的应用。即使调味料不像食材那样吸引眼球，但由于它们能够调和并激发食材之味，因此它在制作美味佳肴的过程中不可或缺。在唐代，许多调味料中增加了从国外引进的蔗糖和胡椒等。而胡椒在唐代得到了广泛应用，备受喜爱。《资治通鉴》记载：大历十二年（777）宰相元载被处决后，从他家就至少搜抄出了800石胡椒。季羡林的《糖史》中，综合了吉敦谕先生与吴德铎先生的观点，指出"根据现有资料来看，制蔗糖的过程主要有两种，一种是曝晒，一种是熬炼……采用曝煎方法制作蔗糖可能在南北朝时期就存在了。唐太宗之时，《新唐书》明确表示，向摩揭陀学习的是'熬糖法'，即专门采用煎炼的方法，完全不用曝晒的方法"。并进一步指出："中国开始制造蔗糖可以追溯至三国魏晋南北朝到唐代之间的某一时期，至少在后魏以前已经存在。"可见，唐朝的主食副食在唐朝雄厚的物质基础上，吸收外来饮食文化，不断加以创新，丰富了中国的饮食文化。

二、酒茶器皿

在唐代，茶和酒都是重要的饮品，它们在唐代饮食文化中各自拥有独特的地位。茶，起源于中国，特别在唐代经历了前所未有的普及和发展。而酒具有包容性，不同种类的酒适合不同的人和场合，可以产生不同的效应。在唐代，茶和酒成为"饮"的主要元素，这两者各有千秋，一个清淡，一个浓烈，但它们在唐代多元的饮食文化中共同繁荣发展，这与当时茶叶和酒类产业的蓬勃发展密切相关。

中国的酒文化历史悠久，自传说中的杜康酒与仪狄酒以来，中华民族已有几千年的酿酒和饮酒传统。人们对待酒的看法一直以来都各不相同，有人批评它祸国，有人称其有害健康，还有人将其与"色"联系在一起。在某种程度上，酒几乎成了罪恶的代名词。即便如此，这并没有影响人们对酒的热爱。特别是历代文人和学者中有些人沉迷于酒所带来的境地，借助酒写出了传世之作。

唐代的酒文化蓬勃兴盛，酒成为人们日常生活中不可或缺的饮品。在享用酒之前，必须有适当的酒器。酒器的用途也会随着酒的用途而变。最初，酒主要用于祭祀仪式，以示敬神鬼。随着时代的发展，由于酒的特殊功效，也被用于表示敬重老人。随着酒精度的提高，人们又发现饮酒可以舒缓心情，因此酒的用途扩展到了婚礼和日常招待客人之中。如此一来，酒已经渗透到古代生活的方方面面，从最初的祭祀神祇发展到民间日常生活之中。

我国古代通过不同的原料来区分各种酒类。酒分为两大类，一是以谷物为原料酿制的谷酒，二是以植物的根、茎、叶酿制的木酒。在这两者中，以谷物酿造的酒较为常见。在西汉时期，上等的酒被视为尊贵之物，统治者将其赠送给亲近的大臣。这里所说的上等酒是指使用糯米酿制而成的酒，次等酒使用稷酿制而成，而最低级的则用粟酿制而成。由此可见，酿酒的原料主要是各种谷物。

制酒所需的原料主要包括米、黍、粟和糯米等谷物，还包括其他材料，如玉米、稻米、黄米和谷子。在唐代，木酒成为主要的调制酒类型，它采用果木的根、茎和叶来进行酿造。唐代的调制酒种类繁多，通常是在以米酒为基础的酒中添加各种药材或花卉。这不仅增添了酒的口感，还为饮酒体验增添乐趣。一些常见的调制酒有黄菊酒、桂酒、茱萸酒、地黄酒和松花酒等。

唐代在饮酒时也注重养生。松树因其常青不凋的特性一直被视为长寿的象征，唐代人也深信此说法。他们酿造了松花酿，相信饮用它能够延年益寿，受到当时人们的热切欢迎并逐渐风靡。

在唐朝，制作松脂酒主要采用松脂和糯米，是一种以松树相关原料酿制而成的酒。松花酒和松脂酒均以松树的特定部分作为主要原料，因此得名于其主要成分，这是古代命名方式之一。

各式酒的命名五花八门，尤以以"春"为名的酒最为常见。这种以"春"为名的酒命名传统可能源自《诗经·七月》中的"为此春酒，以介眉寿"一句。在古代，春天饮用的熟酒通常是前一年冬天酿制的，人们认为这些春酒可以延年益寿。据李肇的《唐国史补》记载，唐代出名的以"春"命名的美酒包括剑南的烧春、乌程的署下春、云安的曲米春等。而那些没有以"春"为名的酒也因产地不同或酿造方法的独特之处而有自己特定的名称，比如山西的杏花村汾酒、四川郫县的竹筒酒等。《唐国史补》中记载的唐之名酒达14种之多，这也为文酒之士创作出大量的吟咏之作提供了一大契机。

在唐代的酿酒过程中，为了增添酒的芳香，人们广泛采用了植物的花朵、叶子或水果作为原料。由于中国各地的气候和物产多种多样，所以各地都可以选择本地特有的植物材料以酿制具有独特风味的美酒。例如，岭南地区的椰花酒，沧州的桃花酒、菖蒲酒等都是因此而闻名的酒类。

唐代的酒文化蓬勃兴盛，无论是官员还是百姓，酒已成为其日常生活中不可或缺的一部分。这种嗜饮的风气促进了酒业的繁荣。在唐代，酒器的制作达到了前所未有的繁荣，涵盖了多种材质，其中包括代表贵族身份的奢华酒器，如玉、玻璃、金银饰、水晶、象牙等所制。还有一些奇特的酒器，以兽角、蚌贝、虾壳等动物身上的天然材料制成。另外，也有用自然植物如藤、竹木、葫芦制成的简单酒器。当然，大多数酒器仍然是普通的陶瓷和青铜制品。

唐代的美酒鉴赏家非常注重酒器的设计，在此背景下，唐代的酒器多样丰富。罍，在古代被用作盛酒的器皿，商周时期以青铜制成。到了唐代，罍变得更加精致，体积较小，形状相对简单，与古代罍的外观相似，但花纹更为朴素。白玉壶是另一种特殊的酒器。樽是一种盛酒容器，通常呈平底、圆身，器身上常装饰有兽纹等图案。

在有关唐代事物描写的笔记小说中，常常会出现种种奇特的酒器。唐人李匡乂在其《资暇集》中记述："元和初，酌酒犹用樽杓……居无何，稍用注子，其形若罃，而盖、觜、柄皆具，大和九年后，中贵人恶其名同郑注，乃去柄安系，若茗瓶而小异，目之曰偏提。"这里提到了樽杓、注子以及将注子改造后的偏提。樽杓，是一种用于盛酒、抱酒的组合用具。注子是一种单把、带管状流的温酒器具，作为新出现的一种器物类型，《中国陶瓷史》认为，其很可能是由隋朝的鸡壶演变而来，理由是在隋和唐初仍生产鸡壶，而不见执壶，到了唐代中期则多产执壶，鸡壶少见。由于单把执壶容易因放置不稳发生倾倒而对其进行了改造。根据酒的浓度不同，浓度高的酒，唐人多选用容量相对较小的杯和盏，如高足杯、带把杯。

唐代的酒文化中，酒杯扮演着至关重要的角色。它们按照不同的材质可分为瓷杯、金杯和银杯。银制的酒杯在当时最为常见，而金杯则可用于直接加热温酒。此外，根据形状的不同，还有螺杯、荷叶杯以及莲子杯等多种款式。银花盏、银花錾落盏以及玉盏则主要用于饮酒。银花盏造型精美，以银质打造并镶嵌花纹，成为文人雅士喜爱的饮具之一。而螺状盏制作精巧，造型别致独特。盂类似于碗，也是一种常用的酒具。

唐代繁荣的经济和文化吸引了众多异族的使臣、商人、僧侣和学子，他们沿丝绸之路前来交流和学习。这些外来者也带来了异族之文化，其中包括外国的酒器。这些外来酒器在唐代官民的日常生活中广泛应用，成为异族文化在物质层面上的一种体现。唐代的酒器风格受到胡人文化的强烈影响，在宫廷、民间都广泛流行。

酒器，作为一种饮酒工具，根据制作材质也分不同等级。特别是那些由纯金和纯玉制成的酒器，一般只供皇室和贵族使用。通常情况下，金银酒器的制作是在官方名义下进行的，制成后还要盖上官方印章。相比之下，普通人的酒器显得相对朴素，几乎任何容器都可以被用来饮酒。

唐代饮酒业蓬勃发展，各地涌现出了众多"酒店"，它们被称为"酒肆""酒楼"或"酒家"等。这些唐代的酒店遍布全国的城乡，其特点就是悬挂酒帘。酒帘又称酒旗、酒望或望子，是一种传统招揽酒客的手段。在节日期间，唐代人们通常会增加饮酒的次数。过年、正月晦日、中元节、寒食日、上巳日、端午节、重阳节以及腊日等节日都是各阶层比较常见的饮酒时刻。而不同节日所饮的酒种类也各有不同，比如过年时饮用屠苏酒、柏叶酒，端午节时常饮菖蒲酒，重阳节时饮用菊花酒等。

在饮酒时，还注重饮酒的礼俗，逐渐形成了一种酒文化。我国古代酒宴排座次序即是区别尊卑的一种饮酒礼俗。

唐初的通俗诗人王梵志在他的诗歌中，细致地描述了唐代酒席上的规矩和礼节："尊人立莫坐"即意味着在尊者未就座前，其他人不可先坐下；又言"尊人同席饮，不问莫多言"；酒席巡行时，应从首席开始，然后再依次巡至末座，这被称为"婪尾酒"（也称为蓝尾酒）；主客共饮酒时，侍酒者负责斟酒，不能入座，"尊人对客饮，卓立莫东西。使唤须依命，躬身莫不齐"；在酒巡期间应适度饮酒，酒量较小的人可以少饮，"巡来莫多饮，性少自须监。勿使闻狼狈，教他诸客嫌"；主客赐酒给侍酒者，侍酒者应接受，不必推辞，主客同饮，将酒送至，不必拒绝，而是应当欣然接受；酒席上，无论客人富贵或贫穷，应一视同仁，客人到来时都要起身远迎，要做到"坐见人来时，尊亲尽远迎。无论贫与富，一概总须平"。

在唐朝，酒成为社交场合中不可或缺的元素。无论是举行重大的宴会，还是亲朋好友间的聚会，都离不开美酒的陪伴。唐朝人把饮酒视为国泰民安、社会繁荣的象征，因此宴饮活动频繁且隆重。每当祭祀、礼宾、节日等重要时刻来临，唐朝人都会举办大规模的宴饮，以此来庆祝和分享喜悦。在宴会上，人们欢聚一堂，歌伎们轻歌曼舞，文人们则即兴赋诗，现场气氛热烈非凡。宴会的规模也往往十分庞大，参与者多则上百人，少则几十人，共同畅饮美酒，享受这欢乐的时光。宴饮的时间通常都很长，有时甚至会从早晨一直持续到夜幕降临。这种长时间的宴饮活动，不仅展示了主人的热情好客，也体现了唐朝人对美酒的热爱和对生活的享受。宴会的地点也灵活多变，有时在家中举行，有时则会选择在名胜园林等风景秀丽的地方举办。特别是在名园举办的宴会，不仅彰显了主人的财富和实力，更是唐朝酒文化的一种生动体现。

送别亲朋好友时举行的饯别仪式也是唐朝人的一种重要的社交活动。这种送别仪式被称为"祖席"或"祖筵"，具有深厚的文化内涵。饯别习俗自古以来就存在，但随着时间的推移，它逐渐从最初的祭祀路神演变成了祈愿旅途平安的传统仪式。在唐代，饯别饮酒的习俗非常盛行，《全唐诗》中就收录了大量与饯别相关的诗歌作品，如韩偓《杂家》和白居易《送吕漳州》等诗作中，都提到了饯别时的饮酒场景。这些诗歌不仅表达了诗人对即将离别的亲朋好友的不舍之情，也寄托了对他们未来旅程的祝福和祈愿。在饯别仪式上，人们通过饮酒来抒发情感、交流思想，进一步加深了彼此之间的情谊。

在唐代社会，饮酒已经成为一种风尚和习惯。无论是上层统治阶级还是文人士大夫阶层，都将饮酒视为一种重要的社交活动和文化传统。如果一个人不会饮酒，那么他在社交场合中可能会显得格格不入。据《云仙杂记》记载，元载在步入仕途之初并不会喝酒，但他的同僚们却想方设法强迫他喝酒。在同僚们的"整治"下，元载最终不仅学会了喝酒，而且还变得嗜酒如命。这个故事虽然有些夸张，但生动地反映了唐朝人对饮酒的热爱和推崇。

由于唐朝人纵酒之风盛行，与酒相关的买卖也非常发达，酿酒业更是蓬勃发展。对于唐朝人来说，饮酒不仅仅是对物质生活的追求，更是一种精神上的享受。当故友重逢时，几杯酒下肚便能打开心扉、畅所欲言；在饮酒过程中伴随着清谈、联吟等文化活动，不仅能烘托气氛、提高兴趣，还能增进人与人之间的交流与理解。然而，在享受美酒带来的愉悦时，我们也应该牢记"酒虽好，可不能贪杯"的道理，适度饮酒才能保持健康、享受美好生活。

与饮酒的豪放和热烈相比，品茗则显得更为内敛与恬淡。饮酒往往伴随着喧闹与欢腾，人们在推杯换盏中释放情感，畅谈天下，而品茗，则更像是一种静默的修行，需要人们静下心来，细细品味茶的韵味与口感。唐代文人将这种全身心的愉悦称为"爽"。司空图在《即事二首》中明确表达了这种"爽"意："茶爽添诗句，天清莹道心。"香茗承载了生活百味，其中蕴含深意，让品茗者陶醉其中。饮茶不仅让人感受到清新舒爽，而且在苦涩之后品味到回甘的滋味，令人陶醉不已。

在古代，茶一直都被视为一种重要的饮品。作为我国悠久的经济作物之一，茶从最早的药用和食用，逐渐演化成为人们日常生活中的饮品已有几千年的历史。唐代的文人刘贞亮在他的著作中详细记录了茶的益处，举出了茶的十种好处，饮茶对身体有益，可以疏解抑郁情绪、调和身体、祛除疾病、提神醒脑，还有助于培养文雅之风和遵礼仪、重仁爱之道。然而，茶叶作为一种全国性的饮品，其兴起始于唐代。在唐代之前，饮茶仅在南方地区盛行，但到了唐代，茶文化在北方迅速扩散，从邹、齐、沧、棣等地逐渐到都城和其他城市，茶馆纷纷设立，供人煎茶饮用，不分贵贱，只需付费，即可品味。茶叶自江淮地区源源不断运往各地，积存成山，品种繁多。特别是在唐代中期，陆羽的著作《茶经》问世，这本书系统全面地探讨了茶的起源、产地、采摘工具、制茶过程、品饮方式以及所用器皿等各方面内容，将饮茶提升为一门全新的学问和文化。《茶经》的出现推动了茶文化的发展，使得唐代中后期，无论是王公贵族还是普通百姓，普遍喜好饮茶，如《茶经》所言："从下至上，茶叶风靡，盛行于国朝之间，深受京都和荆渝之地官民的喜爱，成为家常之饮。"

"茶滋于水，水藉乎器，汤成于火，四者相须，缺一而废"，唐代茶文化的兴起势必促使相应的茶具产生。唐代以前，《广雅》中记载将茶饼捣末之后"置瓷器中，以汤浇覆之，用葱、姜、桔子芼之"，即将茶叶与葱、姜、橘皮等放在一起，煮出的汤汁如同菜汤一般。

根据陆羽《茶经》中的《之造》和《之煮》两篇记载，进入唐代后，采茶已经成为一项极其精细的工艺。采茶需要在特定的时间和天气条件下有选择性地进行，采摘的茶叶还需要经过蒸、捣、拍、焙等多道工序方可封存。相较于《广雅》中，甚至连叶老者的处理都需要经过米汤，以制成茶饼，唐代的制茶过程显然更加烦琐，这体现出了高度的精致程度。随后的炙烤茶饼、碾茶成末、取水煮茶、三沸分茶等步骤也在《茶经》中体现。复杂的步骤必然需要特定的器具来完成，而陆羽在书中特别设置了《之具》和《之器》两篇，详细列出了在这些过程中所使用的器具，其中还包括了这些器具的尺寸、材料、造型、用途和使用方法。仅涉及茶器就包括了升火、炙茶、碾茶、储茶、盛水、煮水、量茶、饮茶、清洁等24种工具，显示了其分工之细致、用途之专业、组合化程度之高。对于这24件茶具的使用，陆羽在《之略》

中强调了其可以根据时间、地点、人数以及茶的准备情况进行适当的调整和省略，非常人性化。唐人另一常用的饮茶器是茶托，是将碗、盏之类的饮器配以托盘的组合形式。

唐代有名的茶叶品种包括蜀茶、天柱峰茶、绿花、紫英等。这些茶叶在唐代社会都享有盛誉，其中，天柱峰茶因产自安徽潜山的天柱峰而得名，而蜀茶则是指四川地区的茶叶，其特点是芳香滋味不变。绿花和紫英则产自浙江湖州地区。这些茶叶之所以被誉为茶中极品，是因为它们不仅都列入了唐代的茶贡名录，而且在唐代的大量文学作品中，这些茶叶常与社会上层人物相关联，比如天柱峰茶就是有人曾作为赠礼送给李德裕，而绿花和紫英则是唐懿宗在同昌公主大婚时的赏赐。这显示出唐代茶叶的意义已不再局限于作为一种饮品，而是涉及官场互动、婚姻联姻等多个方面。总之，随着社会的发展，茶叶的社会作用逐渐增强。

除了酒与茶，唐代人还创造了一系列新的饮品，为当时的人们带来了口味上的多样享受。在隋代，诸如宫廷的"五色饮""五香饮"和"四时饮"等特殊饮品，通常普通民众不能享用，因此它们的制作配方也难免随着时间的流逝而失传。进入唐代，杂饮的原料更加多元化，制作方法也更贴近平民生活。唐代的杂饮多样性有三个特点：原料的多样性、制作方法的多样性以及饮用人群的广泛性。

以果蔬类饮品为例,《大业杂记》中仅记载了乌梅浆、莲房饮、瓜饮和槟榔饮这四种。此外,在唐代,人们将葡萄、石榴、杏仁、甘蔗等水果也纳入了果蔬饮品的范畴。这些水果饮品因其独特的口感和独特的滋味而受到广泛喜爱,唐代的诗歌中频繁出现对它们的赞美之词。甚至皇室贵族也将水果饮品视作日常饮品,例如《白孔六帖》中写道:"明皇移大内,张后进蔗浆。"王维的诗句"饱食不须愁内热,大官还有蔗浆寒"则强调了蔗浆在维护肠胃平衡方面的作用。除了成为皇家饮品,一些水果饮品也成为唐代时令饮食中的重要部分,例如以杏仁研磨制成的"杏酪"常在寒食节期间食用。

唐代人已经不再满足于简单的食材烹饪,而是运用更加精巧的加工技艺对食材进行深度处理。以乳制品为例,《大业杂记》中就提及了"酪浆"这一种类别。例如《云仙杂记》中提到夏天房寿饮用"羊酪",在玄宗时期,还赐赏了安禄山名为"马酪"的乳制品。

在唐代,越来越多的文化精英参与到了"杂饮"的创新之中,其中白居易便是典范之一。他不仅烹制了"调酥煮乳糜",而且根据自身口味和健康需求,创作了许多独特的饮品,如解渴疗饥的冷云浆、保健的赤箭汤以及使人不口渴的云母汤等。唐代的杂饮,特别是那些药用饮品,开始朝着更平民化和商业化的方向发展。

这种类型的药用饮品在唐宋时期被称为"饮子"。

根据《太平广记》引《玉堂闲话》所载，长安在鼎盛时期，西市有一家经营饮品的商铺，他们所制作的饮品采用常见的药材，不过几种，不必测脉诊断，不论何种疾病，售价只需100文，千般疾苦都能口服而得缓解。这种"饮子"可以看作是隋代宫廷保健饮品的改良版本，保留了保健功效，同时采用常见原材料制作。它既能治疗各种疾病，价格又相对亲民，因此在普通百姓中非常受欢迎，以至于后来在《清明上河图》中，我们也能看到售卖"饮子"的商铺。

除此之外，隋代时期流行将香料用于饮品之中，这在唐代并不常见，但这一习俗在后世仍然有所传承。但由于香料仍属珍贵物品，因此这种以香入饮的习俗依然仅限于上层社会。香饮不仅仅具有保健作用，更成为士大夫们展现风雅之风的一种方式。

除饮品外，唐人还普遍喝汤，汤羹的制作花样逐渐增多，功能也渐趋多样化。例如，桃汤和杏浆等都是中国古代汉族人在春节时常饮用之汤，作为一种节日饮料，它们存在于人们的生活中，但其功效不仅仅局限于此，它还可以驱邪避害。杏树在中国有着悠久的历史，其富含丰富的营养成分，具有药用价值。有一句民间俗语说："端午吃个杏，到老没有病。"这表明杏浆也具有保健功效。

　　唐代人注重保健、食补与养生，因此食疗汤成为一种备受重视的饮食方式，以药材为主要原料。与其他汤类相比，食疗汤在于它针对特定疾病或特殊人群进行治疗与保健。在中国古代，食疗汤又被称为滋补汤或食治汤。《千金要方》中提到："作为医者，首先要深刻理解疾病根源，明白其发作原因，采用食物进行治疗，若食疗无效，才会使用药物。"确立了食疗为主要治疗手段的原则。在唐代，食疗的品种日益丰富，其中汤羹类食品占据了重要地位。汤羹类食品易于人体吸收，同时可以补充身体水分，减轻肠胃负担，因此食疗汤在唐代得到了快速发展并衍生出多种品类。由于重视保健养生，动物内脏如肝、肾、肺等成为汤羹的主要原料，《食医心鉴》中提到的猪肝羹、猪肾羹等汤羹的制作正是受到"以形补形、以脏补脏"的食补养生理念的影响而出现的。

　　值得强调的是，唐代人创造了一种茶和粥相结合的饮食：茶粥。简单来说，茶粥是由茶叶煮制而成的粥，也称为茗粥。茶自诞生之日起，是以饮品的身份进入人们的日常生活之中的，而与食用茶相关的记载相对较少。在唐代，饮茶的风气突然兴起，将茶叶加入粥中煮制成茶粥变得非常流行。诗人储光羲在一首诗中写道："淹留茶膳粥，共我饭蕨薇。"从诗中提到的野菜和茶粥可以看出茶粥在这里充当主食，因此茶粥的重点在于粥，而不是茶。确切地说，唐代的茶粥应被归类为粥的一种。将茶与粥结合不仅是当时社会茶文化盛行的体现，也是粥类食品的新发展。茶粥也成为唐代人食疗养生的一部分。

三、饮食习俗

餐制，即一定时间内的进餐次数，以满足人类生理需求为基础。这一制度不仅与人们的生产活动和食物原料相关，还与饮食制备技术的发展有关。餐制的确立是饮食制度完善的重要体现。根据姚伟钧先生的研究，古代中国在先秦时期一日通常进两餐，而在汉代之后，一日进三餐逐渐普及开来。唐宋时期，三餐制度在北方中原地区已经广泛普及。早、中、晚三餐的具体时间和所食的食物种类与现代很相似。

唐代的早餐时间较早，通常在天色微明之时即开始，这习惯源自古人日出而作，所以普遍早起。正如唐代诗人白居易在《昼寝》中所写：

坐整白单衣，起穿黄草履。

朝餐盥漱毕，徐下阶前步。

暑风微变候，昼刻渐加数。

院静地阴阴，鸟鸣新叶树。

独行还独卧，夏景殊未暮。

不作午时眠，日长安可度。

诗中明确指出，早上起床就要吃早饭了。唐宋时期，市集通常在天色尚未亮时就开始准备售卖早餐了，正如《河东记》中所记载的：

唐代时，汴州西边有一家名为板桥店的小店铺，店主三娘子在深夜时分就开始准备隔天早上的早餐了，她取面粉、和面、揉面，做成烧饼。等到公鸡开始啼叫，天色逐渐明亮，客人陆续走进店铺，三娘子则点亮灯火，将新制作好的烧饼摆放出来，供顾客选购品尝。

唐宋时期的午餐和现代一样，通常在正午时分食用，当时的文献也多有反映。例如《旧唐书·杨国忠传》中描述了唐玄宗逃离长安时的情景，他在辰时逃至咸阳，历尽了艰辛，直到中午还未用餐。善良的乡亲为他献上自家的粗粮米饭，唐玄宗食用了它。这表明，唐代和现代一样，午餐在当时也是一天中最重要的一顿饭。至于食物种类，唐宋时期人们通常选择一些耐饥抗饿的食物，如饼、饭，以应对下午的劳动。有时，唐人还会准备一些配菜，将米饭和菜肴一同享用。

与现代有所不同，唐宋时期的晚餐时间通常较早。这一习惯源于那时大多数民众的生活情况，夜生活相对不发达，人们普遍在日落后就休息了。不同社会阶层的人在晚餐方面也有所差异。社会上层的人的晚餐与午餐相似，因为他们的夜生活更为活跃，需要更多能量，所以晚餐与午餐一样丰盛。在一些富贵之家，晚餐或夜宴往往更加奢侈。而普通百姓的晚餐更接近早餐，以清淡的食物为主，因为他们晚餐后通常很快就会休息了。此外，对普通百姓来说，清淡的晚餐也有助于节省粮食。

在唐朝，尽管三餐制已经基本普及，但在社会中，两餐制并没有完全消失。唐代的诗歌就反映出了两餐制的存在，比如元结的《春陵行》中写道："朝餐是草根，暮食仍木皮。"这就反映了一日两餐的情况。宋代的文人也创作了一些反映两餐制的诗句，比如洪迈的《夷坚丁志》中的打油诗："二年憔悴在三鸦，无米无钱怎养家？每日两餐唯是藕，看看口里出莲花。"唐宋时期两餐制的家庭多数属于底层劳苦之家，因为贫困，他们难以享受三餐，迫不得已每日只能两餐。

在唐朝，中国人的用餐坐姿从传统的跪地席坐到垂足而坐。唐宋时期，这种饮食坐姿的改变源于新型家具的兴起。自魏晋南北朝以来，居住在中国西北地区的匈奴、鲜卑、羯、氐、羌等游牧民族相继涌入中原地区，胡汉民族融合催生了传统低矮家具的革新。床榻、胡床、椅子、凳子以及墩机等坐具相继问世，并逐渐替代了传统的地铺席子。唐宋时期，新式家具的变革逐渐达到巅峰，传统的跪地席坐方式渐渐淡出历史舞台，取而代之的是在床榻、凳子等坐具上就座。

在初唐以前，人们在用餐时通常是坐在地上，跪着进食，每人面前都有低矮的餐桌，上面摆放着食物。每个人都单独用餐，这种就餐方式被学者称为"分食制"。到了唐代的中后期，这种古老的分食制逐渐演变为众人围坐在一起共同进餐的"会食制"或"合食制"。唐代的会食制类似于现代西餐的分餐制，主要的菜肴和食物由厨师或仆人按需分配，只有像饼类、粥、羹、腥、汤等食物是共用的，放在用餐桌上或旁边，由仆人、厨师添加。而合食制的特点则是共用餐具，大家共享食物，同时边吃边交流生活琐事，就像今天人们的聚餐一样。

就如刘朴兵在他的著作《从日常饮食习俗看唐宋社会变革——以中原地区为考察中心》中所述，分食制逐渐演化为合食制是一个漫长的过程。高桌大椅的广泛使用，为人们共聚一堂享用饭菜创造了条件。餐具的改进、烹饪方式的转变、食物构成的变化等诸多饮食方面的因素，饮食文化传统、家庭伦理、社会心理等层面占据主导地位且影响深远，这些都促成了同桌共餐的合食制成为饮食史上的发展趋势。

在中国的传统节庆中，饮食仪式扮演着重要的角色，几乎每个传统节日都有独具特色的美食和饮品。早在汉魏时代，中国的节庆饮食习俗传统就已经大致确定了。因此，唐宋时期的节日饮食习俗有很多相同或相似的地方。但由于时代环境的不同，这些饮食习俗在传承过程中，也发生了不少变异，使唐宋两代的节日饮食习俗呈现出不同的面貌来。现依春夏秋冬四季顺序，对唐朝部分重要的节日饮食习俗进行梳理。

春季的节日很多，最为隆重的当数正月初一的元日（亦称旦日）。庞元英《文昌杂录》中记载："唐岁时节物，元日则有屠苏酒、五辛盘、咬牙扬。"元日饮屠苏酒原是南朝旧俗，这一风俗直到宋代仍很盛行，宋人王安石《元日》一诗对此描述道："爆竹声中一岁除，春风送暖入屠苏。"在饮屠苏酒时，全家人要轮流就饮，先从年龄最小的晚辈喝起，年纪大的长辈排在最后。

五辛盘是一道以大蒜、小蒜、韭菜、芸薹、胡荽等五种辛香食材拼合而成的美食，它被认为能释放五脏之气，具备一定的医疗保健价值。唐代杰出的医学家孙思邈在《食忌》中写道："在正月节令，食用五种辛辣的食材可以驱散病邪气。"他在《养生诀》中也强调："元日时，食用五种辛辣食材，可以促进人体五脏六腑的通畅，清除体内湿气。"在唐代中期以前，五辛盘是元日庆祝时的必备佳肴。到了唐代中期，五辛盘经过改进，加入了一些当季蔬菜，也就被称为"春盘"，象征着生机和春天的到来，成为元旦至立春期间的传统美食。到了宋代，元日享用春盘的风俗已逐渐式微，只在一些地区仍有人保留这一传统。除了享用屠苏酒和五辛盘，不同地区还有各种其他元日美食习俗，比如唐代洛阳人烹制鸡丝、葛燕、粉荔枝等美食，家庭共聚一堂欢度节日。长安地区的人们也在这几天内举行"传座"，邀请亲朋好友互相招待食物，共庆元日。

上元节即正月十五，又被称为元夕、元夜、灯宵、灯夕、灯节或灯市，如今通称为元宵节。史书《金门岁节》中写道："唐代洛阳的人家在上元节之时，会制作'火蛾儿'，品尝'玉粱糕'。"这在某种程度上类似于如今过节时放烟花爆竹、品尝特别的糕点。但唐代上元节的饮食习惯在不同地区可能有所不同，许多地方以食用焦伐为特色。焦伐，也称为油伐、油斑、焦斑等，是一种油炸的带馅圆面点，内含馅料，很像我们今天食用的一些油炸类面食早餐，比如炸煤球、带馅的炸油条、韭菜盒子等。陶毅《清异录·撰羞门》载："张守美家的饮食店，在上元节专卖一种称为'油画明珠'的上元油饭。"一些学者认为，这种油画明珠即是油伐。宋代时，油伐仍然是上元节最重要的节食。郑望《膳夫录·汴中节食》载："汴中节食，上元油斑。""油斑"就是

"油伐"。《岁时杂记》载："上元节这天，京师都很流行吃油伐，这一饮食习俗往往要持续好几天。大的油伐，被称为柏头焦斑，卖之前必须敲锣打鼓，闹出一派喜悦之景，谓之'悦鼓'。油伐还会用竹架子撑着，拿出青伞装饰一些梅红、缕金色的小灯球儿。在搁置油伐的竹架子周围，还会装饰灯笼，一边售卖一边敲锣打鼓，走走转转，好不热闹。上元节这样的情景，京师的大街小巷，随处可见。"

端午节定在每年的农历五月初五，也是一个重要的传统节日。唐宋时期，端午节已经成熟发展，是当时的重大节庆日之一。与前代相似，唐宋时期的端午节传统食品是粽子。庞元英在《文昌杂录》中记载："每到唐代端午节时……五月初五就会有百索粽子。"这里的"百索"指的是五色彩丝，又称朱索、续命缕、长命缕、辟兵缯等，人们会在端午节将五色彩丝系在臂上或悬挂在门上，以祈求辟兵避邪的吉祥之意。简而言之，百索粽子就是用五色彩丝所捆扎的粽子。尽管"百索粽子"这个名称最早出现在唐代，但在南朝时期，这种食品已经非常流行，它不仅美观，还寓意着祈福和避灾的美好寓意。根据南朝梁人吴均在《续齐谐记》中的记载：屈原于五月初五投汨罗水，楚国人民为此感到非常悲伤。因此，每年的这一天，百姓会灌制竹筒粽子，并用楝叶和五色丝线装饰，然后投入汨罗江以纪念屈原。

在唐代，除了传统的"百索粽子"，端午节期间还出现了多种新的粽子种类，其中最著名的是"九子粽"。这种粽子之名来自用彩线将九个粽子巧妙地扎在一起。唐代时期的许多诗人都以九子粽为题材写诗，如唐玄宗在《端午三殿宴群臣探得神字》一诗中写道："四时花竞巧，九子粽争新。"温庭筠在《鸿胪寺有开元中锡宴堂楼台池沼雅为胜绝荒凉遗址仅有存者偶成四十韵》中也提到了九子粽，写道："盘斗九子粽，瓯擎五云浆。"这些粽子品种各具特色，有的甚至可以组合成楼台舫阁的形状。而九子粽之所以广受欢迎，也是因为还寓意着祈福，希望获得九子的美好寓意。

除粽子外，唐代还出现了不少新的节食。王仁裕的《开元天宝遗事》中记载道："宫中每遇端午节，都会制作出粉团角黍，放置在金盘中，小粉团纤妙可爱。架箭射盘中粉团，只有射中的人才能食用，大概是因为粉团表面滑腻难以射中，所以大家都觉得十分有趣，趣味性甚至高于了食物本身的美味。"

农历七月初七是七夕节，又被称为乞巧节，寓意妇女向织女祈求巧技。传说织女星主掌瓜果，在七夕乞巧时，人们还会在庭院摆放瓜果和美酒。在唐代，妇女延续前代的传统，利用蛛网来祈求巧艺，就像王仁裕在《开元天宝遗事》中记载的那样。每年的七月初七夜晚，唐玄宗和杨贵妃都会在华清宫举行乞巧的游宴。在这个时候，宫女们会摆放各种瓜果、花卉、美酒和小食等，以向牵牛星和织女星祈福。宫女们还会捕捉蜘蛛，将它们放在小盒之中，等到天亮后再检查蜘蛛网的稀密程度，蛛网稠密则表示巧艺多，蛛网稀疏则表示巧艺少。这一习俗最初在宫廷中流行，后来逐渐传播到民间。庞元英在《文昌杂录》中记载，唐代七夕的节食是"乞巧果子"，这些乞巧果子也被称为巧果。它们又被叫作面巧，由麦面制成，也有粉巧，由糯米粉制成。乞巧果子小而紧实，口感软糯，别具风味。

农历七月十五日是一个盛大的宗教节日，道教称"中元节"，佛教称"盂兰盆节"，它在中国民间被称为"鬼节"。"传说在这天，地府大开，鬼魂外出，民间有一句谣谚就是'七月半，鬼乱窜'。""祀先、礼佛、敬道成为唐宋之后中元节俗三大主干内容。"受到佛教和道教的影响，中元节期间食用的都是清淡的素食，甚至民间献祭祖先时也以素食为主。由于人们在中元节大多不吃荤食，"茹素者几十八九"，各种肉类卖不出去，加之唐代开始实行中元禁屠的政策，"屠门为之罢市"成为中元一景。

中秋节定在每年的农历八月十五日，这是一个较晚形成的传统节日。汉魏时期，尚未出现中秋节这一节日。一般认为，中秋节成为节日，大约始于唐代。但唐代中秋节的地位甚低，在一些人的心目中它仍然算不上一个正式的节日，如庞元英《文昌杂录》卷三记载唐代的岁时节物时，就没有提到中秋节。直到宋代，中秋节始正式定名。与唐代相比，宋代中秋节的地位虽然有所提高，但与明清以来人们视中秋节为民俗大节尚不可同日而语。

唐朝的中秋节以赏月为中心节俗，当时的人们一般称赏月为"玩月"，王仁兴先生认为："到唐朝中叶始有八月十五'玩月'之说。"《唐逸史》记载："罗公远，鄂州人。开元中，中秋夜侍奉明皇在宫中玩月。"唐人在中秋玩月的同时，多以酒、冷食相伴，如王仁裕《开元天宝遗事》卷下《撤去灯烛》载："八月十五夜，苏颋在帝王所居的宫苑值宿，学士们一起玩月，准备了诗文饮酒的宴会。当时天空一片深蓝万里无云，月光笼罩仿若白昼。苏颋说：'月光如此可爱，何必拿出蜡烛照明？'于是侍奉的人便将蜡烛撤去。"

与月亮有关的节日食物在唐代也逐渐发展起来了，中唐以后，中秋节食品主要是玩月羹。据陶毅《清异录·馔羞门》载："张守美家的饮食店中出售的中秋节食物即为玩月羹。"张守美家的饮食店是五代时期的饮食店，按照逻辑推理，一种节日食品在走向市场之前大多已诞生了很久，因此中唐或晚唐时期已形成中秋食玩月羹的习俗是极有可能的。另据郑望之《膳夫录》记载："玩月羹为中秋节的一种饮食。"由此可知宋代人在中秋节时仍然品尝着玩月羹。一些学者认为这类玩月羹一直传承下来直到20世纪30年代的岭南地区，由桂圆、莲子、藕粉等原料制成。然而，历史文献中并没有提到玩月羹的成分记录。

有些学者认为，月饼是中秋节最具代表性的食品，它在唐代就已经问世了。这种观点主要依据于《洛中见闻》中的记载："唐僖宗在中秋节食用饼，味道极佳。当他听说新科进士开宴，便将月饼赐给他们吃。"不过，唐代并没有将这种食品称为月饼，直到南宋时期的史籍中才有明确的记载。周密的《武林旧事·蒸作从食》以及吴自牧的《梦粱录·荤素从食店》中均有"月饼"一词的记载，可以看出当时的月饼是通过蒸制方式制作而成的。

农历九月初九为重阳节。唐朝的重阳节日习俗已发展得十分成熟了，同前代一样，唐朝的重阳节日食品为各种糕。据杨琳先生考证，"糕"之名起于六朝之末。唐代以前，人们多把糕称为"饵"，重阳糕的种类很少，多是加了蓬草的"蓬饵"。进入唐代，重阳糕的品种变得更加多样。根据《大唐六典》和唐代的《食谱》等文献记载，唐代的重阳糕中包括了米锦糕、麻葛糕以及菊花糕等不同种类的糕点。这一时期的糕不仅制作精致，在用料上也很有讲究，所掺杂的装饰或口味大多是依据老人的喜好，比较养生。

饮菊花酒是重阳节的另一项传统食俗，这项习俗形成的时间很早，据刘歆的《西京杂记》卷三记载："西汉初年，每逢九月九日宫廷都要饮菊花酒，当时酿造菊花酒的程序是：等到菊花舒展时，采集其茎叶，掺杂黍米，然后放置在一起酝酿，至来年九月九日始熟时，就可以取出来饮用了，故谓之菊花酒。"唐人过重阳节时，除饮菊花酒外，还要饮茱萸酒。庞元英《文昌杂录》卷三所记唐代岁时节物，称"九月九日则有茱萸、菊花酒"。唐代的茱萸酒和菊花酒在酿造工艺上还出现了一些新的变化，除传统的酿造工艺外，还出现了用成品酒泡制茱萸或菊花而形成的新型茱萸酒和菊花酒。这种泡制的茱萸酒或菊花酒受到了人们的广泛欢迎，逐渐成为人们重阳节消费的主要酒类。重阳节人们饮酒往往与登高野宴相伴，孙思邈《千金月令》云："等到重阳之日时，必定要登高望远，一起登山游玩观赏风景，以畅秋志。喝的酒必定要采茱萸、甘菊泡之，等到即醉之时便准备返回。"直到宋代，重阳登高宴饮的习俗仍盛行不衰。

"腊月初，或称'腊八'，是为腊日。"腊日的历史非常悠久，《礼记·郊特牲》称："伊耆氏始为蜡，蜡就是索取、索要的意思，每年到了十二月时，人们就会在万物中搜索能吃的东西，并带回来做食物。"伊耆氏即传说中的尧。汉代崔寔《四民月令》云："夏朝时称嘉平，商朝时称清祀，周朝时称大蜡，汉代改为腊。腊者，猎也，是说从田野采集、狩猎一些食物祭祀给先祖。"可见腊日源于上古的岁终大祭，原是一个祭祀之节，《礼记·郊特牲》称："天子大蜡八。"这里的"蜡八"原非腊月初八之意，而是"蜡祭八神"之意。

在魏晋以前，腊日的日期并非固定在十二月初八。根据汉代许慎的《说文解字》卷四记载，腊指的是在冬至后的第三个戌日进行的一种祭神活动，以祭祀百神，祈求来年的丰收和平安。可见汉代以冬至后的第三个戌日为腊日，时间大致在农历的十二月十七日。魏晋以丑日为腊，腊日的时间在农历的十二月二十日。萧放先生认为，魏晋以前腊日"约在冬至后第三十七天，在大寒与立春两个节气之间"。南北朝时，腊日方定在十二月八日，南朝梁时宗懔的《荆楚岁时记》云："十二月八日为腊日。"

唐宋时期，腊日风俗有了很大变化。唐代的腊日仍为十二月初八，王溥《唐会要》卷二十三《忌日》载："太和七年十二月初八，季冬蜡祭祀百神，祭祀仪式与先皇忌日几乎相同。"唐代腊日的习俗基本上沿袭前代以祭祀为主，唐代统治者很重视腊祭，因此腊日的地位较高。据李隆基《唐六典》卷二所载唐开元"假宁令"规定：腊日官府休假3日，仅次于元正、冬至和寒食清明。唐代腊日的节食为脂花敁，今天人们已不清楚"脂花鼓"为何种食物了，王仁湘先生认为脂花也许为油渣之类；邱庞同先生则认为："脂花颇当为一种油脂花饼，是洛阳的地方节食，其内涵尚待考证。"

自五代时期开始，十二月初八正式被更名为"腊八"，这个节日逐渐成为一个僧侣和普通人共同庆祝的节日。在这个节日里，人们对传统腊祭的热情逐渐减弱，逐渐习惯礼佛施粥。据传说，古印度的乔达摩·悉达多在饥饿的时候吃了牧女煮的果粥，使得他在菩提树下苦苦静坐，最终在十二月初八成佛，成为佛祖释迦牟尼。为了纪念他的成佛，佛教僧众在腊八这天诵读经文，煮粥敬佛，这也就是腊八粥的由来。腊八粥最初是佛教的一种宗教节日食品，但后来逐渐发展成为一种中国传统节日粥品，受到广大僧侣和普通人的重视和喜爱。

除夕是农历一年的最后一天。除夕的节俗很多，与饮食有关的是"守岁"。"守岁"顾名思义是守候新岁之意。早在晋朝已有守岁之俗，周处《风土记》云："蜀之风俗，除夕夜通宵达旦，烛火不熄灭，谓之'守岁'。"守岁时，往往伴有家人团圆的夜宴。夜宴是一年中饮食最为丰盛的时刻，平时吃不到或者舍不得吃的食物，在守岁时，长辈都会尽可能地满足。

唐朝的除夕守岁之风很盛。唐代的不少诗人写有歌咏守岁的诗句，如丁仙芝《京中守岁》云："守岁多然烛，通宵莫掩扉。"储光羲《秦中守岁》云："阖门守初夜，燎火到清晨。"绝大部分人家守岁时，都要以夜宴相伴，如孟浩然《岁除夜会乐城张少府宅》中云："续明催画烛，守岁接长筵。"

饮食是人类不可缺少的生存要素之一，也是开展其他社会活动的基础和先决条件。正如恩格斯所指出的那样，人们必须首先满足吃、喝、住、穿等基本需求，然后才能从事政治、科学、艺术和宗教等方面的活动。古代的中国人不仅认识到饮食是人的基本需求之一，还深刻理解了其在治理国家和安邦定国过程中的重要作用。

唐朝是中国古代文化发展史上的巅峰，在此期间，中国文化经历了重大变革，饮食文化也同样发生了翻天覆地的变化。总体来说，唐朝是集中国饮食文化之大成的时期，它不仅全面继承了魏晋南北朝的饮食文化成果，还广泛吸收了当时国内各民族，尤其是西北胡族的饮食文化精华。这些元素与原有文化交融，极大地丰富了唐代饮食文化的色彩。唐朝是一个多种饮食文化交融的朝代，胡风特色饮食文化、以面食为主的北方饮食文化以及以稻米为主的南方饮食文化在相互交流与融合中，成就了唐朝多姿多彩的饮食文化面貌。这种多元文化的交融，为唐朝的饮食文化注入了新的活力，也为中国饮食文化的发展树立了一个崭新的标杆。

唐代饮食文化之所以繁荣，主要是由于其广泛借鉴和吸收了国外饮食文化的精华，同时还将先进的中国饮食文化传播到了其他国家和地区。外来饮食的传入对唐朝饮食习俗产生了深远的影响，而频繁的对外交流则促使了域外食材和制作技法的传入。

唐代是中古时期对外交流最为频繁的时期之一，也是域外之人来华定居和贸易的高峰期，外来饮食物产和食物制作技法的涌入也最为丰富。具有这些有利条件的唐朝人自然将自己的饮食范围进行扩展。其次，唐代社会长期处于和平和富裕的状态，人们有能力和需求去享受饮食消费。这种社会背景为饮食行业的发展提供了强大的动力。

另外，食疗之风在唐代盛行，保健饮品的专业化道路也得以加速发展。这体现了社会条件和大众的饮食思想对饮食种类的发展和变异具有深刻的影响。除此之外，唐朝具备开阔包容的气度、便利的交通以及开放的关系，这些都为唐朝与外国文化的交流以及唐朝北方人与南方人的文化交流提供了有利条件。在此基础上，人们的饮食风格也逐渐摆脱了一成不变的局面，形成了多种风格交汇的模式。

当我们深入探讨饮食养生时，唐朝人的食疗观念自然成为不可忽视的一部分。饮食养生，顾名思义，即通过精心选择和搭配食物来增进身体健康、预防各类疾病，并力求达到延年益寿的效果。在辉煌灿烂的唐朝时期，随着医学理论的不断发展和完善，人们对养生保健的方法日益关注，这也推动了饮食养生理论与实践达到了一个崭新的高度。

唐朝的医学家们对饮食在养生保健中的重要作用有着深刻的认识。著名的唐朝医学家孙思邈就曾经郑重指出："人的健康基石，建立在饮食的质量和数量之上……如果不能精心挑选食物或者不了解正确的食用方法，那么健康和长寿就会成为遥不可及的奢望。"这一观点充分体现了唐朝人对饮食养生的深刻理解。唐朝的医学家们不仅对前人的饮食养生经验进行了全面的梳理和总结，更在这个基础上进行了创新和发展，使得中国古代的饮食养生体系更加完备和系统。诸如孙思邈所著的《千金要方》、孟诜及张鼎合著的《食疗本草》等医学典籍，都为我们留下了丰富的饮食养生知识。

　　其中，确保膳食的合理性被放在了首要位置。首先，为了维护身体健康，人体必须从多样化的食物中摄取必需的营养成分。早在汉代，《内经》这部医学经典就明确提出了理想的膳食结构："应该以五谷来滋养五脏，以水果来促进肠道蠕动，以五畜来增强身体的抵抗力，同时以蔬菜来补充生命所需的其他物质。"孙思邈在他的《千金食治》中不仅引用了这一观点，还进一步将其发扬光大。他详细地将食物划分为果实、蔬菜、谷米、鸟兽四大类别，并对当时常见的 156 种食物的营养成分、性味以及功效进行了详尽的介绍。这一切都显示出孙思邈对建立合理膳食结构、保持营养均衡以及食物合理搭配的极度重视，这也为后世的饮食养生提供了宝贵的参考和借鉴。

　　其次，要做到食味的平衡。孙思邈在《千金食治·序论》中写道："酸甜苦辣咸，五种味道入于口，但是各有通往身体某个地方的去处，食用过多便会使这个地方生病。"具体而言，"酸味抵达人身体的筋，肝主筋，酸味的食物食用过多则会伤肝，导致皮肤干糙，毛发粗糙；咸味是抵达人身体中的血液，咸味的食物食用过多，会令人口渴，增加血液黏稠度，影响血液流通，使得面色发生变化；辛辣味抵达人的气脉，肺主气，辛辣的食物食用过多，则会伤害到肺，使唇部发寒；苦味抵达人身体中的骨头，食用过多会影响钙质的吸收；甜味抵达人的肉体，食用过多会令人恶心厌腻，还会导致骨痛与头发掉落。因此，我们在日常饮食中要注意保持各种味道的平衡，避免偏好某一种味道。我们还需要根据个人的身体状况以及四季的变化来调整食物的味道，以确保饮食的平衡促进身体健康"。

关于酸、甜、苦、辣、咸五种味道的食用方法，孙思邈也有具体的阐释："当肝气急，气血不畅，头晕目眩时，可以食用甜味的食物加以缓解；想要疏散肝脏郁结之气，可以适当补充辛辣的食物疏通肝脏，也可用适当的酸味食物促使肝脏排解，不过要当心不要受风。心率过速时，可以适当补充酸性食物来收缩心率；心率过慢时，则可以适当补充咸味的食物使人精神，变得有神采，或者可以适当补充一些甜味食物来缓解，禁止食用过热的饮食，穿过厚的衣服。脾脏主导着人的消化吸收，脾脏不好的人体内湿气过重，则可以多食用一些苦味食物驱解湿气，想要养好脾脏，可以慢慢地用苦味食物进行疗补，但禁止每次饮食过多过饱，衣服要保持干燥，不可将带湿气的衣服穿上身。肺部不好的人，总感觉气息不畅，可以食用苦味食物排解。而想要调理肺部，则可以用酸味食物慢慢改善，禁止冷食凉衣。肾脏不好的人容易躁郁不安，可以食用辛辣的食物进行润泽，生津通气。想要养好肾脏，可以用苦味食物加以改善，注意不要过度辛劳，正常饮食即可。"

　　而关于如何协调五味平衡，孙思邈也有所论："在春季，是养脾胃最好的季节，可以缓慢增加甜味食物，削减酸味食物，养好脾胃；夏季是养肺最好的季节，应该减少苦味食物的食用，增加一点辛辣的食物来提高肺部活跃功能；秋季是养肝脏最好的季节，应该减少食用辛辣的食物，适当增加酸味的食物来蓄积肝气；冬季是养心最好的季节，应该要减少咸味的摄入，增加苦味食物来调节心脏。在春天的 72 天里，要减少酸味食品的摄入，增加甘味食品的摄入，以滋养脾气；在夏天的 72 天里，要减少苦味食品的摄入，增加辛味食品的摄入，以滋养肺气；在秋天的 72 天里，要减少辛味食品的摄入，增加酸味食品的摄入，以滋养肝气；在冬天的 72 天里，要减少咸味食品的摄入，增加苦味食品的摄入，以滋养心气。那么每个季度的最后一个月，都要注意养肾，应该增加咸味食物，减少甜味食物的摄入。"

　　再次，学会合理地享受生活，深刻理解并实践饮食的节制。在物质充裕、财力雄厚的社会上层，常常因为食物的丰盛和诱惑，导致人们容易过量进食，这种无节制的饮食习惯往往会引发一系列健康问题，甚至滋生各种疾病。这在中国古代上层社会的饮食文化中是一个值得深思的问题。因此，在追求饮食养生的道路上，人们特别强调节制饮食的重要性，认为它是维护身体健康的关键。实际上，早在唐代之前，我们的祖先就已经认识到，缺乏节制的饮食习惯会对身体健康造成严重的损害。这一深刻的认识，提醒我们在日常生活中更应注重饮食的适度与节制。

最后，虽然膳食的选择和搭配有诸多原则需要遵循，但唐人明白，每个人的情况都是独一无二的。因此，在制定饮食方案时，他们会根据个人的体质特点和营养需求来进行个性化的调整。不同的人，由于其身体状况、体质类型和性格特征的差异，自然会对食物有不同的偏好。即使是同一个人，在其生命的不同阶段，由于体质和气血状况的变化，其饮食需求也会随之改变。因此，在具体的饮食养生实践中，要充分考虑每个人的体质状况、年龄性别等因素，这就是"因人而膳"的饮食原则。

总的来说，唐朝在饮食文化的各个方面都取得了令人瞩目的成就。无论是食物的香气、口感，还是其精致的形态、富有诗意的名称，抑或是精美的食器、优雅的饮食环境，都体现了唐朝人对饮食的极致追求。这种追求不仅满足了人们的基本生理需求，更将饮食活动提升为一种高层次的艺术享受，极大地丰富了人们的精神生活。

第三章
居有所安：处居与唐代生活

在唐代，人们的居住环境因社会等级而有所不同，这种差异甚至在法律上有所规定。除了住宅，园林和别墅等各种建筑形式也呈现出丰富多样的风貌。如果说房子是住宅生活的框架，那么家具就是其中不可或缺的一部分。在唐代，家具种类繁多，有些甚至预示了今日家具的雏形。然而，命名方式却仍然复杂多样。在了解完这些居住用品后，我们还要讨论当时的居住礼俗，这是留给我们了解唐代人对待住宅的态度和观念的重要线索。

一、建筑营造

京都州府，判然可分。官民两别，居各有所。杜牧一首《过华清宫绝句三首》"长安回望绣成堆，山顶千门次第开"，写尽了首都长安的富贵荣华。如果说，在帝制社会中，有什么辉煌是能够直观地一目了然的，那当然要数富丽堂皇的国都长安了。唐代京都长安城呈棋盘式的封闭规划，其大体可以划分为宫殿区、中央衙署区以及住宅区三个区域。而在地方州府，大部分城市皆与长安一样，呈现出一种封闭式的坊里布局，其大致可分为官衙区和住宅区。

在都城，如果说有什么建筑值得浓墨重彩描述一番的话，那么应当首推皇帝的居处之所——皇宫了。皇宫与都城的关系十分紧密，总的来说，皇宫的威严，正是通过其在都城中的相对位置来体现的。皇宫成就了都城，都城又造就了皇宫。唐代的首都长安，是在隋代大兴城的基础上修造而来的。其规模宏大，人口众多，城内布局井然有序，宫殿区、中央衙署区以及住宅区三个区域区分严明。一般来说，唐代长安主要有三个宫殿区：太极宫、大明宫以及兴庆宫。此三宫，都不是指具体的宫殿，而是指宫殿群，是对一片宫殿区域的统称。太极宫区域的建筑群通常称为

"宫城"，皇帝、皇室至亲以及后宫嫔妃们都在此生活。宫城环以围墙，各城墙门处皆有士兵把守。皇城则位于宫城的南面，中央衙署都集中在此，也就是相当于中央各机构的办公地点。与宫城一样，皇城也有围墙环绕和士兵守卫。总的来说，皇帝居住的宫殿在设计上是井然有序的，在建造的时候，是以儒家礼制为指导思想，旨在呈现皇权的至高无上与独尊天下。

在唐高宗以前，太极宫曾一度是唐朝的政治中心。到了唐高宗时，朝廷另外建造了大明宫，自此以后，大明宫便替代太极宫成为唐朝政治生活的中心。含元殿是大明宫的正殿，通常情况下，朝会以及朝廷的一些重大典礼都在此举行。含元殿的北面是宣政殿，乃君臣常朝之地。由宣政殿再往北，则是紫宸殿。紫宸殿又称为便殿，是皇帝平日在非朝参的时候接见宰相等大臣的地方。像这样"一宫三殿"的布局模式，还在后来成为明清宫城建制的蓝本，可见其在中国宫殿史上的意义。含元殿在各唐殿之中最为壮观，其高 50 余尺，面阔 11 间。面阔 11 间，即有 12 根柱子，12 根柱子两两相隔为 11 个间隙，故称"十一间"。又殿前有龙尾道，道长有 75 米。所谓"龙尾道"，其实就是嵌在上殿台阶上面的斜坡，由于其宛若龙尾由殿前高处往下垂，故称此名。75 米长的大道，当百官上朝或是外国大使朝见皇帝的时候，君主坐在高处远远俯瞰，君临天下的感觉便油然而生。

　　到了唐玄宗时期，朝廷又在皇城东面几坊之外、朱雀街往东的地方修建了兴庆宫区域，这片地方曾是唐玄宗当藩王时的旧邸。新修建的宫殿足足占有两坊地，著名的"花萼相辉楼"和"勤政务本楼"即修建于这片区域的西南面。"花萼相辉楼"，号称"天下第一大楼"，是唐玄宗和臣僚宴饮娱乐之所。"勤政务本楼"相当于兴庆宫的正殿，亦用以举行各种国家重典大礼。楼前还辟有大广场，是节庆日时安排歌舞演奏的地方。"五步一楼，十步一阁；廊腰缦回，檐牙高啄；各抱地势，钩心斗角。盘盘焉，囷囷焉，蜂房水涡，矗不知其几千万落。"杜牧的《阿房宫赋》虽在描绘秦时的阿房宫，极述其奢，但在唐时阿房宫早已为陈迹，杜牧的这些描述，也只能是在看过唐时的宫殿后所发挥的联想了，所以用来形容唐时宫殿之富丽堂皇、气势恢宏，亦非向壁虚造、空穴来风。唐玄宗李隆基自己就曾写过一首《游兴庆宫作》，亲自下笔描写这座富丽堂皇的宫殿：

> 代邸青门右，离宫紫陌陲。
>
> 庭如过沛日，水若渡江时。
>
> 绮观连鸡岫，朱楼接雁池。
>
> 从来敦棣萼，今此茂荆枝。
>
> 万叶传馀庆，千年志不移。

　　凭轩聊属目，轻辇共追随。

　　务本方崇训，相辉保羽仪。

　　时康俗易渐，德薄政难施。

　　鼓吹迎飞盖，弦歌送羽卮。

　　所希覃率土，孝弟一同规。

　　"宫阙万间都做了土"，不管当时宫殿建造得有多辉煌闪耀，最终都消逝在了历史长河之中。

　　世人常以"汉唐"连称，唐朝的首都是长安，汉朝的首都也是长安，但此长安非彼长安。如前面所提到的，唐代的长安城是在隋代的大兴城基础上修建而成的。由于历史的变迁，到了隋代时，汉代遗存下来的长安城已经残破不堪了。隋代君臣最后决定在汉长安城的东南方向、龙首原南部地区建立新都，名之为"大兴城"。到了唐代，便在此城基础上继续完善，最后打造成了今日所言的唐长安城。由于龙首原越往东南，地势越陡峭，这使得建在龙首原南部区域的唐长安城总体上呈东高西低的布局。因此在涝季时，京城西部水灾的受害程度要比东部严重。由于官员们多选择安家于东部，故平民百姓便只能集中居住于西部。加之唐廷在长安城的东北部修建了大明宫，在东部修建了兴庆宫，这使得高级官僚们更倾向于在东部安家，从而增强了官员们在东部的聚集效应。这自是"近水楼台先得月"的心态使然，有权有势者都想离最高权力近一些。如此一来，长安城便大体呈现出"东官西民"的居住区格局。

唐代的城市规划采用里坊制，每一坊均有高墙环绕，四面坊墙均设有门。地方州府郡县的城市布局，其规制格局大体与长安城一样，采用的也是封闭式的坊里结构。这种封闭式的结构，在唐朝中期开始，已有瓦解的痕迹，开始不断地出现了"侵街"的现象。"侵街"，指的是居民不断扩建自己的屋宅，以至于侵占了坊内的街道，从而在一次又一次的"侵占"下，逐渐打破了原来严格的坊里布局。随着历史的发展，城市的建造格局也逐步走向了开放式的布局，到了宋代，坊里制就正式宣告瓦解了。

与宫殿群一样，唐时的官衙总的来说显得比较宽敞，这反映了唐代大气的帝国风度。到了清代，学者顾炎武还感叹道："予见天下州之为唐旧治者，其城郭必皆宽广、街道必皆正直，厩舍之为唐旧创者，其基址必皆宏敞。"一些唐时修建使然后遗存到清代的州治和官衙，顾炎武看了都说城郭很宽阔，街道很直，官衙的基址也很宽敞。在唐代，地方衙署比中央衙署还要更为宽阔。一般情况下，地方衙署建有包括正厅堂、内厅、诸曹司院落、厩库、鞫场、传舍等设施，房间众多。正厅堂即中堂，是官衙各设施中最为宽敞的地方，是地方政务活动中心。平日长官与僚属议事，或是地方官员接待上级官员，都在中堂里进行。

除了上面提及的设施以外，不少衙署还建有亭榭、池塘，并种上一些花草树木，颇有一番雅趣。其大体都采用了中轴线和左右对称的平面布局模式，即四合院的样式。白居易为此曾在《郡中西园》一诗中感叹道："谁知郡府内，景物闲如此。"官衙兼具办公和家居的功用，地方主要值班官员日常办公以及生活居处均在衙内，这在当时被称为"分番宿直"。官员们固然在其他地方有自己的住宅，但当班时期则需要住在衙内，如若不遵规定，是违法行为。而地方州县长官，则有唐官府发放的房宅，其位置多半在官衙内院，这在当时称为"官舍"。长官离任后，就要从官舍搬出，腾出空地给接任的官员居住。

至于住宅区，房宅的条件虽因百姓的贫富差距而有差别，但基本格局都相差无几，结构上与官衙差异不大，采取的也是四合院样式的布局。就住宅而言，循着中轴线，从南到北依次是大门、亭、中堂、后院、正寝，东西厢则各有几处廊屋。有的大户人家住宅虽然由多重院落组成，但这些院落依旧遵循着四合院的结构样式，不出此套路。不仅如此，这些富户还会修建有园林、楼阁等颇有文人雅兴的设施，以供平日消遣作乐，有的甚至还会修建马厩。

大户人家的住宅，都是在不离四合院中轴线左右对称样式的前提之下，附带修建满足自己其他需求的设施。据研究，一个住宅院落大致占地约 3 亩，换算至今日的计量单位，相当于 2000 平方米左右。如果是复合式院落组成的住宅占地就要更多了，往少说也需要 10 亩，那也相当于 6000 多平方米了。不得不说，唐朝气度恢宏，当时唐人住得也阔气。当然，这是把庭院算进去的面积，而且这种规模的住宅，也只是"朱门"人家才有福消受。若单论住房，根据学者的研究，每栋住房只在 8—30 平方米，这才是一般人家住宅的常态。

除了宫殿、官衙以及住宅以外，还有一些比较特殊的建筑设施，如园林和别墅等。园林又分为三种：皇家园林、官家园林以及私家园林，唐人留下的诗篇中多有吟咏。皇家园林自不待言，为皇帝休憩玩乐之所，是他个人专属的园林。一般来说，作为全国最高统治者，其私属的园林虽然不能保证说是最好的，但也至少算得上是顶级园林了，其规模和质量都不在话下。前文提到的兴庆宫，北边是宫殿区，其南部区域即为园林区，园林区内有一龙池，因其在兴庆宫，故又称兴庆池。名为"池"，实为一湖泊，君臣们的娱乐活动皆以此为中心而展开，多在龙池旁边进行。不少唐人在游览兴庆宫的这片园林区后留下了一系列的《兴庆池侍宴应制》诗，如沈佺期："碧水澄潭映远空，紫云香驾御微风。汉家城阙疑天上，秦地山川似镜中。"又如武平一："銮舆羽驾直城隈，帐殿旌门此地开。皎洁灵潭图日月，参差画舸结楼台。波摇岸影随桡转，风送荷香逐酒来。愿奉圣情欢不极，长游云汉几昭回。"读罢掩卷，只觉这皇家园林比起遗存至今日的园林，真是有过之而无不及了。

官家园林则是供士庶游览观赏、怡情休闲的地方，其功能类似于今日的公园。至于私家园林，则是或与住宅建在一起，或建在别墅之中。唐时园林建设十分流行，据学者不完全统计，权贵们单单是在东都洛阳建造的园林，就已有 1000 多处。洛阳即已如此，长安就更不待言了。在唐时，最为著名的还要数曲江池了。曲江池在唐长安城的东南部，由于其水流曲折，水岸蜿蜒，故得名"曲江"。后面章节会提到的皇帝秘密通道"夹道"，便能直接连通曲江池。皇帝的密道都连接此地，可以想见此地胜景。在流传至今日的唐诗当中，曲江池也是一个有大量诗篇吟咏的景观。杜甫有诗《曲江对酒》，他在其中写道："苑外江头坐不归，水精宫殿转霏微。桃花细逐杨花落，黄鸟时兼白鸟飞。"号称"大历十才子"之一的卢纶，曾写过《曲江春望》："菖蒲翻叶柳交枝，暗上莲舟鸟不知。更到无花最深处，玉楼金殿影参差。"白居易也有《曲江早秋》："秋波红蓼水，夕照青芜岸。独信马蹄行，曲江池四畔。"

除了曲江池，乐游苑也小有盛名。乐游苑在西汉时期只是皇家园林，到了唐代，允许首都长安的居民们到此登高赏景。诗人们当然也不会放过这样一个"耳得之而为声，目遇之而成色"的上佳赏景之所，于是留下了不少吟咏的诗篇。比如杜甫就有《乐游古园》："乐游古园崒森爽，烟绵碧草萋萋长。公子华筵势最高，秦川对酒平如掌。"极叙其中光景。也有诗人登此地有所想、有所感，进而抒情于诗中，以表达一定的情感或是思想倾向，如李商隐那首著名的《登乐游原》便是写的登临此地而产生的哲思："向晚意不适，驱车登古原。夕阳无限好，只是近黄昏。"杜牧也登过乐游原，写过《登乐游原》，表达对历史变化的怅惘以及对时下政治局势的担忧："长空澹澹孤鸟没，万古销沉向此中。看取汉家何事业，五陵无树起秋风。"

前面所描述的都是对公众开放的园林，下面给大家介绍一些私人园林。在唐代，以私人园林而闻名的，大概要数杜甫的成都草堂和白居易的庐山草堂了。草堂的主体建筑是茅屋，虽然因茅草而显得简陋，但由于其依山傍水，所以也不失雅致。且看杜甫留下的诗篇，如《堂成》：

> 背郭堂成荫白茅，缘江路熟俯青郊。
>
> 桤林碍日吟风叶，笼竹和烟滴露梢。
>
> 暂止飞乌将数子，频来语燕定新巢。
>
> 旁人错比扬雄宅，懒惰无心作解嘲。

此诗描写了当时草堂初成时的景观，呈现出诗人的诗情与画意。其《寄题江外草堂》更是道出了他自己建造草堂的缘由与心境："我生性放诞，雅欲逃自然。嗜酒爱风竹，卜居必林泉。遭乱到蜀江，卧疴遣所便。诛茅初一亩，广地方连延。"

白居易的庐山草堂也同样不失雅致，他在《自题小草亭》中写道："新结一茅茨，规模俭且卑。土阶全垒块，山木半留皮。"但就是这样"规模俭且卑"的草堂，在与自然景观珠联璧合之后，也是别有洞天的，我们可以看白居易的另一首诗《香炉峰下新卜山居草堂初成偶题东壁》：

> 五架三间新草堂，石阶桂柱竹编墙。
>
> 南檐纳日冬天暖，北户迎风夏月凉。
>
> 洒砌飞泉才有点，拂窗斜竹不成行。
>
> 来春更茸东厢屋，纸阁芦帘著孟光。

读罢诗作，全然没有草堂的简陋之感，相反，我们能感受到的是自然美景被诗意拨动的雅致。

唐时别墅亦称"别业"，今日偶有戏称"别墅"为"别野"，从"别业"这个称呼来看，这种"别野"的戏称叫法，大概也并非空穴来风。当然，此"别墅"非今日单单作为高档住宅的别墅，这里的"别墅"还是平日里官僚宴乐游玩的地方，其主要部分由池馆台榭构成，大都建在郊外或依山傍水的近郊。不过虽然"别墅"这一概念在内涵上古今有别，但无论古今中外，无疑都是富有的代名词。

唐代著名诗人王维就有名为"辋川别业"的别墅，他在其中建了"临湖亭"，并赋《临湖亭》诗一首曰："轻舸迎上客，悠悠湖上来。当轩对尊酒，四面芙蓉开。"观其辞，若不明就里，可能还以为其人在某地游山玩水，由此可见别墅规模之宏大。

今日尚存的一些公园或园林，有不少是曾经的私人所有的，以此推想旧时文人官员的别墅，或许能得一二真相。今人喜好通过名表、名车、豪宅等方式来显示自己的身份与地位，唐人展现自己身份地位的方式虽不如今人丰富，但也颇有自己的一套：通过营建别墅等豪宅来显示自己的地位，并在建造的时候努力营造诗情画意，亭台楼阁自是少不了。

在当时，文人风雅地为自己的豪宅赋上几首诗也是寻常故事了。唐代比较著名的别业除了前面提到的王维的辋川别业外，还有唐武宗时候的宰相李德裕的平泉山庄也十分闻名，其本人多次赋诗吟咏，如在《忆平泉山居，赠沉吏部一首》中写道：

清泉绕舍下，修竹荫庭除。

幽径松盖密，小池莲叶初。

从来有好鸟，近复跃鲦鱼。

少室映川陆，鸣皋对蓬庐。

另有一首《夏晚有怀平泉林居》，其中有"密竹无蹊径，高松有四五。飞泉鸣树间，飒飒如度雨"的描写，读来仿佛置身一大园林之中，可见其别业之宏阔。这些别业大都依山傍水，虽是置石垒山而成，但也利用了一定的地理条件。除了这种依靠自然山林而建造起来的别业以外，还有一些别业聚集区，如唐时首都长安的东郊，临近浐水、灞河那一带，就是一片权贵的别业山庄地。刘禹锡写了一首《城东闲游》，描述了那里的情景："借问池台主，多居要路津。千金买绝境，永日属闲人。竹径萦纡入，花木委曲巡。斜阳众客散，空锁一园春。"

亭台楼阁不仅是别墅中的常见要素，在园林中，其重要性也不可或缺。自然风光虽好，但若无亭台楼阁之衬托，便仍显得黯然失色。亭台楼阁除了供人休憩外，其最主要的功能，还是点缀风景。卢照邻有一首诗《宴梓州南亭得池字》，里面便描写道："二条开胜迹，大隐叶冲规。亭阁分危岫，楼台绕曲池。"白居易新建了亭台，还专门写首诗告诉他弟侄，此即《新构亭台示诸弟侄》："平台高数尺，台上结茅茨。东西疏二牖，南北开两扉。"特地作诗告知，可见亭台在士人心中的地位。亭台楼阁在别业中的地位，我们可以从几首诗的描写中窥得一二。方干有两首写别业的诗，其一是《许员外新阳别业》："兰汀橘岛映亭台，不是经心即手栽。满阁白云随雨去，一池寒月逐潮来。"其二是《李侍御上虞别业》："满目亭台嘉木繁，燕蝉吟语不为喧。昼潮势急吞诸岛，暑雨声回露半村。"不同的别业，不约而同地提到了亭台，由此可见亭台在别业中的普遍与重要。

除了依傍园林和别业的亭台楼阁以外，还有独立出来的各地方州府专门建造的亭台楼阁。甚至在文人墨客的吟唱传播的推动下，各地都有自己的招牌楼阁。比如武昌有黄鹤楼，洪都有滕王阁，巴陵有岳阳楼，润州有千岩楼，扬州有百尺楼，成都有散花楼，郑州有夕阳楼，等等。其中，黄鹤楼、滕王阁以及岳阳楼尤为著名，"初唐四杰"之一的王勃所写《滕王阁序》传诵至今。

唐诗《江南春》写道："南朝四百八十寺，多少楼台烟雨中。"对活在唐代的杜牧来说，虽然南朝已逝，前朝的繁华也已为陈迹，但存者有痕。寺，本义指的是官府廨署，有一些官府的名称便着一"寺"字，如鸿胪寺、大理寺等。在后来佛教兴盛以后，"寺"才用来指称佛寺。唐时的寺观，其建筑结构应与官署住宅大体相似，所以古书中存在大量的"舍宅为寺""舍宅为观"的记载。正因宅与寺、观建筑结构基本相似，都采取的是院落式的结构，所以转换起来使用十分"得心应手"。但寺观毕竟是宗教场所，与住宅在建筑结构上还是有少许的不同之处：一般而言，寺观内都建有塔和钟楼，而住宅则没有。塔即是佛典里常说的浮图、浮屠或佛图，俗语云"救人一命，胜造七级浮屠"，即此意。

寺观多以大殿为中心，大殿的墙上常有壁画，文艺气息很浓郁。寺观还有澡堂和食堂，供僧道们沐浴和饮食。园林也是寺观的一大特色，有的寺观园林艺术之高堪比皇家，据说宫廷有些花草甚至也需要从寺观中移植过去。在建制规模上，寺观也一样巨大，占地面积十分广袤，著名的如章静寺有 48 座院落 4130 间屋舍，又如慈恩寺有 10 余个院落 1890 余间屋舍。在修饰上也颇为富丽，莫说宫廷有些植被需要从寺观中移植过去了，有的大寺观本身，即能与宫阙相媲美。在唐时，佛教也成为士人们精神生活的一部分，王维甚至给自己取字为"摩诘"，由此禅和寺频频入诗也是可以想象的了。如常建写的《题破山寺后禅院》："清晨入古寺，初日照高林。竹径通幽处，禅房花木深。"又如孟浩然所写的《夜归鹿门山歌》："山寺钟鸣昼已昏，渔梁渡头争渡喧。"在当时寺观林立的情况下，仍出现了许多闻名于国内外的寺观，大多集中在唐二都长安和洛阳，譬如坐落于长安的慈恩寺、青龙寺和西明寺；坐落于洛阳的安国寺、长寿寺和昭成寺。除了建造恢宏的中国特色寺观外，还有一些中西合璧的寺观，比如波斯寺、胡祆祠等，这些寺庙基本上是域外教徒用来朝参礼拜的场所，体现出当时的开放与中外交融的特点。

世界之大，无论中外抑或古今，都难以摆脱因地理状况不同而产生的地域差异。在北方，建筑多用土石砖瓦，而南方由于"土薄"，即土质不好，因此其房屋建筑多用竹木，所以有"竹屋""茅屋"等诸多说法。杜甫著名的《茅屋为秋风所破歌》即是一个典例："八月秋高风怒号，卷我屋上三重茅。"当时杜甫身居成都，居住在茅草屋里头，草堂环境虽然别致优雅，但还是有不少缺点。若恰逢气候恶劣，狂风不止，乃至暴雨不歇的时候，茅屋就会被风吹垮，就像杜甫说的"为秋风所破"。不仅如此，茅屋由于是竹木材质，因而易燃，故火灾也是一个重大的安全隐患。唐时有些籍贯来自北方的地方官员，到了南方任职后，就会尽心地教导当地的百姓烧瓦，像北方地区一样建造砖房，以求改变当地使用竹木造屋的习俗。唐廷也不时下令，敦促南方百姓移风易俗，接受建造更为安全的砖房。

唐廷制定专门的《营缮令》，其中对房屋的建造样式作出了规定。在《营缮令》中，有一条关于宫殿营造的规定："宫殿皆四阿，施鸱尾。""四阿"规定了宫殿屋顶的样式，"鸱尾"则规定了屋脊的装饰。这两种形式，是宫殿修建的专属样式，是其他的建筑营造所不能"僭越"的。甚至在一些地方州府，其治所曾为前朝国都，衙所曾为前朝宫殿，中央皇廷也会下令要求将这些前朝宫殿上的鸱尾给去掉，以此来体现京城宫殿的独一无二及至高无上，从而彰显皇权的至尊地位。

在《仪制令》中，除了对皇帝居住的宫殿作出了规定，也有专门针对官员和百姓屋宅修建的规定。对于官员，其主要精神在于根据官员的品级来对屋内间架以及结构作出差序规定，即官员的品级越高，其所能允许修建的房屋规模越大，空间越宽敞。如三品以上的官员，堂舍区域不能够超过五间九架，门屋不能超过五间五架。到了六品、七品以下的官员，则堂舍区域不能够超过三间五架，门屋不能超过一间两架。至于平民，则规定堂舍区域不能够超过三间四架，门屋不能超过一间两架，并且不能够有所装饰。堂舍指的是正堂、中堂，门屋则指的是接待宾客的门馆。所谓间架，即"间"与"架"，是房屋结构的组成部分，梁与梁之间的部分称为"间"，桁与桁之间的部分唤作"架"。在唐朝，还一度设立了一种名为"间架税"的税种，要求根据房屋的等级和间架数量进行征税。

由此一来，从皇帝的宫殿到官员乃至百姓的屋宅，由上至下，根据政治地位的不同而作出了不同的修建规定，从而形成了如"金字塔"一般的房屋修建等级格局。了解了这一点，也就更能理解杜甫在诗中描写的"朱门酒肉臭，路有冻死骨"的场景，其中对"朱门"所代表的权贵之辛辣批判，由此也能算是粗有体会了。

房屋的修建营造，其规定即是如此。不过话又说回来，制度是死的，人是活的，对于法令上规定的条条框框，旧勋新贵们只会"逾制"，只会"有过之而无不及"。在皇权强大的时候可能还不至于如此放肆，但在皇权稍微松弱了一点时，权贵们在田宅上的奢靡便会如脱缰之野马一样释放出来。不是"居宅侈丽"，便是"室宇宏丽"。不是"竞务奢豪"，就是"务极奢丽"。看着这些传世文献中使用的词语，都能感受到撰写者的词穷，用再夸张的词语来形容当时的奢华，也可能难及真实情况的十之一二。

相关史料显示，当时的权贵在建造屋舍的时候，都会注重使用上好的木材，如柏木、檀木之类，当时还流行在房子墙壁抹上掺杂有香料的红泥或者白泥，在唐朝前期似以红泥居多。而这种掺进泥中的香料，在当时属于贵重珍品，由此可见其奢。还有史料记载了一位唐朝公主的屋子，说她"房栊户牖无不以珍异饰之，又以金银为井栏、药臼、食柜、水槽、釜铛、盆瓮之属"。大意就是说整栋房子都拿奇珍异宝来装饰，甚至有些家具是直接拿金银做的，真可谓"金房银屋"，其奢华如此。

除了北方地区的砖瓦房和南方地区的竹木茅屋，还有一些杂处其间的具有少数民族特色的建筑样式。当时的北方少数民族如突厥、回纥、契丹、奚等，他们居住在庐帐中。庐又叫穹庐，在耳熟能详的民歌《敕勒川》中便有描述："敕勒川，阴山下。天似穹庐，笼盖四野。天苍苍，野茫茫，风吹草低见牛羊。"据唐人描述："戎羗之人以毡为庐帐，其顶高圆，形如天象穹窿高大，故号穹庐。"也就是说，这些少数民族居民所住的庐帐，是用毛毡做的，因为顶部又高又圆，而古人认为天圆地方，所以又高又圆的顶端像天穹一样，穹庐的名字由此而来。在现存的敦煌壁画中，保存有庐帐的画像。据专家学者对敦煌壁画的研究，壁画上的庐帐大体是圆形穹顶，白色，开一门，透过门可以望见庐帐内有交叉的骨架，顶上有天窗，窗上加有毡盖，庐帐内则铺有毡毯。可以看到，从庐帐的材质，到其内部的构设，无不有毡的存在，真可谓"一毡一世界"。

吐蕃虽然已有城郭庐舍，但人们更多的还是住在毡帐中，保持民族传统。吐蕃的统治者称为赞普，雄强是为"赞"，丈夫是为"普"，他们住的地方叫作大拂庐，部族民众住的地方则叫小拂庐。西域一带则是土结构的房屋占据大多数，多为平头顶，除此之外还有垒石成屋的。由于西域是中西的一大连接枢纽，所以文化交流与传播在此区域进行频繁。西域各国的国王居处，颇能体现此点，譬如他们的坐具有狮子座椅或者金羊座椅，具有相当的西方色彩。

至于南方的少数民族如南诏、蛮、獠等，由于气候潮湿，丛林茂盛，水网密布，虫兽繁多，加之当时南方开发程度并不是特别高，所以为了适应这种生存环境，这些民族的居民便采用"干栏式"的建筑风格。这和中国早期南方原始人类所采用的居住方式是一致的，由此从侧面可以看出，当时这些地区的少数民族文明程度还比较落后。

二、家具陈设

"床前明月光，疑是地上霜。举头望明月，低头思故乡。"当我们吟咏这首小时候便能朗朗上口的诗歌时，脑海里一定是浮现出一个大诗人在床前望月思乡的形象。而在脑海里构建这个形象的时候，也多是以我们平日里朝夕卧寝的床为蓝本进行的想象。但其实，在唐代，床是可以细分为寝床和坐床两种的，而我们平常所熟知的那个床，其实只相当于古人概念中的寝床。《释名》便说"人所坐卧曰床"，《释名》是东汉时期探讨词源的书籍，可见由汉到唐，古人对床的观念即是如此。

唐代的寝床材质上以木制为主，少数人家会使用象牙制的床。富贵人家可能会在木的种类上吹毛求疵，追求高级的木材。根据床脚形制的不同，又分为直脚和踞脚两种类型。有的床又大又高，底下就需要造有揩床龟或者是揩床石，以起到支撑的作用。唐代诗人方干曾在《赠中岳僧》一诗里写道："友床移片石，春粟引高泉。"讲的就是这个支撑床具的石头。白居易在《寄微之》一诗中也吟道："鹦为能言长剪翅，龟缘难死久友床。"诗人不烦将其入诗，可见床在唐时生活中日常使用程度之高。寝床，又叫卧床，其床头一般设有屏风，或是用屏风将整个床围起来，起到保护隐私的作用。唐代的诗人们对此也有描写，如王琚的《美女篇》："屈曲屏风绕象床，萋蕤翠帐缀香囊。"又如顾况在《杜秀才画立走水牛歌》中写道："杜生知我恋沧州，画作一障张床头。"

虽然前面说到唐时的床如果细分是可以分成寝床和坐床两种的，但多数时候，其实床就是床，是坐卧两用的，不会究得太过细致。很多词语和概念，在诞生之初，可能很细致，但随着使用的频繁，特别是在民间使用频繁，各种细致的概念和词语之间的界限就会变得模糊，最后混淆到一起，"床"这个字便是如此。床上一般会铺有席或茵褥，同时带有帷帐，有时帷帐中还设有屏风。在床上就座，一般采用盘坐或跪坐的方式。除去一般的床，还有胡床与绳床两种特别的床。胡床，观"胡"一字便知道乃是当时胡人所传入之物，指的是类似于今天马扎的可折叠的轻便椅子，所以这种"床"，就是货真价实的、真正意义上的坐床，是不能卧的。白居易在《咏兴》中就提到胡床："池上有小舟，舟中有胡床。"小舟上能放得下胡床，说明胡床就是一种小椅子，规制不是很大。因为胡床只能坐，所以在唐诗中，连接胡床的动词都是"坐""据"之类的动词。如李颀在《赠张旭》一诗中写道："露顶据胡床，长叫三五声。"又如李白的《陪宋中丞武昌夜饮怀古》中云："庾公爱秋月，乘兴坐胡床。"

绳床则与今天的扶手靠背椅相类似，原本只在寺院中使用，后来普及到了民间。唐诗人钱起在《避暑纳凉》一诗中描述的"木槿花开畏日长，时摇轻扇倚绳床"，即是这种类似靠背椅的"绳床"。李白在他的《草书歌行》里面写道："吾师醉后倚绳床，须臾扫尽数千张。"裴度在《凉风亭睡觉》中也说道："脱巾斜倚绳床坐，风送水声来耳边。"从这几首诗的例子中可以看到，连接绳床的动词正是"倚"字。除了"倚"字，有时也会直接用"坐"字来与绳床搭配。如白居易《秋池》一诗："洗浪清风透水霜，水边闲坐一绳床。"又如刘迥《烂柯山》："绳床宴坐久，石窟绝行迹。"皆以"坐"搭配绳床。绳床中有一类发展为椅床，后又不断延续再发展，称呼也变成了今日所习用的椅子。"椅子"这个名词，在唐后期的时候已经开始出现。椅子的普及，反映了唐时高坐具的流行，与此相应，便出现了高脚桌子。

榻与床比较像，榻如果要细分也可以分为寝榻和坐榻两种。一般的寝榻和寝床相似，在日常中也就混着称呼使用，不做区分了。在汉代，床和榻还是区分得比较明显的，如《释名》中便说："长狭而卑曰榻，言其体榻然近地也。"《释名》外，另一本辞书《通俗文》更是对床和榻做了细致的区分："三尺五曰榻"，"八尺曰床"。总之，床形制要大，榻形制要小，所以榻有时候又被称为"小床"。有学者统计，在唐诗里，比起卧床，榻出现的频率还是要更高一些。由此可见，大概是从汉代发展到唐代，床和榻的界限才慢慢开始模糊。也就是说，不仅"床"字内部的分界逐渐模糊，就连"床"和"榻"两个不同物体之间的界限也变模糊了。时人吟诗中多有"榻"的身影，如李白的《与夏十二登岳阳楼》："云间连下榻，天上接行杯。"又如罗隐的《南康道中》："使君延上榻，时辈仰前程。"

此外，还有一种寝榻叫"土榻"，类似于今天我国北方地区常见的火炕。坐榻与坐床一样，常被放置在帷帐内，在坐榻上面也常铺有席或茵褥。前面还提到，寝榻和寝床相似，这样看来，榻和床简直难以区分。榻的坐、卧两种功能，在诗中也时有表现。如元稹的《春病》："望山移坐榻，行药步墙阴。"他在另外一首诗《黄明府诗》中也说："便邀连榻坐，兼共榜船行。"在这两首诗中，是"坐榻"。但同时，元稹还在《张旧蚊帱》一诗中写道："施张合欢榻，展卷双鸳翼。""合欢榻"，顾名思义，所以此处是指拿来睡觉的榻。于此可见，榻和床在功能上确实无甚分别。所以到后来，一些诗人就干脆将"床"和"榻"连在一起使用了。如周朴的《题玄公院》一诗曰："衣巾离暑气，床榻向凉风。"又如齐己的《怀华顶道人》云："无人触床榻，满屋贮烟霞。"更直接的例子有张籍的《祭退之》："出则连辔驰，寝则对榻床。"一般来说，在榻上坐不垂足，有专门设计的长条凳供人们采用垂足的方式来坐，这在今日尚存的敦煌壁画上亦可窥见一斑。

虽然床、榻二者难分，但相比于床，榻的一大特点是便于移动，所以在炎热的夏天，人们常把榻搬到室外，坐卧其上，吹风乘凉，好生惬意。杨凝在《晚夏逢友人》中就写道："微凉堪话旧，移榻晚风前。"时人似乎也颇喜欢把榻搬移到户外去乘凉或是晒太阳，像极了今日树下用老爷椅乘凉的大爷，或是沙滩遮阳伞下的年轻人。白居易在《首夏病间》一诗中写道："移榻树阴下，竟日何所为。或饮一瓯茗，或吟两句诗。"和今日树下乘凉的老大爷不同的是，白居易在树荫下乘凉，不是为了乘凉而乘凉，而是为了养病康复而乘凉，而且闲来也"吟两句诗"。又如白居易在另一首诗《病中友人相访》中写道："移榻就斜日，披裘倚前楹。闲谈胜服药，稍觉有心情。"这里白居易移榻晒太阳，也是为了养病。此外，床和榻还有可以相区别的地方：床一般放置在正寝或大堂上，而榻则放在书斋、客室里。由于形制小，榻在不用的时候，还能悬挂起来。值得一提的是，在当时，床和榻还只是富贵人家才能用得起，贫困的底层百姓则只是席地日常坐卧和饮食而已。

有椅子，自然就少不了桌子。以前的桌子，叫作几案。崔颢有诗《结定襄郡狱效陶体》云："长老莫敢言，太守不能理。谤书盈几案，文墨相填委。"这里的几案便是盛放文书的桌子。几和案本是两种含义及功能不同的家具，案就是桌子，而几的含义要比案广，它既有案的那种桌子的含义，又有凭倚用具的含义，即凭几。但后来二者也和床与榻之间的关系一样，混而用之了。由此可见，像这些精细概念的混用倾向是多么的寻常多见。

"凭几"在唐诗中也是出镜率比较高的家具，如刘言史在《江陵客舍留别樊尚书》一诗中所云："委栏芳蕙晚，凭几雪鬓垂。"又如皮日休《奉和鲁望病中秋怀次韵》一诗："静里改诗空凭几，寒中注易不开帘。"由于几包含了案的盛放功能，所以有些案可以使用的场合也能够用几来代劳，比如盛放文书、书写公文、拨弄古琴等，以至于专门有琴几的说法出现。同样是脱离几案单独使用，相比于几，案的使用频率明显要更高。凡是跟文书有关的物品，都能用案，尤其是官府衙门之类的场所。刘禹锡著名的《陋室铭》里有一句："无丝竹之乱耳，无案牍之劳形。"所谓"案牍"，即"案上牍"，公文是也。唐诗里使用案的场合也多是案牍或书案之类，如张籍《夏日闲居》一诗："早蝉声寂寞，新竹气清凉。闲对临书案，看移晒药床。"又如岑参《郡斋闲坐》一诗："顷来废章句，终日披案牍。佐郡竟何成，自悲徒碌碌。"两个例子，一书一牍，可以更直观地感受唐人用案字时的语境与情景。

在唐前期，由于坐的椅子比较矮，作为桌子的几案，自然也高不到哪里去，这也和以前还保存有席地而坐的习惯有关。在官员们开展宴席活动时，无论是坐在堂上的高级官员，抑或是坐在堂下的低级官员，每个人面前都有一张几案，这又被称作食案。韩愈有诗《南山诗》云"或如临食案，看核纷饤饾"，讲的就是这种盛放食物的几案。类似于这里的食案，根据不同的使用场合，几案就可以变成某案。譬如，若用几案来摆放烧香拜佛所需用到的炉台，则称其为香案，在一些供养神佛的家庭或是寺庙都很常用。王维在《过乘如师萧居士嵩丘兰若》一诗中便写道："进水定侵香案湿，雨花应共石床平。"

此外，值得一提的是，案多为木质，后来随着使用越来越普及，开始出现了玉制的案，即玉案，有名的便是青玉案，这后来成为一个词牌名。唐人的诗中已经有所涉及，如李白在《忆旧游寄谯郡元参军》一诗中写道："琼杯绮食青玉案，使我醉饱无归心。"又如韩翃《寄上田仆射》一诗："金装昼出罗千骑，玉案晨餐直万钱。"皆反映了在当时，玉案也已然成为权势之家的象征之一。

随着床榻的普及，加之由于在平常的坐床和坐榻上，基本上都是跪坐或者盘坐，垂足坐的情况不多，几案也随之发生了变化。本来是和人们一起席地而坐的几案也被搬上了床榻，形成了类似于今日我国北方部分农村地区的炕桌的用法。到了唐朝后期，随着高足坐具的出现，加高了腿的几案应运而生。这种高腿几案，需要摆放在床榻或椅子的前面，其摆放的方式已经与今日的桌子十分相似了。有些几案上还铺有案褥，铺上的案褥四周垂下来将案腿遮挡住。不过，虽然上述类似于桌子的几案已经有所普及，但与椅子不同，在唐朝时期似乎还没有出现桌子这一词语。

除了床、榻、几案这些卧床、椅子、桌子等家具之外，当时在室内置放的还有橱柜、镜台这类家具。橱柜形制大体基本相同，但橱似以存放书籍卷轴居多，亦即书橱。柜则多以存放衣服为主，也就是衣柜。有时柜也存放钱财，那就变成了钱柜。与案一样，由于使用的场合不同，则有不同的称呼。如林仙人的《五言长句》中所提到的："麻笼腾秀气，药柜显灵苗。"由于装的是药，所以就变成了药柜。多数情况下，柜都是有门的，里面空间比较大，甚至能容下一个大活人。以上说的，是一般的橱柜，除此以外，还有一些比较专门的、特殊的橱柜。如卧柜，顾名思义，就是可以躺上去睡觉的柜子，相当于是将寝床和橱柜的功能合二为一了。又如食柜，则是专门用以存放粮食的。甚至在史籍中，还出现了床头柜的说法，应当是今日床头柜的渊源了。至于镜台，其功能和形制大致和今日化妆台类似，是古时女子用以梳妆打扮的家具。

如前面所介绍的，唐人的住宅都比较阔大，我们今日能住个100多平方米已经算十分宽敞了，而他们是以上千平方米来度量。正是由于住宅宽阔，所以需要张设一些遮蔽物以为屏障或者是抵御风寒。其中，帐就是比较常用的一种。帐分几种，一种是张设在睡床上的，称作"寝帐"或"床帐"，大概是今日蚊帐的滥觞。当时用得多的是翠帐，唐诗有证，如张柬之的《大堤曲》所描写的："玉床翠羽帐，宝袜莲花距。"帐细分开来其实可以分成两种，一种是张设在室内或厅堂内，起到保暖御寒和遮蔽隐私的作用。还有一种则是行军或者出游时使用的帐，其作用相当于今日的帐篷。幄分两种，大体与帐类似。一种是用作室内张设，亦是起到御寒和遮蔽的作用。还有一种也是行军、出游时所张设，一般用于一些仪式典礼。由于这两种功能和帐相似甚至重合，故时常有将二者混淆通称的情况，或干脆称为"幄帐"。

屏风也是唐时十分重要的一种陈设物，时至今日，在一些比较富裕的家庭中依然能看到屏风的存在。和帷、帐一样，屏风也主要起着遮蔽和御寒的作用，不同的是，屏风的材质主要以硬物为主，如以木、铜乃至玻璃、云母、玉石等材料混合制作而成。而且，帷、帐由于是用布帛制作的，所以要将其悬挂在楹柱上才能发挥作用。而屏风可以搬动折叠，只需将其展开，便可达到遮蔽和御寒的作用。屏风主要分为连地屏风和床上屏风，前者是放在地上的，而后者则是放在床上，一般设在床头或是将床围起来，前面已有谈及。由于屏风是以硬物为材料，所以也常在其面上添加一些字画或装饰，这样能起到审美的功能。

"暖暖笼铃阁，纤纤上玉钩"，唐代诗人李峤专门写了一首诗《帘》，帘也是唐人生活中比较重要的家居张设物，用于保护隐私。一般而言，制帘的材质有布帛、竹、草以及丝织物，颜色以红绿为主，故有朱帘、翠帘的说法。但出现在唐诗中频率最高的是"珠帘"，如杜牧的《赠别》："春风十里扬州路，卷上珠帘总不如。"又如王昌龄的《西宫春怨》："西宫夜静百花香，欲卷珠帘春恨长。"当然，这里面有文人骚客多为官宦之家的因素的影响。

至于"珠帘"之"珠"是什么材质，学界众说纷纭。比较可信的一个说法是，珠帘指的是用玻璃珠子串联而成的帘子。除了玻璃珠子做成的帘子以外，较为奢华的还有水晶帘和翡翠帘两种。水晶帘者，如李商隐在《月夜重寄宋华阳姊妹》一诗中写道："应共三英同夜赏，玉楼仍是水精帘。"水精帘，即水晶帘。又如李白的《玉阶怨》一诗："却下水晶帘，玲珑望秋月。"翡翠帘者，如权德舆《薄命篇》云："秋月空悬翡翠帘，春帏懒卧鸳鸯被。"又如殷尧藩《宫词》一诗曰："芙蓉帐冷愁长夜，翡翠帘垂隔小春。"帘主要起到一个遮蔽的作用，一般挂在门上，也有用于窗前的，大概即相当于今日的窗帘。当时的帘子和今日窗帘不同之处在于，前者是要用卷的，后者是要用掀的。罗隐在《帘》一诗中也有描写："殷勤为嘱纤纤手，卷上银钩莫放垂。"

还有一种陈设叫茵褥，前文在介绍床的时候曾有提及。茵褥主要有两种，一种即是前面谈到的，用以铺设在床和榻上。由于床和榻都是硬物材质，所以在上面铺层茵褥，可以让人坐上去感到更舒适。还有一种茵褥相当于今天的地毯，直接在室厅内的地面上铺开，这在当时又叫地衣。不同的季节，使用不同材质制作的茵褥，夏季用竹，炎热时显清凉；冬季则用木棉、毛毡，寒冷时觉温热。

关于"帷"，想必大家最熟悉的就是那句"运筹帷幄之中，决胜千里之外"了。这里是"帷"与"幄"连用，但"帷"的含义似乎十分广泛，有时写作帏，有围的意义，有帷帐、屏帷、帘帷等用法。不论是帷还是帏，唐诗中也很常用，如董思恭在《咏月》一诗中写道："玉户照罗帏，珠轩明绮障。"李白在《相逢行》

中咏道："锦衾与罗帏，缠绵会有时。"张鼎的《邺城引》也写道："文章犹入管弦新，帷座空销狐兔尘。"此外，根据文献显示，凡是有遮挡功能的张设，几乎都可称作帷，所以才有帷帐、屏帷、帘帷、帷幄等这些和上面所介绍的张设连在一起的用法。

三、居住礼俗

作为权贵之首的皇帝，其所居住的宫殿，是最讲究礼节的地方。同时，作为全国的最高统治者，皇帝的一言一行对全国的百姓以及帝国后世的臣民均有垂范作用，故其言行作为"圣训懿行"而被赋予了各种礼仪意义。于当世则为国朝今上，于后世则为祖宗先帝。正是如此，皇宫中各种建筑都具有其独特的功能和用场，自有其严格的规定，是不能随意混用的，否则有违礼数。例如开宴会按规定要在专门的特定宫殿里举行，同时皇帝不能够在这些专门开宴会的宫殿中寝卧起居；又如召开朝会和听政都有专门的宫殿，一般而言亦不会在平时听政的宫殿开宴会，诸如此类，皆有制度上的规定。甚至于在开展朝宴活动时，什么身份的人有资格参加，由哪里入席，在哪里就座，整个过程需行什么礼，都是有一套严格的程序与限制的。若有不合规定之处，便会有掌管礼仪的官员上疏指陈，以尽他们职责。

古人信奉"天人感应"，尤其是在西汉时期经由董仲舒大力提倡并经由官方认定之后，这四个字更是深深烙印在传统中国的政治文化当中。每当有天灾如地震、旱涝等在我们今日看来十分寻常的自然灾害发生时，皇帝都应该"避正殿"，即不能在正殿接受百官的朝拜，以向天下表示皇帝自己希望向上天认罪，并愿意接受上天惩罚的态度。万人之上、独尊天下的皇帝尚且如此"畏天"，其象征意义自不待言。甚至在有的时候，皇帝还要颁下"罪己诏"，用诏令的形式公告天下，向全天下承认自己的理政错失。

赏赐制度是维系统治阶级内部团结的重要手段，在儒家主导的礼仪制度中，对此也有一套专门的规定。在行赏的时候，执行与此配套的礼仪制度，能让受赏者在接受赏赐的同时，享受万人瞩目，心里倍感荣光，这便是礼仪制度所叠加而来的正面效益。行赏制度所包含的内容很多，比如，在臣僚获得重大功勋的时候，皇帝会通过赐予住宅以示恩赏。赏赐住宅的同时，还对如何将功臣迎送进入所赐住宅作了制度上的礼仪规定。一般而言，其程序大致是：先由京兆府供应酒食，大开宴席，同时教坊供以乐舞，让群臣在歌舞视听中极欢宴之乐。百官在席罢之后，由鼓吹乐队引导，将受赏者迎送入所赐住宅。如此大张旗鼓，如此隆重盛大，颇能想象受赏者此时的威风与得意。

不仅赏赐制度有如此大规模的铺张陈设，就连部分重要官员的任命也颇有一套礼仪规定。在唐代，主要是在拜相和任命节度使的时候才行用一套叫"就第注官"的礼仪。就第注官，顾名思义，就是到受任官员住宅中举行授官仪式。若是拜相，则要求京兆府在受任者家门口先建板屋，然后用黄沙铺路，以待来宣布任命的官员。若是任命节度使，则需要受任官员在住宅中门外搭建好帐幕，以迎接护送节钺前来的内臣。若皇帝对被授予节度使和拜相的官员十分器重，或是在国家情况特殊如战争的时候，皇帝还会让司礼官员另外选择吉日，以举行隆重的册封大礼。

此外，除了就第注官，就第问疾也是一种就第之礼。就第问疾，主要是问宰相之疾，意谓皇帝亲自前去或者派遣亲信到养疴在家的宰相处探问病情，并有一班官员随行参与，以示皇帝对大臣病情的重视以及对其尊崇之意。就第问疾亦有一套礼仪规定，司礼部门需先在宰相住宅的门前搭起帐幕，前来参与探视的官员们需要在此排班，然后按班位顺序前往问疾。

中国古人重视家族姻亲，有祭祖尊祖的情结在，唐人亦不例外。在住宅以外，有些人还会设立建造家庙，以供奉祖先的牌位。当然了，这些能够设立家庙的人，非富即贵，不是有钱人，便是权势之家，寻常人家连照顾自己生计都不暇，遑论设庙祭祖了。庙里一般会挂上祖宗的画像，子孙们在祭祀的时候奉以酒肉，今人的祭祖也大体如此。

到了唐玄宗时期，朝廷专门规定了立庙和祭祀的制度，限制了立庙资格，要达到一定地位和品级才能允许立庙：三品以上的官员以及京官正员四品、五品清官，才准许设立家庙。除了限制立庙资格外，还规定了不同地位的官员在祭祀上不同的待遇，由此亦形成一种等差式立庙与祭祀的"等级金字塔"。

此外，朝廷还规定要在三年守丧礼过后，才能设置家庙。由于家庙在设置的时候，一般都会种植松树、柏树等植物，于是导致了家庙的占地面积十分大。随着不断有官员设置家庙，京城的用地越来越紧张，终于在唐武宗的时候下令不允许在京城内设置家庙，但可以变通地在自己的住宅内设立家庙。如前所述，唐人的住宅面积挺大，所以这一变通其实还挺符合当时条件。

有一些比较基本的礼节，直至今天还依然沿用着，比如进门前要敲门，这代表着对主人的尊敬。又如像今天部分地区沿袭下来的习俗一样，古人建好新房或者搬迁住入新居，亲朋好友都会前来参加宴饮，以表示对主人迁入新家的祝贺，这就是所谓的乔迁之喜，当时这种习俗又叫作暖宅、暖屋、暖室、暖房等。王建有《宫词》曰"太仪前日暖房来，嘱向朝阳乞药栽"，说的就是这样的事情。红白之事，也有一番讲究。比如在举行婚礼的时候，唐人喜在室外搭建帐幕，以此来安排婚宴。而在服丧的时候，就会住进简陋狭窄的房子，以此表示自己的"哀毁过甚"。

唐时崇道崇佛风气盛行，无论权贵官僚抑或是平民百姓，大多在家里供奉佛祖或神仙。有钱人家会在自己的住宅内专门辟一空房来供奉佛像或神像，这种房子又称为"净室"，以此来祈求好运、保佑平安等。有些大官更为阔气，甚至为佛祖、神仙盖一佛寺、道观。如前文所谈到的，由于寺观内部结构和住宅类似，所以专辟空宅来建寺观也是可以轻松实现的。

在主人家做客，如果主人还未作请，客人是不能够径自上厅中落座的。平日里，在座位上坐定后不能够伸手隔座取物，这被认为是有失礼节的。"杨家有女初长成，养在深闺人不识"，白居易的这首《长恨歌》虽然写的是杨贵妃，却也颇能反映出当时社会的一些实态。古时有点书香气的门第、家教严厉的家庭是不允许女子登楼阁、逛花园的。她们被要求"待字闺中"，以求日后能够攀得一家好姻亲，从而为家族获得政治上或经济上的利益。

当时的社会注重尊卑贵贱，因而在对待有着不同政治地位或经济地位的人时，亦是有着不一样的礼节要求的。对官员们来说，他们不仅要在公开的官宴上讲究排场，就连平日里的"私宴"也是颇有一套规矩的。譬如官品等级不一样的官员，是不能并坐在一起的，以前可没有"圆桌精神"。又如在席上和穷困的亲戚同坐的时候，有的人家会要求用屏帷隔开，虽是亲戚，然而对方的地位决定了他们的态度，其势利如此。当时似乎还存在着一些"隐私"观念：随便窥视别人家里是被法令禁止的。如果有官员因建造起高楼，从而能够有条件对周边人家进行窥视的话，那这个官员是要受到御史弹劾的。唐代的这一禁令，是面向"士庶公私第宅"的，亦即对官民都适用。

在堂壁上写有壁记或绘有壁画，是唐时居处礼俗的一大特色。壁记是指嵌在粉墙上面的碑记，但凡朝廷百官诸厅以及地方府州县官的衙署里都有壁记，在一些寺观等场所里也可以看到有壁记。这类壁记文章在部分传世唐人的文集中尚有保存。元稹有诗《和乐天过秘阁书省旧厅》曰："闻君西省重徘徊，秘阁书房次第开。壁记欲题三漏合，吏人惊问十年来。"其所描述的就是西省壁记的事情。在官府衙门中的壁记，其多由所在机构的长官或者一些有名气的文人所写，内容主要是记载该官衙的历史沿革、修葺状况以及与该衙门相关的一些事迹等。其作用一方面在于修饰室内，另一方面则在于给后辈上任的官员以镜鉴作用，所谓"前事不忘，后事之师"是也。也正因为壁记是这样的内容构造，所以其常常蕴含了丰富的社会信息，成为今日研究当时历史重要的参考史料。不承想古人习以为常的装饰美化室内的习惯，竟给作为后人的我们留下了宝贵而丰富的社会史材料。

这些壁记算是"正经"的壁记了，还有一种"不正经"的壁记。众所周知，唐朝是诗的时代，也是文星闪耀的时代。在这样一个时代，文风活跃是情理之中的，所以唐人喜欢在游山玩水的时候，在驻足处的墙壁上赋诗题文，仿佛在用文学的方式告诉世人："小生到此一游。"在这种想法下形成的另一种壁记，给后人带来的，更多是其文学价值。

至于壁画，唐人似喜爱更甚。从宫殿到官衙，从官衙到寺观，从寺观到居室，从居室到墓穴，我们都能发现唐人用以装饰的壁画。纵观整个中国历史，壁画之俗极盛于唐世，至宋后，由于卷轴的盛行，壁画方才慢慢地衰落。唐代壁画之俗盛行如此，倘若活在唐代，定让世人目不暇接、美不胜收、大饱眼福吧。

宫廷中的壁画其功能主要还是在于政治教化，最负盛名的当数唐太宗时期的凌烟阁壁画二十四功臣图像了。这种做法，其实早在汉代就已经有了，比如东汉时期的云台阁二十八将画像。这样将功勋大臣的画像专门拿出来供奉，可以起到奖勉后世大臣，从而更好地为君主服务的作用。寺观中的壁画功用则在于宗教宣传，绘画内容基本上都是各种佛道神仙、妖魔鬼怪的故事。我们所熟知的唐代著名画家吴道子，在当时其实就是一个著名的寺观壁画家。据称，仅唐代的两个都城长安和洛阳由他经手过的佛殿或道观壁画就有300多间。

在寺观里，还有一种特殊的壁画，它与雕塑合二为一，故又被称为"壁塑"。简单来说，其实就相当于立体的壁画，其形态介于纯平面的壁画与纯立体的雕塑之间，让画面的现实感陡增。加之其又多流行于寺观之中，因而增添了不少宗教上的神秘感与庄重感。和壁画创作中有名的代表人物一样，壁塑也有著名的创作家，比如杨惠子，其人在当时号称"天下第一"，可想见其在壁塑方面造诣之高。至于居室中的壁画，则更多的是起到一种装饰居室、增添风雅的作用，内容大致为山水风光等。而墓穴中的壁画，则大致与"往生""灵魂"等主题相关，亦不乏宗教元素。

建筑选址，有时候不仅仅是一个现实问题，同时还是一门玄学。哪怕是现在聊及一些选址问题的时候，还是会偶有"风水宝地"之类的词在言谈之间窜出，这大概也算得上是老祖宗给我们留下的一大"传统"。旧时人们在住宅的选址、朝向、样式等问题上，亦认为其中蕴含着吉凶祸福。而所谓"风水宝地"，就是被认为是有着吉祥气息的地方，故曰"宝地"。他们相信，宅地的选址会影响子嗣发达与否，有的甚至相信会对家业是否兴盛造成影响。在唐时，还出现了占地、相宅的专书，如《宅吉凶论》《相宅图》《五姓宅经》等，这些书籍的理论指导基本不出阴阳、五行、八卦等范畴。诸如此类相宅之术，其实在汉魏六朝时期业已流行了，直到唐时发展更盛。

与此相联系，当时还出现了各种求吉求福、辟邪镇邪的礼俗。如在门上画虎画豕以避邪，今天在门上贴门神的做法就与此相似。还有用神符、石兽进行镇宅驱邪的做法，其中，这些用作镇宅的"神兽"，有一些已静静地躺在博物馆中以供后人细细观赏品味。

又如在门前立泥人以祈求天晴，时至今日在日本尚有用晴天娃娃祈请天晴的做法，而据传日本这一做法又来源于中国的"扫晴娘"之俗，虽然异时异地之人做法甚殊，但其中蕴含的心情和愿望却是一样的。除了在门上设置镇压邪魔的神灵外，有的人还会采取在房子旁边立镇石的方式来镇邪。一般来说，镇石上面还会镌刻"石敢当"等字样。这种镇石的习俗，一直延续至今，今日一些地区，仍然有相似的习俗存在。

孔老夫子曾经说过："未知生，焉知死？"不过虽然他老人家这么说，但也架不住普通老百姓对死亡世界的各种想象。对生的世界，老百姓会想各种趋福避凶的办法；对死的世界，人们又相信存在鬼魂之类的事物，认为人死后会有鬼魂作祟，于是"凶宅"的各种怪谈野闻便层出不穷。其实这些在我们今天看来十分迷信的思想观念，对古人来说却又是十分真实的。他们的这些丰富的思想观念，促进了多种多样礼俗的形成。其实我们今日所留存的很多冠以"传统"名义的礼俗，又何尝不是这些思想观念的产物呢？

第四章

行以阅世：旅行与唐代生活

讲完了"住"，自然轮到了"行"的生活。所谓"读万卷书，行万里路"，无论是在当代还是古代，出行始终是日常生活中一大重要的环节。鲁迅先生曾说："世上本没有路，走的人多了，也就成了路。"那么，唐时的道路交通是怎样的呢？有哪些名目？会有因人而异的道路吗？唐人的出行工具又有哪些？他们都是骑马的吗？在讲究等级身份的当时，不同阶层的人，其所乘用的交通工具又有何不同？而在讲究礼仪的古中国，唐时在出行方面又有哪些礼俗呢？本章我们讨论唐代的道路设施、出游工具以及出行习礼这三个方面内容，以期能对这些问题有个初步的答案。

一、道路设施

俗话说"要想富，先修路"，何止是"想富"才要"修路"，在平日的出行中，道路设施的重要性是不言而喻的，尤其是在技术不如今日的古代。

在今天，路网发达。对于公路而言，有国道、省道、县道、乡道等名目，在古代的时候，道路名称更是繁多，有叫阡陌的，有叫经途的，有叫街衢的，还有各种如大路、次路，等等，皆是道路的不同叫法。若按道路的自然形态来分，可以分为陆路和水路两种。这两种形态的道路由于用在不同的场合或是用于不同的用途，也各有不同的叫法，名目繁多，譬如陆路有大路、小路、次路、山路、国路、驿路、村路、运路、堤路、驰道、御道（御路）、帝道、贡道、饷道（饷路）、鸟道、马道、夹道、甬道、阁道、栈道、盘道、径道、便道（便路）等说法，水路则可继续分为江路、漕路、河道、运道、水径、津途等。若按照道路的社会性质来区分，则可以分为官路（包括水路）和私路。若按功能来区分的话，道路可以分为御道、驰道、夹道、贡道、驿道等。应当说明的是，唐时由于使用场合的不同，所以有一些道路的名称是重复或是混用的，比如驿道有时由于用于进贡又会被称为贡路等。因此，下文将着重讲述名字使用频率比较高的道路，不拘泥于是否有概念上的重合问题。

先谈谈御道。御道，著一"御"字，顾名思义，是皇帝专用的出行道路。一般来说，除了宫殿里头的御道以外，其他御道都是为了皇帝出巡行幸而准备的。驰道、夹道是御道的两种陆行道路，水行的御道叫作御河。像宫殿一样，御道的修建也极为开阔，展现了皇家的威严和气派。驰道是专门给皇帝和他的侍从们来驰骋车马的，所以叫"驰道"。同时，由于是皇帝专用，所以也是在全国所有类型的道路之中规格最高、质量最好的一种道路。这大概相当于秦朝时候的"直道"，也相当于今天的高速公路，并且是皇帝专用的高速公路。岑参在《与高适薛据同登慈恩寺浮图》一诗中云："青槐夹驰道，宫馆何玲珑。秋色从西来，苍然满关中。"此中可以看到驰道两旁种有植被，又可以看到驰道和宫馆的关联。

夹道又叫"夹城"或是"复道"，杜牧《阿房宫赋》所称"复道行空，不霁何虹"是也。夹道是专门给皇帝使用的秘密通道，主要建在京城的宫殿与宫殿之间，是为了出行的保密和方便而建，同时用以供皇帝行幸享乐。所谓夹道，是指沿着城墙再另外筑造一道墙壁，然后在上面修建可供通行的道路。如此一来，唐帝只需要经过长安城的通化门就能够直接到兴庆宫了。

　　夹道又名"复道"，大概是说这条开辟出来的秘密通道能够与地面上正常的道路并行不悖，二者能够同时使用互不造成干扰，故名"复道"。而由于它是像阁楼一样架在空中，所以有时又被称作"阁道"。若无这样的秘密通道，那在皇帝出行的时候，还要鸣锣开道，驱逐附近的行人，并由大批卫士簇拥而过，容易对民众正常的生活造成很大困扰。加之唐玄宗时期所建的兴庆宫在皇城和宫城之外，在长安城东边的区域，若皇帝要从皇宫去兴庆宫或者从兴庆宫返回皇宫，还要在长安城内来回穿行，显得十分不便。于是，唐廷在大明宫和兴庆宫之间开凿了一条夹道。

　　上一章我们提到，大明宫建在长安城东北，而兴庆宫则建在皇城和宫城以东的地方，如今在两宫之间有一条夹道连着，殊为曲折逶迤。由这条复道南行，还能到达曲江。王维有诗《奉和圣制从蓬莱向兴庆阁道中留春雨中春望之作应制》，其中有描写到阁道："渭水自萦秦塞曲，黄山旧绕汉宫斜。銮舆迥出千门柳，阁道回看上苑花。"谈到了其在阁道时看到的情景。

　　还有一种并不完全是皇帝使用的"御道"，但由于其贯通长安城南北，直接连接皇城南边的朱雀门和长安城南城门，平日里皇帝外出巡行或者举行大典时常用此道，故又称为"天街"。韩愈有一首诗《早春呈水部张十八员外》，诗里有一句"天街小雨润如酥，草色遥看近却无"，所说"天街"即此。又如王建有

《宫词》曰"天街夜色凉如水，卧看牵牛织女星"，也是提到了
"天街"的佳作。

　　谈完了皇帝专用的御道（包括驰道和夹道等），接下来就应
该谈谈不是皇帝专用的道路了，有"官街"和"官道"的说法。
官街，指的是全国各城市中的街道。官道，指的是遍布于州县的
道路。由于驿道是由官府来负责开凿和管理的，所以驿道也被称
为"官道"或是"官路"。贡道也是官路的一种，它指的是地方
官府向中央运送进贡物资的道路。贡道有陆路亦有水路，这便是
所谓"上贡"，所以道路起名有一个"贡"字。贡道，有时又被
称作"贡路"或者"运路"。

　　由于贡道连接了中央和地方，所以堪称是唐王朝的大动脉。
地方官府的上贡，关系到中央的正常运转，进而影响到唐政权的
稳定。安史之乱后，唐朝没有迅速走向灭亡，便是得益于东南财
赋的正常上供。正因为贡道有如此重要的地位，所以唐王朝对于
贡道的畅通与顺利运转极为重视。作为中央和地方的连接枢纽，
贡道的管理和维修自然由道路所途经的各级官府官员负责。在唐
代中期以后，地方官府上供中央物资转运的事情，也多由宰相重
臣来负责，显示了其重要性。

　　驿道，指的是官民商旅通用的道路。御道是国家最好的道路
设施，驿道则仅次于御道。唐代最好的驿道是关中驿路，杨炯在

《骢马》一诗中赞道："帝畿平若水，官路直如弦。"那么为什么要把这种道路叫作"驿道"呢？这是由于这些道路沿途会建设驿站驿馆，稍微有点类似于今日高速公路上的"服务区"。不同之处在于，驿站的首要功能是保障国家公文和信息的传递，因此这些驿站的建设是为了供传递国家公文的公差们中途休息，甚至能够让他们在此住宿。尽管驿道在一般情况下会修得比较宽阔与平坦，但在最发达的驿道上还是不免会"堵塞"，唐人称此为"隘路"。张籍在《洛阳行》一诗中便曾描写过这种场景："百官日月谢拜表，驿使相续长安道。"

人要休息，马也要休息，所以驿站通常还备有马匹，称为"驿马"，供公差们更换，以便下一程的漫漫长途。换马是为了防止在长途奔波中马匹过于劳累而致死。在古代，特别是中原王朝，马可是十分珍贵的牲畜。倘若马儿因传递公文而累死，无疑是国家的一大损失。驿马一般都会在左肘上印一"驿"字，同时在脖子上印州名，以与普通马匹区分。对于官员所乘驿马，朝廷也作了规定，依旧是根据官员的品级高低来决定配马数量：一品给8匹，二品给6匹，三品给5匹，四、五品给4匹，六品给3匹，七品以下给2匹。驿站也是分等级的，陆驿共分为6等，水驿则分为3等。而根据驿站的等级不同，朝廷配给的资源就不同。如最高等级的陆驿能配有75匹马，而最低等级的陆驿只有8匹马。

又如最高等级的水驿能配给 4 艘船，而最低等级的水驿只能配给 2 艘船。

唐廷规定"传马日走四驿"，传马就是驿马。白居易在《和思归乐》一诗中写道：

> 获戾自东洛，贬官向南荆。
> 再拜辞阙下，长揖别公卿。
> 荆州又非远，驿路半月程。
> 汉水照天碧，楚山插云青。

这首诗提到白居易被贬官去荆州上任，他从洛阳出发，通过驿路到达荆州花了半个月的时间。当时的洛阳到荆州两地距离 1600 里左右，如此一算，则白居易一天通过驿站而行走的距离约为 110 里，和唐廷的规定若合符契。

这种以公文和信息传递为主要功能的驿站，在边境上则表现为军事情报的传递。虽然说，军事情报传递可以通过烽燧系统来实现——"烽火戏诸侯"的故事里也表现过这一点——但是，倘若天气十分恶劣或者军情十分复杂的话，烽燧系统就无法发挥其简单高效的优点了，而这个时候，驿站就能够起到很好的替代作用，正如王维在《陇西行》中所描绘的那样："十里一走马，五里一扬鞭。都护军书至，匈奴围酒泉。关山正飞雪，烽戍断无烟。"边塞诗人岑参在《初过陇山途中呈宇文判官》一诗中写道："一驿过一驿，驿骑如星流。平明发咸阳，暮及陇山头。"军旅生活中的驿站情形，跃然纸上。韩愈在《镇州路上谨酬裴司空相公重见寄》一诗中也说："衔命山东抚乱师，日驰三百自嫌迟。"有学者从这些诗句来推算边塞驿骑的速度：当时的咸阳到陇山，二者间的距离大约是 400 里，以岑参的诗来看，一天就能从咸阳跑到陇山。再结合韩愈的诗句，这样算下来，驿骑一天能跑 300 里至 400 里。

大体而言，唐代的驿道体系是分别以首都长安和东都洛阳为核心，各条驿道呈放射状贯穿全国各地。由于这些驿道是"条条大路通长安（洛阳）"，因此沿途而设的驿站更是多得数不胜数，如众星拱月般"拱卫"着长安和洛阳。韩愈在其《酬裴十六功曹巡府西驿途中见寄》一诗中便提道："四海日富庶，道途隘蹄轮。府西三百里，候馆同鱼鳞。"可见驿馆多得像"鱼鳞"。

同时，我们应该看到，这种以都城为中心辐射全国的道路思想，其实还能从传世文献中窥得一二。据当时的一些地理书籍记载，在州县下都会写上"八到"，意思是从此处出发，向四面八方能各通往何处。无论是什么州，都会首先记录该州通向首都长安的道路，然后是记录通向东都洛阳的道路，最后才是通向其他地方的道路记载。往深了说，这种以都城为中心的道路思想，反映的正是古时候专制统治下的中央集权思想。皇帝是都城中心，都城是全国中心，"众道拱都"便是众星拱月。

驿馆在选址上一般会选在道路要冲或是江河之畔，由于唐时水系交通较为发达，所以建在江河之畔的驿馆并不算少数。张说在《还至端州驿前与高六别处》一诗中说："旧馆分江口，凄然望落晖。相逢传旅食，临别换征衣。"又有韦迢《潭州留别杜员外院长》曰："江畔长沙驿，相逢揽客船。大名诗独步，小郡海西偏。"驿馆的规模都挺大，基础设施主要有驿楼、驿厅、驿库、驿厩等。其中，驿库还包括酒库、茶库等。

有一些更豪华的驿馆还建有竹林池沼，如褒城驿。当时的褒城驿号称"天下第一驿"，风景十分优美，唐人留下不少诗作咏叹它。如羊士谔《褒城驿池塘玩月》曰："夜长秋始半，园景丽银河。北渚清光溢，西山爽气多。鹤飞闻坠露，鱼戏见增波。千里家林望，凉飙换绿萝。"能观"鹤飞"，能赏"鱼戏"，可以想见那个驿站有多别致了。唐代驿馆的规模宏大，这与其官衙屋舍之宏阔以及帝国风气之大度，是一致的。

唐时要"乘驿"，要使用驿站，必须有官方颁发的凭证，这个凭证又叫"传符"。乘驿的官员拿到传符到达目的地后需要上交，等所办事情了结回京前领回，待返回京师后重新交还门下省。上交传符一般有一个期限规定，若逾期未交，就要被依法治

罪。最初的传符以铜为材料，根据东南西北四个不同的出行方向
分成四种款式：青龙为东方，朱雀为南方，白虎为西方，玄武为
北方。传符分成左右两半，左边一半由中央掌管，右边一半交给
各州府。这与军事上虎符的使用方法相似。在发符的时候，先根
据受符者被派往的方向来确定传符的款式，然后将传符装在一个
骨筒里，再写上一些如途经哪些驿站、计划走多少天等基本行程
信息后，用封泥封上，最后盖上门下省的公章，赋予法律效力。

　　由于程序烦琐，加之使用起来十分不方便，随着乘驿事务越
来越繁忙，纸券传符逐渐替代了铜制传符。到了唐后期，由于藩
镇割据的存在以及中央权势的衰微，还出现了转牒、食牒、馆帖
等传符凭证。随着这些新出现的凭证使用得越来越频繁与越来越
广泛，使得传符凭证的称呼变得越来越模糊与混乱，进而让原本
十分严格的乘驿制度遭到了破坏。唐代严格的乘驿制度还有一些
其他规定，如不得在驿馆停留 3 天以上，又如不允许在出使途中
绕路回家去探访亲友。

　　驿馆算得上是官家性质的旅店了，与此相应地，还存在有民
间性质的旅店，这些旅店则大多是私营旅舍。时人对这些旅舍的
叫法多样，有旅馆、客舍、逆旅、邸店，等等。诗人岑参在《与
独孤渐道别长句兼呈严八侍御》中就讲道："轮台客舍春草满，颍
阳归客肠堪断。穷荒绝漠鸟不飞，万碛千山梦犹懒。"和驿馆一

样，私人建造的旅馆也喜欢建在江水边。刘长卿在《余干旅舍》一诗中说："摇落暮天迥，青枫霜叶稀。孤城向水闭，独鸟背人飞。渡口月初上，邻家渔未归。"虽然比不上"天下第一驿"的那种别致景观，但也不失一种简约而自然的美。王维那首常为人所津津乐道的《送元二使安西》更是将对客舍的环境描写和细腻的别愁离绪融合得淋漓尽致："渭城朝雨浥轻尘，客舍青青柳色新。劝君更尽一杯酒，西出阳关无故人。"此外，除了平常的住宿饮食以外，旅店也提供帮客人租赁或购买牲畜头口等其他服务。

和贡道类似，同样作为官路的一种，官府也是十分注重维护和保养。而由于驿道都是土路，所以容易遭到毁坏。于是，为了更好地维护驿道，朝廷不仅将驿道划由其所经州县管理与维护，同时还在驿道两旁种植起各种各样的树，于是绿树成荫，间接打造出了一条别致的"绿化带"。

朝廷规定，除非有特殊的需要，否则在一般情况下不许在官路上进行耕种，同时也禁止砍伐在官路旁的树木。武元衡在《送唐次》一诗中写道："都门去马嘶，灞水春流浅。青槐驿路长，白日离尊晚。"人定难胜天，也并非所有的驿道都能打造出"青槐驿路长"这样的"绿化长廊"，有一些驿道由于各种各样的原因，无法像普通驿道那样植树造林。比如岑参在《酬成少尹骆谷行见呈》一诗中提到的："千崖信萦折，一径何盘纡。层冰滑征轮，密竹碍隼旟。深林迷昏旦，栈道凌空虚。"字里行间，能感受到这条驿道的艰险。

此外，由于驿道把全国各地都连接起来，所以势必会途经一些荒郊野岭。于是，在唐代一些地方，虎患便成了驿道行旅中的一种威胁，甚至由此而催生了捕兽业。为了应对这样的风险，在一些虎患较为严重的州县，朝廷采取了有别于其他州县的官道树林政策。这些地方规定，官路两旁 10 步之内的树木必须砍光。在唐代，一步为 5 尺，当时 1 尺约为今日 31 厘米，所以 10 步便是 50 尺，亦即 15.5 米。这样，能帮助行人较好地防范虎患。

驿路的畅通运行，离不开驿站系统的支持，唐朝对驿站管理有相当完备的制度。在唐代，掌管驿事的最高权力机构是尚书省兵部的驾部郎中。这是由于驿站的最主要任务是国家文书的传递，尤其是军事方面的，因而划归兵部掌管。唐王朝在诸道节度使设置馆驿巡官这一职位来掌管驿事，各州一级的邮驿则由州兵曹司兵参军分掌，至于县一级，则由县令来监管。具体到每个驿站，其管理者称作"驿长"。在每个驿站中，除了官吏以外，还有一些负责各项具体事务的底层工作人员，被称为"驿丁"或是"驿子"，若是在水路的驿站工作则亦会叫"水夫"，这些人基本是被国家征用来服劳役的人。

由于国家对驿道的重视，因此给驿传的财政经费比较充足，驿官的待遇便十分优厚。不仅待遇丰厚，就连平日的工作也并不繁重，反而十分悠闲安逸。诗人赵嘏在其《赠馆驿刘巡官诗》中便讲道："云别青山马踏尘，负才难觅作闲人。莫道馆驿无公事，诗酒能消一半春。"驿站的官吏们安逸到以诗酒度日，近乎"躺平"。与此形成强烈对比的，则是在驿站的底层工作人员，亦即"驿子"们。王建在《水夫谣》中描绘了在驿站底层工作的水夫的悲惨景象：

> 苦哉生长当驿边，官家使我牵驿船。
>
> 辛苦日多乐日少，水宿沙行如海鸟。
>
> 逆风上水万斛重，前驿迢迢后森森。
>
> 半夜缘堤雪和雨，受他驱遣还复去。
>
> 夜寒衣湿披短蓑，臆穿足裂忍痛何！
>
> 到明辛苦无处说，齐声腾踏牵船歌。
>
> 一间茅屋何所值，父母之乡去不得。
>
> 我愿此水作平田，长使水夫不怨天。

两相对比，冷暖可知。另外，据唐代的传世文献记载，每 30 里设立一个驿站。而根据现当代学者的研究，唐时 1 里大约相当于今日的 0.9 里，即 450 米左右。如此，30 唐里 ≈ 13500 米。翻译一下便是，每13.5公里左右便要设立一个驿站。依现代人看来，13.5公里似乎不是一个特别远的距离，但换成没有汽车的古人来说，这13.5公里，已经算是一个较远的距离了。此外，不只是陆路有驿站，水路也设有驿站。

有官路、驿路的说法，相对地，也有便道、便路或者私路的说法。在这些道路上，一般是没有馆驿关卡的。所谓关卡，是用以限隔内外，盘查往来人员，防奸防谍以及用以征收商税，一般设在交通要道或是形势险要的地理单元如山川河谷之类。这是陆路要道的设置，水路要道则设置津渡。

有唐一代设置了26个天下之关，并根据关卡的地理位置及重要程度，分成了上、中、下三个级别。其中，上关6个，中关13个，下关7个，合为26个。这6个上关分别是：京兆府蓝田关、华州潼关、同州蒲津关、岐州散关、陇州大震关、原州陇山关。这26个天下之关，并非只是简单的关卡，它们已经可以算得上是要塞了，在战争期间，能够起到进兵拒守，以卫内土的功能。

我们常听到唐代有关东或是关西的说法，如"关东出相，关西出将"。唐人诗里也偶有涉及，如吴融《题湖城县西道中槐树》："一自烟尘生蓟北，更无消息幸关东。"又如李益的《边思》一诗："腰悬锦带佩吴钩，走马曾防玉塞秋。莫笑关西将家子，只将诗思入凉州。"这些"关东""关西"，即是以潼关、函谷关为界所划分的两大区域。潼关和函谷关是长安的东边守护神，位置十分险要。打个比方，潼关和函谷关相当于嘴唇，而长安则相当于牙齿，二者是唇亡齿寒的关系。安史之乱爆发后，正是因为哥舒翰在潼关战败，所以最后才导致长安也失守。

唐代设关总数达 143 个，按全国十道来分，计有关内 31 个、河南 15 个、河东 33 个、河北 24 个、山南 5 个、陇右 6 个、淮南 12 个、江南 1 个、剑南 12 个、岭南 4 个。可以看到，关内、河东、河北的数量占比非常大，这是由于唐两京在这些区域之内的缘故，由此更可看出关卡的政治拱卫意义了。

唐代诗人也有不少咏关的诗，如著名的王之涣《凉州词》道："黄河远上白云间，一片孤城万仞山。羌笛何须怨杨柳，春风不度玉门关。"还有王维《送元二使安西》云："渭城朝雨浥轻尘，客舍青青柳色新。劝君更尽一杯酒，西出阳关无故人。"这两首诗里分别提到的"玉门关""阳关"，设在西北，皆是丝绸之路上的重要关隘。从长安往东南方向，则设有一个蓝田关，黄巢兵败长安后往东撤退时就经过这个蓝田关。蓝田关在蓝田县东，以盛产美玉而闻名。李商隐有名诗《锦瑟》云："沧海月明珠有泪，蓝田日暖玉生烟。"蓝田关，有时又简称"蓝关"，古时还称"峣关"，韩愈的《左迁至蓝关示侄孙湘》便云："云横秦岭家何在？雪拥蓝关马不前。"

至于阁道、栈道、盘道等路，则基本都是山路，以搭木或是凿石的方式来搭建，在楚汉时候已经有"明修栈道，暗度陈仓"的说法。唐人也有不少吟咏栈道的诗句，多为谈到蜀地时旁及。如马戴的《送人游蜀》："别离杨柳陌，迢递蜀门行。若听清猿后，应多白发生。虹霓侵栈道，风雨杂江声。过尽愁人处，烟花是锦城。"又如杜甫的《五盘》："五盘虽云险，山色佳有余。仰凌栈道细，俯映江木疏。"

在唐代的交通中，陆路重要，水路也一样重要。在唐人的语境里，水路又多被称为官河。此外，还有水道、海路、海道、漕渠等说法。在隋代时期由隋炀帝开凿的南起余杭，北至涿郡，沟通南北的京杭大运河，到了唐代也是当时十分重要的一条水路。水道两岸皆有御道，道旁则绿树成荫，时人亦称大运河为御河。入唐以后，官府又陆续开凿了新的水路，仅是《新唐书·地理志》的记载，就多达20多处。水路便成了唐代不可或缺的道路类型。由于水路的重要性，桥梁也变成了唐时一种重要的道路设施。从建桥材料来分，唐时的桥大概有木桥、石桥、藤桥、竹桥等。还有一种特殊的桥叫作浮桥。所谓浮桥，就是用船当作桥墩而造成的桥梁，所以也称舟桥。

一般来说，浮桥还算比较结实。但也偶有局限，当春雨绵绵，降水量变大，河水流速进而增快的时候，或是当冬季河面结冰的时候，作为桥墩支撑的船就容易被撞破。唐代全国级别的大桥营造，由尚书省工部四司之一的水部司主持，有时会设立专门的桥道使来负责。地方官府级别的桥梁营建，自然就由地方官府自行负责，其造桥的资金是通过征收桥道钱或地方乡绅赞助的方式来收集。对于所辖行政区内的桥梁，地方官府必须维护完善，否则会受到惩罚，严重者甚至可能要被判死罪。柳中庸在《河阳桥送别》一诗中咏道："黄河流出有浮桥，晋国归人此路遥。"刘希夷在《洛中晴月送殷四入关》一诗中也写道："清洛浮桥南渡头，天晶万里散华洲。"杨师道的《阙题》中也有"汉家伊洛九重城，御路浮桥万里平"的字句。由此看来，浮桥在唐人诗中出镜率也不低。

当时比较著名的桥有京兆府的灞桥、天津桥、蒲津桥等。其中，灞桥又叫灞陵桥，在长安东灞水之上，别号销魂桥，得名原因在于人们出京送行到此常有折柳送别之意。黄滔《遇罗员外衮》一诗曰："灞陵桥外驻征辕，此一分飞十六年。"赵璜《六月》一诗云："倾国三年别，烟霞一路遥。行人断消息，更上灞陵桥。"刘禹锡在《请告东归发灞桥却寄诸僚友》一诗中写道："征徒出灞涘，回首伤如何。故人云雨散，满目山川多。"伤别之意，跃然纸上。

天津桥又叫"洛桥""津桥"，架设在东都洛阳南面，隋代始建。"天津"之名，是由于建造桥梁后，和贯通京师的洛水相映成趣，俨然有天汉津梁的气象，故名之为"天津"。隋末为战火所毁，唐初又重新修缮。隋时天津桥本为浮桥，唐重修的时候改为石础桥。张九龄有《天津桥赐宴》一诗，其曰："清洛象天河，东流形势多。"而蒲津桥则更是当时著名的浮桥，号称天下第一大浮桥。李商隐在《奉同诸公题河中任中丞新创河亭四韵之作》中曰："左右名山穷远目，东西大道锁轻舟。独留巧思传千古，长与蒲津作胜游。"对蒲津桥作了高度的评价。

此外，还有一种为了百官上朝入衙的时候方便车马通行的特殊道路，这种道路名为"沙堤"。而之所以叫"沙堤"，是因为这种道路是用沙子铺成的，是一条路面中间或两旁够一轨行车的甬道。古时候的道路铺建技术没有今日这么发达，多是泥路，唐时长安自难例外。也正因为如此，一旦下起雨来，道路就会变得十分泥泞，无论是行人或是车马，行走起来都十分困难。朝廷为了让高官们能在雨天方便上朝，所以建了"沙堤"这样的道路，相当于给他们开了"绿灯"。不仅如此，在首都长安中通往皇城及宫城的一些主要街道，也会铺上沙堤甬道。看来雨天泥泞的道路，尊贵的皇帝也是会吃不消的。除了雨天方便权贵们行走这一功能外，沙堤还有尊崇宰相的功能。根据传世文献的记载，在拜相的时候，府县官员需要征集百姓民夫运输沙子来填路，要从宰相家一直填到子城东街上朝的地方为止。白居易在《官牛》一诗中讽刺道：

> 官牛官牛驾官车，浐水岸边驱载沙。
>
> 一石沙，几斤重？朝载暮载将何用？
>
> 载向五门官道西，绿槐阴下铺沙堤。
>
> 昨来新拜右丞相，恐怕泥涂污马蹄。
>
> 右丞相，马蹄踏沙虽净洁，牛领牵车欲流血。
>
> 右丞相，但能济人治国调阴阳，官车领穿亦无妨。

诗中不仅极尽辛辣讽刺的手笔，还将铺设沙堤的一些情况描述了出来，比如铺设沙堤的沙子，都是用官牛官车从东郊浐河中载运过来的。而百姓民夫辛辛苦苦从浐水岸边运沙建设沙堤，只为了不让宰相的马蹄被污泥弄脏。

以上所谈，大致是唐代时候道路的主干线，除此以外还有一些较为重要的道路。比如唐廷为满足与少数民族地区和国家沟通需要而开辟的道路，根据《新唐书》的记载，这样的道路主要有7条："一曰营州入安东道，二曰登州海行入高丽、渤海道，三曰夏州、塞外通大同、云中道，四曰中受降城入回纥道，五曰安西入西域道，六曰安南通天竺道，七曰广州通海夷道。"而实际上除了这7条道以外，还有一条从长安到吐蕃的吐蕃道和一条从长安到南诏的南诏道。这样一来，不仅是中原王朝内部的道路以都城为核心得到贯通，就连中原王朝和周边少数民族地区和国家之间也建立起了交通的动脉，从某种意义上说，做到了"天下一家"。

二、出游工具

有唐一代的道路既然可以大体分为陆路和水路，那相应地，出游工具也可以大致分为两种，即陆上出游工具和水上出游工具。其中，陆上出游工具主要是车、马、牛和驴，水上出游工具主要是舟船。在唐代，车的用途主要有两种：一是典礼仪式用车，二是日常出行用车。所谓典礼仪式用车，指的是一些仪礼场合如祭祀、巡狩、畋猎、纳后等，根据礼法规定需要用到的不同规格的车。譬如天子的辂车，计有玉辂、金辂、象辂、革辂和木辂 5 种。这些辂车在形制上大体一致，主要是在颜色、纹饰以及装潢上有所差别。苗仲方在《仲秋太常寺观公辂车拜陵》中描述过辂车举行仪礼时的场景："南宫初开律，金风已戒凉。拜陵将展敬，车辂俨成行。士庶观祠礼，公卿习旧章。郊原佳气引，园寝瑞烟长。卤簿辞丹阙，威仪列太常。圣心何所寄，惟德在无忘。"

总体而言，这些辂车皆是按照礼制的规定所制作和使用的，所以和前代差别不大，循故遵旧而已。辂车一共驾 6 匹马，并且 6 匹马的颜色还不一样。还有其他礼制类用车，用于耕藉、巡行、拜陵等礼仪活动，如安车，驾 4 匹马；耕更车，驾 6 匹马；四望车，驾一头牛。根据唐文献的记载，皇家所用，除了这 4 种车以外，还有其他名目，如指南车、记里鼓车、轩车、豹尾车、黄钺车、白鹭车、鸾旗车、辟恶车等。这些名目繁多的"御车"，除仪礼大典时拿出来使用外，平日基本都安详地躺在仓库里。

辂车似乎只是华而不实，或是各种繁文缛节实在是难以忍受，所以似乎作为享用者的唐高宗、唐玄宗都不太喜欢乘坐。甚至在唐玄宗以后，辂车已经变成摆在仓库内充数的滥竽而已，不再是礼制常用车了。除了皇帝，皇后、皇太子和百官也有自己相应规格的礼制车辆。皇后用车共有 6 等，分别为重翟、厌翟、翟车、安车、四望车、金根车。皇太子的用车则有金辂、轺车、四望车 3 种。

由于百官臣僚之间的礼制也有差异，所以因官员的品级不同而相应地给予不一样规格的辂车使用，如一品者用象辂，二品和三品者用革辂，四品者用木辂，五品者用轺车。至于日常出行用车，在形制上则通常是轺车或辎车，轺车实际上是以马所驾之车。以上所述的这类车都是礼仪用车，规格虽高，但由于用途单一，所以也不过如此。至于日常用车，若以用途来区分，则有轩车、库车、斋车、辒车、柩车、丧车、软车、奚车、山车、露车、卧车、钿车、辎车、宝车、金装车、拜扫车、画戟车等。其中，奚车是由契丹传入的。辎车和钿车则是妇女所坐的车。实际上，这三种车都是牛车。

旧时用车，并没有今日的马达技术，行车动力无非人力或畜力，畜力多用马、牛、驴三种牲畜。其中，牛车又称为"犊车"，则多为贵妇如公主、郡主、县主等所用，常用于册拜、婚嫁等礼仪之事。在百官上任的时候，官府也会提供牛车供陪同即将上任官员的家属乘坐，同时用于装载行李。此外，牛车还被用于运输，上一节提到的白居易所写的讽刺沙堤的诗《官牛》讲的就是用牛车运输沙子，由于是官家使用，故又称"官牛"。白居易另一首脍炙人口的名作《卖炭翁》也描绘到了低层百姓使用牛车拉炭的场景：

卖炭翁，伐薪烧炭南山中。

满面尘灰烟火色，两鬓苍苍十指黑。

卖炭得钱何所营？身上衣裳口中食。

可怜身上衣正单，心忧炭贱愿天寒。

夜来城外一尺雪，晓驾炭车辗冰辙。

牛困人饥日已高，市南门外泥中歇。

翩翩两骑来是谁？黄衣使者白衫儿。

手把文书口称敕，回车叱牛牵向北。

一车炭，千余斤，宫使驱将惜不得。

半匹红纱一丈绫，系向牛头充炭直。

卖炭翁顶着大雪，用牛车拉炭来卖。牛困人饥的同时，还要遭受来自官府的压迫。从白居易的这首诗，我们看到作者对现实社会无情揭露的同时，还能感受到牛车与百姓生活的紧密关联。对这个卖炭翁而言，牛车已经成为他维持生计必不可少的一部分了。一叶而知秋，见微而知著，可以推想对于广大贫苦百姓，亦必如是。

唐代也有人力车夫，但不是拉车的人力车夫，而是抬"车"的人力车夫。所谓抬"车"，也就是俗称的抬轿子，这是一种没有车轮的"车"。由于是人借助肩膀使力从而让"车"产生位移，所以这种"车"，在当时被称为"肩舆"。类似的，使用人力来抬举或者扛举的出行工具，还有辇、担子等。在唐代还设有尚辇局，以此来掌管皇帝所乘的辇与舆。

根据唐代文献记载，皇帝乘用的辇分7种，舆分3种。7种辇分别是：大风辇、大芳辇、仙游辇、小轻辇、芳亭辇、大玉辇、小玉辇。3种舆分别是：五色舆、常平舆、腰舆。岑羲有《奉和九月九日登慈恩寺浮屠应制》一诗："宝台耸天外，玉辇步云端。"
又沈佺期有《奉和春初幸太平公主南庄应制》："主家山第早春
归，御辇春游绕翠微。"吴融在《华清宫》中吟咏道："中原无鹿
海无波，凤辇鸾旗出幸多。"再就是苏颋的《扈从鄠杜间奉呈刑部
尚书舅崔黄门马常侍》："翠辇红旗出帝京，长杨鄠杜昔知名。"不
是"玉辇"就是"御辇"，不是"御辇"就是"凤辇"，不是"凤
辇"就是"翠辇"，总而言之都是华贵之词，可见其与权贵之紧密
关联。

　　除了皇帝，通常只有年老体弱的高官大臣及其眷属才能够享
用肩舆，寻常人是禁止乘坐肩舆的，这凸显了乘肩舆的礼制作用。
相比于牲畜拉的车子，这种肩舆有个好处便是坐在舆上的人颠簸
感较小，坐起来感觉十分舒适，这是使用了锦绣茵褥作坐垫的缘
故，所以这一类的肩舆又称锦舆、软舆或软舁。如前所说，这种
没有轮子的"车"被称为肩舆，由于它通过人力抬举来代替步行，
所以也可以称其为步舆，以与车舆相区别。又因为这种舆的形状
像檐，所以有时又称其为檐或檐子。

　　实际上，舆根据其制作材料的不同，还能进一步细分为板
舆、竹舆、篮舆、藤舆等。还有一种舆叫腰舆，指的是让夫役抬
到跟腰齐平的舆，前面提到的皇帝"七辇三舆"中的"三舆"即
有腰舆。板舆，则是多用于年老大臣或民间的高龄人。竹舆，顾

名思义，指的是用竹制作的舆。篮舆，有的时候也写作"蓝舆"，其实只是轿子的一种。

此外，还有一种较为特别的便轿，只有座位但是没有轿厢，于是又称为便舆或者兜子。有时又因为这种便轿用织锦制作而成，所以也称其为彩舆或锦兜。当然了，这些都是权贵者才有福享用的。民间所行用的兜子又称为兜笼，在制作上比前面讲到的舆更为简单。舆作为时人常用的一种出行工具，在唐诗中也是一个常客。如李白在《东武吟》一诗中写道："乘舆拥翠盖，扈从金城东。宝马丽绝景，锦衣入新丰。"罗隐《帝幸蜀》一诗中也有："马嵬山色翠依依，又见銮舆幸蜀归。泉下阿蛮应有语，这回休更怨杨妃。"王维在《酬严少尹徐舍人见过不遇》中也写道："偶值乘篮舆，非关避白衣。"

由于在唐代，对车的使用十分广泛，唐人的诗中也屡见不鲜。如王维在《洛阳女儿行》一诗中说道："罗帏送上七香车，宝扇迎归九华帐。"又如曹邺于《代谢玄晖新亭送范零陵》一诗中咏道："车轮自不在，何必怨路歧。"李商隐的《乐游原》也有"向晚意不适，驱车登古原"的描述。也正由于车的广泛使用，社会上兴起了租车业，当时把这种租车的行当称为雇车或者雇车牛。就连官府也"亲自下场"，参与其中，官府也常向私人租车以缓解巨大的运输压力。甚至在当时，还出现了专门以车为人服务的人，这些人被称作车家、车子或车者。车的使用既然如此广泛，那相应地，就会出现需要停车场的需求。于是产生了车坊，车坊即用以存放车辆的场所，车坊又有官府车坊和私人车坊之分。从中央到地方官府，皆设置有车坊，用以存放官车。有条件的人家会运营自己的私人车坊，其用途主要在于出赁，以此获利。

除了用牲畜来拉车出游外，当时也比较流行直接以这些牲畜作为交通工具来出游。乘车和乘骑虽然是当时最为基本的出游方式，但二者之间仍然蕴含着一种尊卑贵贱的观念。在早些时候，从先秦至秦汉，社会上流行的礼法观念是以乘车者为尊贵，以乘骑者为轻卑。到后来，游牧出身的少数民族曾一度入主中原，开创了南北朝的历史。受到游牧习俗的影响，这种"乘车者尊，乘骑者卑"的观念便得到了改观。承袭北朝而统一中国的隋朝便把这逆转后的礼法观念继承了下来，之后唐又承隋制，继续沿袭改观后的"车骑礼法"观念。

除了举行各种典礼仪式需要按礼制乘车外，平时百官出行入朝，也已经是以骑马为主了。甚至可以说，唐代形成了一种"骑乘之风"，至于妇人，也喜以骑马的形象出现在世人面前。如张祐《虢国夫人》一诗曰："虢国夫人承主恩，平明骑马入宫门。却嫌脂粉污颜色，淡扫蛾眉朝至尊。"又如白居易《代卖薪女赠诸妓》一诗云："乱蓬我鬓布为巾，晓踏寒山自负薪。一种钱塘江畔女，着红骑马是何人。"

在唐代，朝廷对骑马在身份和等级上有着限制性规定。比如说，按规定，只有王公百官或是权贵子弟才有骑马的资格，天下寒士则只能骑驴、牛、骡等牲畜。虽说如此，马也还是成为一些有条件的文人骚客行旅中不可或缺的伴侣。孟浩然在《夕次蔡阳馆》一诗中写道："日暮马行疾，城荒人住稀。听歌知近楚，投馆忽如归。"李白在《白田马上闻莺》一诗中吟道："蚕老客未归，白田已缫丝。驱马又前去，扪心空自悲。"而一般平民，或工或商，或屠或贩以及奴仆，还有因犯罪被流放贬斥的官吏，都是被禁止乘骑的。

这种骑乘观念的形成，除了有礼法因素和政治因素作用影响外，其实还有经济因素的影响。由于中原王朝以农耕立国，且受地理条件影响的缘故，使得畜牧业发展颇为不便，马匹生产基本上是长期处于供不应求的状态。加上偶尔战争的需要，朝廷对马匹的需求量会变大，甚至一度要求百官按品阶出马以供应军队。而朝廷又限制民间养马，规定民间不允许私自畜养。基于种种原因，使得马匹的价格十分昂贵，因而自然也就只有富贵权势人家才用得起，对于一些质量比较上乘的马匹更是如此。白居易在《轻肥》一诗中便展露了骑马与财富地位的关系：

意气骄满路，鞍马光照尘。

借问何为者，人称是内臣。

朱绂皆大夫，紫绶或将军。

夸赴军中宴，走马去如云。

于是骑马在有的时候也就成了夸耀自己身份地位的手段，犹如今日之高档汽车与高档手表。由于骑马之风的盛行，当时还出现了一些与马有关的机构设施，比如马肆、马坊、马社等。马肆，即马的市肆，是买卖马匹的地方，马坊是养马的地方，马社则是为保证马匹顺利供应的民间组织。不惟人分三六九等，就连马也分上中下品。

在当时，马的名目大致有：蜀马、矮马、细马、胡马、草马、打球马、果下马、厅子马、筋脚马、鸣珂马、打毬马、䍠䍚马、款段马等。果下马只有羊一样大小，用于拉羊车。所谓款段马，也便是低等马。说到唐代的马，就不能不提当时的名马。唐代的名马，居首位者当然要数唐太宗的"六骏"，现在昭陵的石刻即是"六骏"，今日仍可一睹其威风。这6匹骏马，名字分别是"拳毛䯄""什伐赤""白蹄乌""特勒骠""青骓""飒露紫"。除了"六骏"，还有郭子仪的九花虬也颇为闻名。

位于百官底层的官吏或是清贫士人，只能够消费得起劣质马，甚至只能以牛或驴来代替马匹作为代步工具。在唐诗盛行的年代，诗中最能反映时人的观念和心态了。韩愈在《孟生诗》中表达过这种境遇："作诗三百首，窅默咸池音。骑驴到京国，欲和熏风琴。"穷愁潦倒一生的杜甫更是"常与驴伴"，他在《奉赠韦左丞丈二十二韵》中说道："此意竟萧条，行歌非隐沦。骑驴三十载，旅食京华春。"在《逼仄行赠毕曜》中他还叹道："东家蹇驴许借我，泥滑不敢骑朝天。"可见，骑驴在一般士人看来，是困塞时的无奈之选，当时还把驴称为劣乘。

驴似乎还是比马要低一等，理由大概在于其在市场上卖得比马便宜得多，也就是"低贱"得多。李白甚至在《答王十二寒夜独酌有怀》一诗中，用驴来比喻小人："骅骝拳跼不能食，蹇驴得志鸣春风。"许多士子梦想的其实还是孟郊在《登科后》中表达的那种纵马驰骋的快感："昔日龌龊不足夸，今朝放荡思无涯。春风得意马蹄疾，一日看尽长安花。"喜欢的还是王建在《长安春游》里描绘的马上闲适："骑马傍闲坊，新衣着雨香。桃花红粉醉，柳树白云狂。"

于是，骑马还是骑驴，俨然成为一条区分贫富贵贱的分界线，但也有不与时顺逆的高傲士人偏要骑驴。这种豁达之士或本非穷困之人，却敢于不随时俗而主动骑驴，以此展现自己的清高。或虽困窘，但不以为意，泰然自若。如唐彦谦《忆孟浩然》：

"郊外凌兢西复东，雪晴驴背兴无穷。句搜明月梨花内，趣入春风柳絮中。"

驴在世人的眼里虽然地位不堪，但好歹也是牲畜中的"劳动力"，在实用思维的促使下，在需要使用的时候，该用还得用。马有官马，驴亦有官驴。在官员赴任的时候，唐廷除了会赐予车马，还会赐驴。毫无例外，所赐数量也是依据官员的品级而定，一品给 15 头，二品给 10 头，然后逐次递减，直到最小的品级九品给 2 头。有需求的地方就有市场，因而在民间还兴起了雇驴借驴的买卖。当时对做这些买卖的专业户，叫赁驴小儿。

此外，驴还和牛一样，在一些场合承担着负重运输的任务。在唐代，各州每年上供给中央的租庸杂物，除了用马用牛运输，还有第三大畜力便是驴。除了骑马、骑牛、骑驴以外，唐代人用作交通工具的牲畜还有骡、骆驼、象等，骡子和骆驼有时甚至亦被用以搬运粮草等物资，搬运物资的骡子被称为骡纲。骑骆驼主要是在西北地区，尤其是沙漠地貌的区域。而骑象主要是在南方，尤其是云南地区。

以上是陆路的交通工具，在水路中则基本都是使用舟船作为出行工具。若以原料来分，则有木船、竹船、皮船、竹木筏等。若以船的形式来分，则可以分为海船、篷船、小舫、大舸、画舸、舶船、轮船、楼船、小斛底船、蚱蜢舟等。若以功能来分，则有米船、盐船、饷船、漕船、粮船、租船、转运船等。若以游乐为旨归，则有龙凤船、行酒船、彩舫、竞渡船、采花船等。唐时舟船的航行，基本还是需要挂帆依靠风力来行驶。对于水路的航行生活，唐诗也多有记载。如李白《行路难》一诗曰："闲来垂钓碧溪上，忽复乘舟梦日边。行路难，行路难，多歧路，今安在？长风破浪会有时，直挂云帆济沧海。"又如齐己《送东林寺睦公往吴国》一诗云："八月江行好，风帆日夜飘。烟霞经北固，禾黍过南朝。"

由于水路运输和频繁出行的需要，唐代造船业随之发展起来，航行的技术与能力相较前代而言也有所提高。白居易在《盐商妇》一诗中说："南北东西不失家，风水为乡船作宅。"诗的主旨虽然在说商人四海为家的漂泊生活，但这一句却也透露出当时的船能够"作宅"来使用了，由此亦可见造船技术所达到的程度。

有唐一代，不仅内陆的水路开发颇盛，连对外的海外交通的发展也是一片繁荣。沿海城市的港口，往来于海内外的商船俯拾即是，尤其是在广州。海外所来船舶，有如西南夷舶、海道商舶、狮子国舶、西域舶、昆仑舶、波斯舶、南海舶、番舶、蛮舶等名号。也由于在广州海港这些海外船舶众多，所以唐代特设市舶使于广州以管理外国人及外舶，同时进行抽税。对于这些番舶，刘禹锡在其《南海马大夫远示著述兼酬拙诗》一诗中也有咏及："连天浪静长鲸息，映日帆多宝舶来。"

在唐大历、贞元年间，即唐代宗和唐德宗年间，出现了一种名为"俞大娘航船"的商船，流行于江西、淮南之间。这种船十分大，船上可辟街巷，可以在上面开园圃种花果和蔬菜，单是船工就有几百人之多。甚至连船员及其家属的婚姻嫁娶、养生送终都能在船上完成，这和前面提到的"船作宅"是一致的。杜甫在《夔州歌十绝句》中说："蜀麻吴盐自古通，万斛之舟行若风。长年三老长歌里，白昼摊钱高浪中。"

船也分公船和私船，公船即官船。和牛、驴、车一样，在船方面也出现了相应的雇借行业，当时称为雇船、赁船、佣船、僦船等。由于航行技术的时代局限，唐人在大海上航行还是会遭遇各种困难和不测。李白写给他误以为已经遭遇海难的阿倍仲麻吕的诗《哭晁衡》便能表现这一点："日本晁卿辞帝都，征帆一片绕蓬壶。明月不归沉碧海，白云愁色满苍梧。"

三、出行习礼

所谓"刑不上大夫，礼不下庶人"，说的其实只是早期中国的情况。当儒家学说作为意识形态被统治阶级确立以后，儒家的一些礼节便也用来规范民间，于是便形成了"在上有其礼，在下有其仪"的格局，无怪乎中国有礼仪之邦的说法。作为常说的"衣食住行"中的"行"，也在长期的社会发展中形成了一套习礼。

　　熟知古装剧的朋友们都看到过，每当皇帝出行，都会前拥后簇，一大批人马结伴而行。结伴人群通常有后宫、宦官、百官以及仪仗队。当时的仪仗队，又称为卤簿。卤本指用以抵御敌人的大盾，在此则是指卫士们执仗护卫皇帝众人安全，簿指将出行时文武百官和仪仗队伍排列的先后次序登记在册簿，故合称"卤簿"，以代称带有各种兵器的仪仗队，其作用是保卫以皇帝为核心的众人安全的同时，制造出威仪的气氛。同时，因其能够为核心人员出行开道，能够起到警跸的效果，所以又将这些执掌仪仗的人员称为导从。

　　皇帝的出行仪仗共有三种：大驾、法驾以及小驾，所谓"大驾光临"，说不定就是来源于此。由于礼制十分复杂，连文献记载也各有歧异，这里择要介绍一下唐代的大驾。

　　首先是所在地区长官组成的导驾队伍（由于是在京城，所以是京兆府官员导驾，在地方则以此类推）；接着是由金吾卫组成的清游队、朱雀队等，人数在 100 来人，分列左右，打着白泽旗、朱雀旗等；然后是指南车、记里鼓车等，这都是皇帝的礼制用车，各有 4 匹马驾；而后是前部鼓吹，即乐队，有鼓等乐器；

接着是左右武卫、左右卫的队伍，有数百骑，打着青龙旗、白虎旗；再接着是供奉官的队伍，如通事舍人、黄门侍郎等职；然后是左右骁卫等率领的翊卫，有上百骑；之后才是乘坐玉辂的皇帝本人；接着是千牛将军等组成的护卫队；然后是孔雀扇等，有数十面；接着是后部鼓吹，也是乐队，相对于前部鼓吹而言；再是皇帝五辂中的其他四辂，即金辂、象辂、革辂和木辂以及各种属车、副车；接着是黄麾仗和侍卫马队；最后是玄武队及牙门。可以看到，这样下来，出行队伍有多庞大了。

自汉代以后，由皇帝而下，太子、后宫、大臣都可依照礼制享有相应等级的卤簿。唐代规定，四品以上的官员以及官员的外命妇出行、五品的京官举行婚礼或是葬礼以及三品官的子孙举办婚事，都能享用卤簿。外命妇，指的是得到朝廷正式册命的妇女，多为官员的母亲或妻子，即通常所说的"诰命夫人"。规定这些官员和外命妇能够享用卤簿导从就意味着他们的显赫地位得到了朝廷的确认。地位之相对高低，可从卤簿规模窥见一斑。百官的卤簿主要用于他们在京城拜官赴任、元日朝会、婚礼葬礼等时候。百官的平日出行，唐朝的法令对随从的数量以及鞍马的等级作了规定，如一品职事官随从 7 人，二品及中书门下长官随从 5 人等。

随着政治局势的变动，这些展现威仪的礼仪规定就会发生变化，特别是到了唐末，随着节度使和藩镇势力的政治影响不断扩大，这些尚虚的东西更不会死板地对着制度的规定照本宣科了。在这个时候，卤簿的使用只会更加复杂而多变。卤簿在唐诗中也不新鲜，时常能见，如温庭筠在《题西平王旧赐屏风》一诗中描写到卤簿："朱鹭已随新卤簿，黄鹂犹湿旧池台。"皎然《从军行》也写道："红尘驱卤簿，白羽拥嫖姚。"王建《宫词》也写到拜陵时候的卤簿："拜陵日近公卿发，卤簿分头入太常。"

百官出行，有一重要活动，便是上朝。大明宫南边的建福门和望仙门处有下马桥，上朝的官员们到此就要下马步行。朝廷规定，不许骑马进入禁中或是乘肩舆上殿，除非另降诏旨，特准某位大臣享有特权。在进入禁中后，要快步上殿或是入阁。唐以前即如此，所以在有的时候尊崇某位重臣时，会特地下诏准许"入朝不趋"。这个时候的快步走，有点类似于我们今天某些场合需要小跑。

除了上朝，赴官就任也是百官的一大出行活动。朝廷规定，官员们赴任收拾行李是有期限规定的，若到了期限还没赴任，是要处以笞刑的。尤其是被贬出京的官员，更是要求接受命令之后要马上离开京城去赴任。本来，在隋代的时候，曾对官员赴任时家属随从问题作出了严格的限制，到了唐代，似乎没有把这种限制继承下来，反倒是留下了不少妻子随丈夫赴任的记载，但相比之下，父母跟随儿子赴任的记载却很少。此外，朝廷禁止官员擅自出界或是入朝。所谓"出界"，指的是离开自己所管辖的行政范围，这显系针对地方官员而言的。

以帝王为核心的权贵高层，他们出行，必先派人清道，驱赶所行路线上的闲杂人等，以保证道路通畅及出行安全。这一点我们并不陌生，今日之领导出行，虽不至此般折腾，但提前打声招呼这一点，不得不说还是保有了往日遗韵。既然卤簿导从的出行，象征着一定的威仪，那么在其出行时，就有相应的礼制规定，其主要精神是为尊者避让。如平头百姓看到出行官员的卤簿导从，必须尽快回避，若不及时回避，冲撞了导从人马，就会被侍从捉拿，并严厉惩处冲撞者。即使是官员，若某官品级比出行者品级低，那么也要给其让道，或是敛马侧立，或是下马，以示敬意。官大一级压死人，所言甚是。

实际上，本来并没有百姓回避官员的制度规定，只是由于低级官员遇到高级官员纷纷改走他路以示回避，所谓上行下效，百姓也效仿其后。当习以为常后，便成了一种定例。当然官员之间也有可以不回避的例外，比如执掌弹劾百官的御史台官员和执掌讽谏的供奉官可以对除了宰相以外的高级官员不回避。不过，总体而言，有这样尊卑贵贱的观念存在着，难怪当时会打造出一个官本位的社会了，也更能理解当时士人宁愿悬梁刺股，宁愿寒窗苦读十年，也要努力中举的心境了。为官作威作福如此，"范进中举"这一故事显得更加凄凉。这种回避制度，一直延续到清代。到了清代礼法松弛，百姓遇见官员才不再需要回避。若是平级的官员相互遇见，则只需在马上横鞭作揖即可。诸如此类规定，都详细记载在唐朝典章文献《唐六典》当中。

关于出行，还有其他的一些规定。由于实行和持续的时间不一，故杂而述之。譬如唐律规定，不允许在城内无故跑车马，否则就要受笞刑。若有紧急公事，或者是其他必要的情况，在城内才允许跑车马。这样规定，大概是为了减少交通事故的出现，若不限制跑马，则在当时没有交通信号灯的情况下很容易引发事故，"撞个满怀"。当下还会对在城内的车速作出限制，更何况以前没有交通信号灯，所以就更容易出交通事故了。

前面几节谈到，在要道会设置关卡或津渡，以此来审查进出来往人员以及征收商税。要想顺利通过关卡、津渡，必须将随身携带的公牒交由工作人员检查，以此证明自己的身份地位和出行缘由。倘若没有公牒作为证明，便禁止过关。唐律规定，若偷渡过关，一旦被查获，就要受到"徒一年"的处罚。所谓公牒，指的就是公文。按《唐律疏议》的解释，公文包括驿使的传符纸券，传送时的递牒，军防、丁夫的总历等。这些名目，其实都是公牒在不同场合的不同称呼而已。

百姓过关津，则需要"过所"。所谓过所，即当时的通行证，类似于今日的港澳通行证之类的过关证明。其申请过程十分烦琐：

先向本县、本州的有关部门呈递文书进行申请，文书上必须写明申请者姓名、年龄、外貌描述、出行缘由、出行目的地、行程路线、计划往返时间、随行人员以及携带物件等内容。然后找担保人列名具保，保证申请所写诸内容属实。县一级的官员收到申请文书后审核，审查无误后由县令、尉签署，接着再向其上级州府申牒请颁过所。到了州府一级再进行一次审核，符合过所发放规定后，再让府史拟定两份过所，由户曹参军主判、录事参军勾检盖印。两份过所，一份给申请人用于过关，一份存档备案。其对流动人口控制之严于此可见一斑，反映了专制社会的特质。至于当时的外国人，他们要进入中国，亦需要申请过所，外国人的过所由尚书省司门司负责发放，这便相当于当时的签证了。

唐代立法对过关渡津管理严格已如上述，它连人们在道路上的行走也要设立制度进行规定。以前强调男女有别，所以规定在行走时，男右女左，车马行走在道路中间。若经由城门出入，则是左进右出，中间依然是车道。当时的城门有开放时间和关闭时间的规定，并非 24 小时都开放。唐代城市还实行严格的里坊制度与宵禁制度，所以除了限制出入的城门外，还有坊门的限制。为了让百姓及时知道城门和坊门的开放及关闭情况，官府在城市中设置了街鼓，当时俗称为"冬冬鼓"，以此来给城中百姓传递消息：在清晨的时候敲鼓，则开放城门及坊门，是为开门鼓；入夜的时候敲鼓，则表示城门和坊门要关闭了，是为闭门鼓。若在闭门鼓敲响和实行宵禁之后，仍在外游荡不归、无所事事，被巡逻的街卒发现，就要被抓起来进行处罚。人们若有急事需要夜行，则必须事先征得有关部门许可，发放公牒，才能免于事后追究。值得一提的是，早上鼓响时刻，一般来说，也是上朝的时候。张籍在《早朝寄白舍人、严郎中》一诗中述说道：

> 鼓声初动未闻鸡，羸马街中踏冻泥。
> 烛暗有时冲石柱，雪深无处认沙堤。
> 常参班里人犹少，待漏房前月欲西。
> 凤阙星郎离去远，阁门开日入还齐。

鼓声响起的时候，都还没听到公鸡开始打鸣，早朝之"早"，由此亦见。

这样严格的规定固然有保证夜间社会安全、防止犯罪事件发生的考虑，但同时亦不乏掌握城中人员夜间流动，方便管理的考量。据此尤能见开放大度的唐帝国的另一面，这是专制社会的特质使然。虽说初衷如此，但终究是事不由人，客观世界的发展是不以人的主观意志为转移的。随着城市经济的发展，严格的坊里制度已经很难再适应社会发展的进程，于是逐渐松弛乃至瓦解。薛逢有《醉春风》一诗，里面写道："洛阳风俗不禁街，骑马夜归香满怀。"薛逢已是晚唐时人，此诗可见当时宵禁的松弛状况。

李白在《黄鹤楼送孟浩然之广陵》一诗中咏道："故人西辞黄鹤楼，烟花三月下扬州。孤帆远影碧空尽，唯见长江天际流。"唐代有大量送别诗，诸如此类，不一而足。亲友远行，设宴饯别，已成当时一大习俗。时人对于出行时间有一套讲究，认为出行须选择吉月祥日而避开凶月险日，否则会有灾祸临头。远行前还要择一佳期吉日，祭拜祖先神灵，祈求得到保佑，一路平安。临行前尊长会叮嘱一番路途上的注意事项，教以人生处事经验。设酒宴饯别，在唐文人阶层中更是一大风尚。诗和酒从来都是相伴而生，觥筹交错之余，文人雅致大兴，多作诗酬送以表心意，前引王维诗作即是一例。

常言道，秦法严密，秦亡的一个重要原因是统治技术赶不上这样事无巨细都进行规定的法令，故二世而亡。虽说唐律不是直接承袭秦律，但"百代皆行秦政"，其严密掌控社会的法家精神是延续的。这种"掌握一切"的法家精神，我们可以从唐律中一些在我们今日看来非常匪夷所思的规定中看出来。号称海纳百川、开放包容的唐帝国都难避专制的毒害，从出行礼俗的点点滴滴，我们便可管中窥豹。

第五章

阀阅遗风：婚姻与唐代生活

　　婚姻一事，古人奉行"父母之命，媒妁之言"，子女婚约之事多由父母决定。父母长辈为子女小辈缔结婚约时，多讲求门当户对，要求对方的声誉、地位等与己方旗鼓相当。或是萍水相逢中的惊鸿一瞥，一见钟情，又或是两小无猜，青梅竹马，男女双方的婚事都必须由父母或长辈根据门第来定夺。而唐代却稍有不同。作为中国封建社会发展的重要变革时期，李唐"前期结束南北朝相承之旧局面，后期开启赵宋以降之新局面"，于社会文化诸多方面呈现出包容与发展并存之势。婚姻作为其社会生活的重要组成部分，也经历了一定的转变。

一、婚姻观念

婚姻，是指男女结合成为夫妻。女子出嫁，男子娶妻，二人结为夫妇，即成婚姻。古时，婚姻也称昏因，或昏姻。昏是指男子在黄昏之时迎娶新妇。因，通姻，《说文解字》中这样解释："姻，婿家也，女之所因，故曰姻。"即指女子成婚以后所依靠的夫家。不妨想象：黄昏时分，夕阳余晖透过云彩将天边染上一层胭脂红，似粉似紫，烂漫美丽。素日整洁静谧的小院里传来阵阵笑语，众人玩笑打闹却不失分寸秩序，那位清丽可人的新嫁娘正微微端坐，怀着期待与忐忑等着自己未来的郎君前来迎娶。那公子清朗爽举，满怀喜悦，踏着绚烂的晚霞去迎接自己未来的新妇。佳偶天成，喜气洋洋。

唐代婚姻制度实行一夫一妻制，兼及一妻多妾制。一位男子只能娶一位妻子，但可以有多个红颜知己相伴。李唐前期，男女嫁娶流行"门第观"，父母长辈十分看重对方家族的社会名望与地位。"婚姻看门第是一种习俗，也是一个传统，而习俗正是传统的积淀。"唐代这种门第婚姻继承前代，与门阀士族的形成与发展密切相关。门阀士族，是以宗法为纽带而形成的封建贵族特权集团，萌芽于东汉，形成于魏晋之际，至东晋发展鼎盛。

东汉时期，世家大族兴起，他们通过察举（中央或者地方官员根据道德、品行等标准向中央推荐人才，被推荐之人经过试用考核后才可任命官职）、征辟（朝廷征召有名望的人士担任官员）等选官制度进入统治阶级，获取政治权力，并占有大量土地，拥有私人武装。

三国曹魏时期，世家大族继续通过操纵乡间舆论来控制察举制度，掌控政治权力。魏文帝曹丕想要澄清吏治，有所作为，也不愿失去世家大族的支持，便在陈群的建议下推行九品中正制，设置中正官评选人才，并将家世门第纳入选拔人才的标准。中正官根据品行才能及家世为所选之人定品，共九品。后来，中正官被世家大族把持，评选人才也只以门第为首，"上品无寒门，下品无世族"，世家大族累世公卿、代代为官的现象屡见不鲜。

西晋时期，官府推行占田制。占田制下，官品越高，所占土地越多，贵族官僚自身及庇护之人还可享有免役、免赋等经济特权。曹魏"九品中正制"使得世家大族获取政治特权，西晋"占田制"保证了他们的经济特权，门阀士族由此形成。

魏晋南北朝时期，社会动荡不安，门阀士族多以血缘为纽带聚族而居。他们拥有大片良田，身后跟随着大量的依附农民与奴婢，粮食、桑麻等生活之物皆自给自足。族人与依附之人众多，为了便于处理并维系家族关系，门阀士族以礼法门风作为宗族内部的行为规范，教导子孙重孝悌。为了稳固自身的高贵地位，士族们便借助婚姻，以婚姻为纽带进行强强联盟，既能保持家族高贵血统的纯净，又能借以攀附其他高门贵族，相互扶植，永享特权。

在此背景下，男方娶妻，女家择婿，与家族发展密切相关，门第便成为男女结亲的首要考量。官宦之家与平民百姓不能通婚，甚至士族子弟与寒门学子交游往来，也会受到士族阶级的鄙夷谴责，被世人议论讥讽。即使在士族内部，也有门第高下之分。高门显贵之家倾向选择与自己地位相当或高于己方地位的家族通婚，而权势低下、门风欠缺的士族在婚姻对象的选择上则多受限制，他们无法高攀大族，也以与庶族通婚为耻。

中国民间四大爱情故事之一的"梁山伯与祝英台"，讲述的就是东晋时期梁山伯与祝英台被门第观念束缚的凄美爱情故事。不少学者认为梁祝传说可溯源至晋代，经代代相传，细化并丰富了情节，演绎为如今的样子。幼时常听老一辈讲述梁祝传说，绘声绘色，引人入胜。

相传在东晋时期，江浙一带的会稽郡上虞县住着一户祝姓人家。祝家原为山东大族，为避战乱举族南迁到此处定居。祝氏夫妇有一幺女，名英台，年十四，容颜姣好，聪颖可人，是夫妻二人的掌上明珠。英台自幼喜爱诗文，敬佩东汉班昭、蔡文姬的才学，以二人为榜样进行学习。可惜家无良师，一心求学的祝英台央求父母，让她前往书院读书。祝员外认为书院里都是男子，女儿家怎能与一群外男朝夕相处，岂不是坏了名声？他便拒绝了女儿的请求。祝英台可不是轻言放弃之人。她趁着家人不注意，偷偷离家，女扮男装，并借用自己兄长的身份，前往万松书院求学。

正是阳春三月，桃李芬芳，江南草长，可谓好山好水好风光。在路边一座小亭旁，祝英台邂逅了同去万松书院求学的梁山伯。二人一见如故，相谈甚欢，便结为异姓兄弟，相伴而行。拜师入学后，两人相互照顾，勤奋苦读，既谈文章诗赋，又分享生活趣事。伴着琅琅书声，三年的时光一晃即逝。梁山伯清朗英俊、才华横溢，仅长祝英台1岁。身为女子的祝英台不免有爱慕之心。可无论她怎么暗示，一心向学的梁山伯始终不能理解她的言外之意，未能识破她女儿家的身份。恰逢祝家来信，祝母有疾，尽管祝英台有诸多不舍，也只能踏上归途。为与梁山伯再续缘分，假冒兄长身份的祝英台便与梁山伯约定，将自己的小妹许给梁山伯为妻。

梁山伯哪里知道，所谓的小妹便是自己的同窗好友。待他上门拜访后，才知道三年里朝夕相处的好友竟是一位女娇娥。回忆起相处点滴，他意识到自己对祝英台的倾慕之情，便前往祝家求亲。与此同时，会稽郡鄮县马太守之子也想求娶祝英台。马家、祝家是南迁而来的大族，重门第、讲阀阅。梁山伯不过是个没落的低微士族，还没有官职在身。于是，祝员外将祝英台许配给门当户对的马太守之子马文才，回绝了梁山伯，将他赶出门外，禁止梁祝二人相见。两情相悦之人，又岂会被时间、世俗牵绊？梁山伯继续苦读，求取功名。祝英台推脱婚事，等着梁山伯再来求娶。两三年后，梁山伯成了鄮县令，却因为积劳成疾，郁郁而终，葬于鄮城西。祝英台得知梁山伯离世的消息，心如死灰，假意嫁给马文才。婚嫁当日，祝英台巧变路线，路过梁山伯之墓。霎时间，天色骤变，大风不止，尘土飞扬。祝英台竭尽全力奔向心爱的梁山伯之墓，恸哭不已。那墓突然裂开缝隙，祝英台随即一跃，与梁山伯一起合葬，化蝶飞去。

生死相随，与子成说。梁祝传说广为流传的背后不仅是其动人情节的体现，亦是魏晋之时婚姻门第观念的折射。南北朝时，社会多经变动，但士族仍以家族为重，讲究礼法门风，婚姻依旧由父母长辈定夺，娶妇嫁女仍看重门第。新兴庶族地主仰慕士族名望，愿意以丰厚的聘财迎娶高门贵女，部分门阀士族为谋求家族利益，也愿意与这些新起权贵联姻。至唐代前期，出自代北士族的李唐统治集团意欲冲破门阀特权的限制，他们起用庶族才子，形成以自己为核心的统治集团，建立新的统治秩序。此时，过去门阀士族特有的政治经济权利虽然被法令取消，但他们并没有因此消亡。

学者田廷柱在《隋唐士族》一书中谈道："隋唐士族多数渊源于魏晋时期的旧门望胄，是魏晋士族门阀的延续和遗存"，而"构成隋唐士族主体的是北朝的阀阅名门。南朝的旧族除少数延续到隋唐，多数则一蹶而不振了，而北朝中的山东郡姓崔、卢、李、郑、王，关中郡姓中的韦、裴、柳、薛、杜、杨，'虏姓'士族中的于、长孙、窦等旧族在隋唐时期地位显赫，官宦人物荟萃，是构成隋唐士族的核心部分"。这些延续下来的士族（以下统称为旧士族）仍留有魏晋余韵，他们崇尚郡望门第，自相为婚。

有学者通过研究唐代墓志等资料认为，门阀以绝对优势稳固屹立于唐前期的婚配之林。学者们将这个时期的门第婚姻分为两类，一类是旧士族之间相互缔结姻好。唐太宗的宰相房玄龄，出身清河士族，其妻为范阳卢氏之女，长子房遗直又娶京兆杜氏之女。唐高宗的宰相李敬玄，与赵郡李氏联宗，前后迎娶的三任妻子都出自山东士族。右威卫大将军独孤卿云，出自赵郡李氏，其女独孤开嫁于德潞二州刺史杨思止之子杨执一，而杨家出自弘农杨氏。山东望族清河崔氏、博陵崔氏、范阳卢氏、荥阳郑氏、陇西李氏、赵郡李氏、太原王氏之间也多缔结姻好。名门望族联姻，构成一个相对封闭自我的身份集团，权势声望不断壮大，这使李唐统治者感受到了危险。唐太宗下令以后不能从山东大族中挑选王妃、驸马；重新修《氏族志》，竭力压抑和降低山东士族的门望。唐高宗禁止山东大姓互通婚姻，但并未取得预期效果。大族常常私下结亲，暗中将女儿嫁入夫家。甚至有些望族闺秀芳华不再，也不愿嫁入寒门。

另一类是庶族新贵主动联姻旧士族。仰慕名门望族是当时的社会风尚。新起官僚之辈家门不显，根基尚浅，他们急于获得社会认同，希望通过联姻攀附旧士族，以此提升自己的社会名望。唐高宗的宰相李义府出身微贱，显达后自诩出身赵郡李氏，并为自己的儿子求娶山东士族之女。李义府此人看起来文质彬彬，待人接物谦和有礼，但其实心胸狭隘，阴险狡诈，城府极深。山东士族看不上他出身贫寒，更不喜这种歪风邪气，便拒绝了他的求娶。遭到拒绝的李义府心怀愤恨，伺机报复，竭力奏请唐高宗禁止山东士族自为婚姻。尽管旧士族在嫁娶上倾向于门当户对，但受种种因素影响，也会与一些寒门新贵缔结姻亲。如唐太宗的宰相魏徵出身寒门，其妻出自河东裴氏，此后也为其子积极求娶山东士族之女。士庶联姻，除两方情愿外，也存在胁迫现象，有些寒门新贵会利用权势逼婚于旧士族。《旧唐书》就记载了来俊臣强娶王庆诜之女一事：

来俊臣，无赖出身，为人诡谲狡诈，因善于告密而受到武则天的信任。得势以后，他不念旧情，抛弃旧妻，看上了太原王庆诜次女。此时王庆诜次女已是段简之妻，她出身大族，深受礼法门风熏陶，不愿委身来俊臣。王家为名门望族，也不愿与此等酷吏缔结姻亲。可来俊臣贼心不死，仗着身份作威作福，假传武则天诏旨，强娶王庆诜次女。这件婚事不仅令太原王氏蒙羞，也使其他高门大族深感耻辱。后来，有人在王家举办的宴会上嘲讽此事，竟逼得王庆诜次女自尽而亡。

士庶结亲流行"财婚"。庶族新贵求娶望族闺秀，必须以重金作为聘礼。此称陪门财，意为配其门望，即以钱财来弥补双方门第差距。田廷光认为这种习俗源自东晋、南朝时期门阀世家卖婚求财，绵延至唐初仍然盛而不衰。李唐统治者对此风俗甚是不喜。唐太宗认为："山东崔、卢、李、郑四姓，家世逐渐衰落，却依仗昔日门第，自觉高人一等，号称士大夫。这些大族每每将嫁女于他族，必定大肆索取聘财，看重聘礼财物的数量，以多为贵，并根据聘礼数量决定婚约之事，就如同集市上的商人，伤风败俗，有违礼法。"尽管唐太宗采取一系列措施进行改革，但社会风尚并没有因此改变，士庶间买卖婚姻的风气仍然存在。随着社会的发展，"财婚"在唐代后期盛行于社会各阶层。无论是官宦之家还是平民百姓，都十分重视婚嫁财物。

随着科举制度的日趋发展与完善，科举取士从重视明经科向推崇进士科转变，使得明经一科"仅为中材以下进取之途径"，擅长明经的旧士族优势不再。唐代后期，旧士族逐渐衰落，更多寒门新贵涌入朝堂，社会阶层发生巨大变动。韩愈《送牛堪序》有："登第于有司者，去民亩而就吏禄，由是进而累为卿相者，常常有之，其为获也亦大矣。"此外，旧士族历经安史之乱，家族经济产业受到一定冲击，实力不如之前。此时，婚姻尚门第的社会观念有所衰落，娶妇嫁女逐渐关注才学品德。无论是门第之家还是非门第之家，才学品行都是其缔结婚姻的重要标准之一。李唐统治者不再抑制打击旧士族，他们开始欣赏旧士族的家法门风，有意与旧士族联姻。

开成年间，唐文宗想要将真源、临真两位公主嫁入旧士族之家，却被旧士族婉拒。唐文宗因此感叹："民间缔结婚姻，不计较对方官位品级大小而崇尚门第高低。我李家 200 年天子，反而比不上崔、卢两家吗？"公主娇贵，唐朝有些公主依仗身份权势任性胡为，不守礼法，甚至凌辱夫家。旧士族自持清望，以家法门风为傲，他们认为女子为妇，应遵礼仪、守妇德，希望妇人能够"事父母、舅姑、齐家专一，生前扬名于六亲之间，死后驰誉于后代末世"，而公主不是他们理想的妻子人选。

除品行外，有学者认为婚姻门第观也是世家大族不愿尚主的重要因素。尽管唐人尚阀阅的观念随着社会发展而渐趋衰弱，但婚姻门第观依旧存在，且旧士族作为当时的门阀代表，他们的婚姻门第观念最为根深蒂固。山东五姓仍以婚姻为紧密纽带，"以门第相抗，乐于联姻"，世代为婚。

李白《代别情人》云："我悦子容艳，子倾我文章。"颜值、才华、品行等美好因子交织于爱情，编织成姻缘。官宦之家娶妇嫁女常与家族利益相连，无论是与望族通婚还是与普通人家缔结姻亲，都希望凭借对方的名望或才学、财富，为自己带来政治利益或经济利益，而才子佳人不过是其锦上添花之名。想要寻找才子佳人浪漫唯美的爱情故事，体会唐代后期"始于颜值，陷于才华"的婚姻观念，可从诗词故事着手。《全唐诗》卷八百记载了才女晁采与邻生文茂相知相爱相守的故事：

唐代大历年间，有一少女，名唤晁采，小字试莺。她清秀可人，冰雪聪明，颇喜诗书，与母亲独居。晁家附近有一少年郎，名曰文茂，眉清目秀，才思敏捷。晁采与文茂青梅竹马，年少之时两人约定长大后结为夫妻。时光飞逝，当年冰雪可爱的小姑娘出落得越发亭亭玉立，是一位知书达理、温婉娴静的女娘。那位少年郎如今已成为玉树临风、温文尔雅的谦谦君子。二人相伴长大，互生情愫。当爱慕之心与才华碰撞，绵绵情意谱出一首首浪漫动人的诗词。文茂将爱念融入诗句，悄悄送给晁采，以表思慕之情。

美人心共石头坚，翘首佳期空黯然。

安得千金遗侍者，一烧鹊脑绣房前。

晓来扶病镜台前，无力梳头任髻偏。

消瘦浑如江上柳，东风日日起还眠。

旭日瞳瞳破晓霾，遥知妆罢下芳阶。

那能化作桐花凤，一集佳人白玉钗。

孤灯才灭已三更，窗雨无声鸡又鸣。

此夜相思不成梦，空怀一梦到天明。

文茂的这首《春日寄采》将相思情娓娓道来，似乎在说："晁采呀晁采，你究竟有什么样的魔力，让我对你念念不忘，相思成疾！"而晁采看到情诗后，甚为心动，娇羞得脸上泛起一层红晕，眉眼间可见欣喜。如何以一种不失矜持却能寄托倾慕之情的方式回复心上人呢？晁采一番思量以后，决定将莲子送予文茂，附诗一首，期待他能明白自己的心意。

寄文茂（晁采）

花笺制叶寄郎边，的的寻鱼为妾传。

并蒂已看灵鹊报，倩郎早觅买花船。

世上有缘之人多遇有缘之事，那信物莲子在传递途中不小心被人遗失一颗，恰巧落入一盆中。一月后，莲子生根发芽，开出并蒂之花。之后，二人相会，文茂向晁采讲述了并蒂莲的事情，认为他们就如同并蒂莲，是天作之合。有情人相会欢好，情意绵绵。此后，晁采与文茂常常以诗传情。

秋日再寄（晁采）

珍簟生凉夜漏余，梦中恍惚觉来初。

魂离不得空成病，面见无由浪寄书。

窗外江村钟响绝，枕边梧叶雨声疏。

此时最是思君处，肠断寒猿定不如。

佳人借诗句使思念跃然纸上，一点点向情郎诉说。文茂唱和回应："忽见西风起洞房，卢家何处郁金香。文君未奔先成渴，颛顼初逢已自伤。怀梦欲寻愁落叶，忘忧将种恐飞霜。惟应分付春天月，共听床头漏渐长。"表达缠绵情意。不久后，晁母得知两人相爱，感叹道："才子佳人，自应有此。"于是，将晁采许配给文茂。

亭亭闺秀端庄淑良，翩翩少年风流潇洒，才子佳人互倾慕，情意绵绵成良缘。《全唐诗》对晁采与文茂的爱情故事记载较少，后人多依据两人传世诗词对其爱情故事进行想象补充，希望呈现出烂漫美好的爱情故事。细节虽有不实之处，但总体可窥唐代后期"才子佳人"的婚恋观。而似晁采、文茂二人相互倾慕，先自许终身，再由长辈同意的行为，在一定程度上被唐律允许。据唐代律法："诸卑幼在外，尊长后为定婚，而卑幼自取婚，已成者，婚如法。未成者，从尊长，违者杖一百。"这段律法表明家中小辈婚事虽是长辈做主，但男女还是稍有自主权。若是小辈在外已成婚，确立了婚姻关系，法律也是认可的。需注意的是，这里"自取婚已成"必须符合唐律规定的婚嫁要求，男女非礼苟合是会被时人鄙夷的。

文人笔下的唐朝像是一位心胸宽阔、怀有壮志的儿郎。初唐时朝气蓬勃，盛唐时意气风发，后经安史之乱，在动荡波折的晚唐中走向落寞。历史学者多引陈寅恪先生之言，以安史之乱为分水岭，将唐代分为前后两期。学者们共同认为李唐王朝的政治、经济、文化等方面在安史之乱后发生变动，呈现出不一样的色彩。我们从唐人婚姻观这块"碎片"启程，看着"她"从追求华宗望族，到讲求财富、才华与品行等标准，于时光流转中体会唐代社会的发展与变迁。

二、女性地位

在中国古代长达两千多年的封建社会之中，封建礼教随着时光流转逐步侵蚀人心，"男尊女卑"观念于这片土壤中蓬勃生长。如今，人们谈及对古代女性的印象，多会想起"三从四德""贞节"及"卑弱"等词语。这些词语像是一种符号，是她们势力弱小、受封建礼制压迫的象征。作为中国古代最为开放繁荣的封建王朝，唐朝似乎有点与众不同。唐代诞生了中国历史上第一位也是唯一一位正统女皇帝，这是唐代女性与我国其他封建时期女性最明显的差异。段塔丽认为女性地位可从其是否与同时代男子享受同等权利中体现，而这些权利主要体现在"妇女参政议政、社会交往、受教育状况、婚姻自主、财产继承和家庭事务决策等"方面。本节仅从婚恋角度叙述唐代女性地位。

从牙牙学语、蹒跚学步的孩童，到明媚动人、落落大方的窈窕少女，她们在长辈的教导下明事理、晓善恶。社会包容开放，礼法观念松弛，男女交往不被礼法束缚，唐代女性能够结社交游，也时常参与打马球等体育活动，她们向往自由，也憧憬爱情、追求爱情。

菩萨蛮（无名氏）

　　清明节近千山绿，轻盈士女腰如束。九陌正花芳，少年骑马郎。罗衫香袖薄，佯醉抛鞭落。何用更回头？谩添春夜愁。

　　这首小词清新自然，描绘出一幅充满朦胧爱意的唐代青年男女郊游邂逅图：深春时节，满山深绿，将近清明，人们纷纷踏春郊游。人群之中，一位士女容颜倾城，腰肢若柳，温雅从容。山下平原，田边小道，鲜花盛开，少年郎骑马而来，意气风发，引得一众少女芳心萌动。士女与少年郎相遇相视，在他眼中：她，身着丝织秀衫，轻如雾谷，肤似凝脂，娇柔动人。在她心中：他，翩翩少年，仪表堂堂。少年心悦佳人，假借醉意抛落马鞭，引佳人注目。士女眼含笑意，离去时，面带羞涩，向少年目送秋波。佳人呀佳人，哪里需要再次回首呢？只会更让少年郎在漫漫春夜里辗转反侧、苦苦相思！这首词中，少女回首留情，不避讳少年的爱慕眼神，不掩饰对少年的倾慕。这是唐代女子如男子一般追求爱情的体现。

　　唐代女性拥有一定的择偶自主权。古代女子若到适婚年纪，父母多为其择佳婿而嫁。在"父母之命"下，女子似乎只能被动接受长辈为其挑选的夫君。但在唐代，女子能参与择偶一事，拥有一定的自主权。《开元天宝遗事·选婿窗》载："李林甫有六个女儿，个个貌美如花，容貌出众。六位千金到了婚嫁年龄，前来求婚的权贵之家数不胜数，但李林甫全都回绝。李家千金到底要许何等人家呢？李林甫在家中议事厅旁边开辟一扇小轩窗，用薄如蝉翼的红纱掩盖，并用珍宝在上面点缀，使它看起来像是装饰品。李林甫让女儿们常在纱窗下嬉戏，每当有贵族才俊来访，他就令女儿们隔窗观望，选出自己的意中人。"李林甫位至宰相，属于上层人士，可见官宦之家为女选婿有时也能尊重女儿意见。

在民间，女子自主择婚现象更为普遍。除《全唐诗》所载晁采、文茂两情相悦之事外，《太平广记》中有不少关于唐代女子自许人家的故事。《太平广记·张镐妻》载：

张镐，南阳人氏。少年时在山上勤奋苦读，手不释卷，期待有朝一日科举及第，有所作为。山下有一酒家，张镐有时手执书卷在这里喝几杯酒才回去。一天，看见一位美妇人出现在酒家，他甚为心动。张镐彬彬有礼，邀请这位女子与他一同饮酒，美妇人欣然同意。二人小酌谈笑间，张镐发觉此女子言谈举止，容状佳丽，越发爱慕。天色渐晚，美妇人与张镐告别。张镐十分不舍，回去后夜不能寐，脑海中全是那位貌美女子的一颦一笑。等到第二天清晨，天边刚刚泛起鱼肚白，张镐前往酒家，等待美妇人再来。他刚踏入店铺，发现美妇人已在其中。于是，张镐复邀美妇人与自己一同饮酒，言辞婉转微妙，处处显露情意。美妇人明白张镐对她有意，说："您不是普通人，小女子也想寻一郎君，托付终身。若能与您相伴，亦是我心中所想。"张镐听完这番话，立即许诺，抱得美人回。

故事中的美妇人与张镐情投意合，自主择夫，与他双宿双栖。唐代女子择婿之事多见于唐诗、唐传奇中，文人笔下的红线一端牵着现实，一端携着梦幻，编织出一个个引人入胜的故事，在显示唐代女子自主择婚现象普遍的同时，透露出她们对纯洁爱情的向往。

在婚姻中，唐代女子也能占据一定优势。古代男女结为夫妇，一般是男家到女家迎亲，之后在夫家举行婚礼仪式。唐代也遵行此制，但唐人在实际生活中，并不完全践行这种礼仪。在唐代，出于种种原因，男子到女家成婚、由女方负担婚礼费用的现象也较为常见。其中有一种为入赘婚。徐连达先生在《唐朝文化史》中对入赘婚这样解释："通常男家贫困多子，女家较富裕而缺少当户男丁，故采用此种婚姻方式寓有调节劳动力的作用。"在这段婚姻关系中，女方地位要高于男方。女子往往不与夫家往来，而男子需要在女家生活，承担劳作。在婚姻制度方面，唐代以法律形式保护女子正妻之名。唐代男子只能娶一位妻子，唐律规定男子有妻再娶判徒刑一年；若男子欺瞒已婚事实而再娶，判徒刑一年半。此外，唐代女性在婚姻中具有一定优势还表现为唐代男子惧内现象较为常见。《太平广记》引《御史台记》记载了这样一个小故事：

　　管国公任瓌一向惧内，酷怕自己的妻子，朝野上下，无所不知。一天，唐太宗因为任瓌办事得力，对朝廷有功，决定赏赐给他两位美人，让他带回去当妾室。任瓌连忙行礼谢恩，却不敢带着两位绝色美人归家。太宗皇帝知道以后，下令召见任瓌妻子，并赐酒一杯。唐太宗严肃地说："妇道人家善妒，是犯了'七出'，应当被夫家休出家门。若你能改正，不再妒忌，有大方容人之德，就可以不用喝下这杯毒酒。不然的话，就将这杯酒喝下吧。"任瓌妻子听了这番话后，凛然答道："妾不能改掉善妒习性，请您允许我喝下这杯毒酒吧！"于是，她毫不犹豫地饮下赐酒。之后她酒醉归家，与家人一一诀别，便静待毒发身亡。其实唐太宗所赐的酒并非鸩酒，没有毒，任瓌妻子并没有事情。某日，杜正伦讥讽嘲弄任瓌惧内，任瓌笑曰："男子惧怕妇人有三种情景。初娶之时，她端坐若菩萨，哪里有人不怕菩萨呢？年纪大了，妇人生儿育女，就像养小老虎的母老虎一般，哪里有人不怕老虎呢？年老后，面上布满皱纹，仿佛是食人精气的鸠盘荼鬼，哪里有人不怕鬼呢？因为这个怕妇人，又有什么奇怪的呢！"听到的人都觉得十分欢喜。

任瓌这番"女强男弱"的歪理巧妙地化解了旁人的嘲讽，从人们对听说这番话的反应来看，他们不仅不反感，而且还感到欢喜，可见时人对任瓌观点的认同，反映出此时男子惧内是稀松平常的事情，可见婚内女子的地位较高。值得注意的是，"妒妇"能够让其夫君害怕敬畏，除了她自身无畏外，必有能压制男子的资本，或是夫妻两人年少时共甘苦，妻子有恩于夫，或是女方家世地位高于男方，又或是男子攀附女家财富等，这些女性一定有独立的经济来源，即便不依靠夫君，也能独自美好地生活。

婚姻生活有甜有苦，有人能"执子之手，与子偕老"，也有人会在途中落寞离场。古代男子在婚姻中一贯具有优越性，他们可以借口纳妾，可以凭"七出"等各种理由休妻再娶，享受红袖添香的情趣，把持着婚姻中的主动权。而古代女子在不幸的婚姻中就只能忍耐，最后沦落到被抛弃的悲惨境地吗？唐代稍有不同。唐代女子并不是只有被抛弃的结局，她们享有一定的离婚自主权，能够主动选择和离，她们的诉求意愿会受到尊重。

学者们通过研究将唐律中有关夫妻解除婚姻关系的方式分为三类，一类是强制离婚，为"义绝"。据唐代律法："义绝，谓殴妻之祖父母、父母及杀妻外祖父母、伯叔父母、兄弟、姑、姊妹，若夫妻祖父母、父母、外祖父母、伯叔父母、兄弟、姑、姊妹自相杀及妻殴詈夫之祖父母、父母，杀伤夫外祖父母、伯叔父母、兄弟、姑、姊妹及与夫之缌麻以上亲，若妻母奸及欲害夫者，虽会赦，皆为义绝。"如果夫妻中的一方有上述行为，经官府判定后，便会强制双方离婚。若夫妻违反义绝制度，不肯离婚，则会被判处徒刑一年。

二是仲裁离婚，一般指出妻。婚姻中，男子认为自己的妻子有"七出"之罪，有单方面休妻的权利。这并不是强制性法律规定，男子可选择行使这项权利，也可以放弃出妻。"七出"，又称"七去""七弃"。《大戴礼记》载："妇有七去：不顺父母去，无子去，淫去，妒去，有恶疾去，多言去，盗窃去。"这其实是礼制对男子休妻的限制。先秦时期，男子随意休妻之风盛行，为抑制这种现象，"七出"萌生，强调只有出现以上情况，男子才可休妻。此外，在"七出"基础上，又有"三不去"对男子休妻做出了进一步限制。根据《大戴礼记》，如果女子遭遇"有所取无所归""与更三年丧"及"前贫贱后富贵"这三种情况之一，男方不可随意休妻。具体是说女子出嫁时父母兄嫂俱在，但在丈夫准备休妻时，娘家已经无人，女子无处可归，夫家不能以"七出"为由休妻；女子为丈夫父母养老送终并守孝三年，夫家不能休妻；男子娶妻时家境贫寒，妻子与其患难与共，男方富贵得势后，不能休妻。

一般认为"七出""三不去"被编入法律或始于汉代，但困于史料，目前所存的最早记载是在唐代。唐代继承并发展"七出"之意，将其意义及顺序做出了部分调整，"七出"指："一无子，二淫佚，三不事舅姑，四口舌，五盗窃，六妒忌，七恶疾。"唐代律法对其中的无子休妻做出了规定，若妻子在 50 岁时仍然无子，丈夫才能出妻，否则丈夫不能以无子为由休弃妻子。而"三不去"者谓："一经持舅姑之丧；二娶时贱后贵；三有所受无所归。"若妻子未犯"七出"、义绝却被休弃，丈夫就会被判处一年半的徒刑；即使妻子犯有"七出"，但有"三不去"却依旧被休弃，丈夫就会被处杖刑一百。如果妻子犯恶疾及奸行，即使有"三不去"的限制，男子也可以休妻。

还有一类协议解除婚姻的方式，是为和离。《唐律》载：如果夫妻二人感情淡漠，婚姻生活不美满、不幸福，双方可以协商解除婚姻关系，这种方式不会受到法律处罚。这说明在离婚问题上，唐代女性并不总是处于被动地位，她们被赋予了一定的离婚自主权。有唐一代，不少女性提出和离。有女子因丈夫患病选择和离。唐文宗时，吕温女儿嫁给了佐卫兵曹萧敏为妻，并且生育了两个儿子，后来萧敏患有心疾，行为乖忤，吕氏便与他和离。还有女子因侍奉父母选择和离。《旧唐书·列女传》载：刘寂的妻子名为夏侯碎金，她的父亲因为生病导致双目失明，于是碎金请求与刘寂和离，回家侍奉父亲，刘寂也同意了妻子的要求。

　　笔记小说中也不乏女子主动和离的记载，《云溪友议·鲁明公》就记载了一位女子嫌弃丈夫穷酸而求和离的故事。颜真卿为临川刺史时，邑中有一位青年书生叫杨志坚，他嗜好读书，但家境贫寒，生活困苦。杨志坚妻子对这种食不饱、衣不暖的穷苦生活十分不满，坚决要求和离。杨志坚无可奈何，便写了一首诗送予妻子，让她携此诗到官府办理相关手续。诗曰："平生志业在琴诗，头上如今有二丝。渔父尚知溪谷暗，山妻不信出身迟。荆钗任意撩新鬓，明镜从他别画眉。今日便同行路客，相逢即是下山时。"颜真卿处理此事时，十分不认同这位妇人嫌贫爱富的行为，却也尊重双方和离意见，为以儆效尤，打了妇人二十大板，之后任她改嫁。《大唐新语》则载有女子因夫家遭难选择和离的故事，魏元忠的儿子魏昇娶了荥阳郑远的女儿，后来魏昇追随节愍太子发动政变失败而亡，魏家遭难，郑远便出面替女儿和离归家。

在清代的影视剧中，常常出现贞节一词，一般指女性丧夫后为丈夫守节，不再改嫁，或是追随亡夫而去。剧中的女性在丧夫后过着清寡生活，在道德、法律等因素重重压迫下，忍痛将自己与喜悦、希望等美好憧憬剥离，以辛酸血泪换取贞节牌坊，光耀家族门楣。被这种封建礼教思想禁锢的女性在很多方面深受限制，难以追求个性发展和个人幸福。当我们向前轻轻拨动时光轴，跟随历史年轮追溯女性发展的足迹，会看到唐代社会的开放自由，看到唐代女性大胆奔放的一面。

唐代开明包容的社会文化环境使得女性并不囿于贞节观，她们趋向追求现实的享乐幸福。唐代公主在这方面最有代表性。唐太宗之女高阳公主，初嫁于房玄龄之子房遗爱，后与沙门辩机相爱。明媚骄傲的公主遇上博识有才的僧人，世俗之言、佛教戒律融于深情，缠绵悱恻的爱意在一次又一次的注视中越发浓烈。公主十分宠爱沙门辩机，赐予他金宝神枕，并将两位窈窕女子送给房遗爱，用来安抚他的情绪。浓烈的爱情即使披上参佛的外衣也无法逃过世人的眼睛，人们善于从各处捕捉与环境、气氛不融之物。于是，辩机禅房中的金宝神枕暴露在人们的视线中，二人私情被公之于世。禁忌破戒的爱情被世俗议论，被御史弹劾，被佛家不容，让皇室蒙羞。故事的最后，沙门辩机被处以腰斩，这段饱受非议的恋情也随着这位年轻僧人的逝去在世人眼中画上句号。高阳公主放纵洒脱，除沙门辩机外，她还与沙门智勖、惠弘及道士李晃等人有私情。

从儒家道德层面上看，高阳公主与沙门辩机等人有染是不守妇道，私生活不检点。然而有唐一代，男女关系多不受礼法风教约束，男子可以让一位位佳人红袖添香，女子也能和思慕之人暧昧往来。如唐中宗之女安乐公主、肃宗之女郜国公主、顺宗之女襄阳公主等都不拘礼法，留情其他男子。深宫多寂寞，后宫妃嫔中也有人与外男有情。武则天及唐中宗皇后韦氏等皆与不少外男有不同寻常的关系。唐代统治阶级的女性用独特的权势地位挑战男子一妻多妾、处处留情的婚姻秩序，打破了传统儒家伦理道德的束缚，勾勒出唐代女性主动大胆、追求享乐的不羁形象。

在唐代，女子和离改嫁是常有之事，尤以唐代公主为最，她们二嫁、三嫁现象十分普遍。有学者对唐肃宗以前出嫁的公主们进行了统计梳理，发现共有 98 位公主，再嫁、三嫁者有 30 人，占比 31%。如唐高宗之女太平公主、唐中宗之女安定公主、唐玄宗之女齐国公主及唐肃宗之女萧国公主等皆三次嫁人。除公主外，官宦人家中女性改嫁也是普遍现象。如韩愈长女先嫁宗正少卿李汉，后嫁集贤校理樊宗懿。《旧唐书》记载严挺之出妻后，前妻嫁给了蔚州刺史王元琰，后来王元琰犯了贪污罪，严挺之顾念旧情，出面为王元琰求情，设法为其摆脱罪名。

　　唐代女性丧夫再嫁也十分常见。无论是达官显贵之家，还是平民百姓，在守节一事上都没有对丧夫女性过分要求，丈夫离世后，她们可以选择再嫁。段成式《酉阳杂俎》中记载了这样一个小故事：贞观中，望苑驿西有百姓王申在路边广植榆树，树木成林成荫。王申乐善好施，他在路边开了一家茶店，供客休息饮茶之余，也为往来行人提供免费茶水。一天，有一位年轻女子前来求水，自言道："我家在这里向南十余里的地方，丈夫已经去世了，也没有儿女，如今将要去马嵬寻亲，路过这里，想要请求一些吃食。"王申见她可怜，不仅留下她用饭，还让她留宿一晚后再赶路。王申妻子以礼待客，称呼她为妹。这位女子容貌清秀，善于针线，深受王申妻子喜爱。于是，王申开玩笑问这位女子愿不愿意嫁给他的儿子，女子笑答："我已无依靠，愿执井灶。"王申听后便立即为儿子婚礼准备起来。

　　《酉阳杂俎》《云溪友议》《北梦琐言》《太平广记》等唐宋小说中多有唐代女子和离改嫁、丧夫再嫁的故事，这在一定程度上反映了唐代女子再婚的随意性和自由性。也有学者通过研究现有唐代妇女墓志发现，唐代女性整体上并不注重贞节，只有上层妇女中的少数人在坚持着贞洁观。唐代确实存在妇女守寡不嫁的现象，官府虽然鼓励男女婚嫁，但对丧夫不嫁者并不强制，给予了一定的尊重。唐太宗曾有诏："男二十，女十五以上无夫家者，州县以礼聘娶，贫不能自行者，乡里富人及亲戚资送之；鳏夫六十，寡妇五十，妇人有子若守寡者勿强。"然而相对于再嫁者来说，守寡不嫁的女性寥寥可数，且她们中并不是所有人都因囿于贞洁观或为扬名而守寡不嫁，亦有情深意重者选择用余生坚持自己的爱情。

有学者对唐代女性在再嫁方面是否拥有较多的自由和自主性提出异议，争论点在于女性再嫁是否源自个人意愿。一些学者认为若从唐代妇女墓志探求其改嫁原因，唐代女性或因贫困，或迫于家庭，或受制于政治等外在压力而改适他人，再嫁的主动权都不在自己手中。且援引改嫁女子不得继承夫家财产等唐代诏令，指出这"在很大程度上限制了寡妇的再嫁，也即是对女子再嫁权的否定"，进而表明这是"对妇女的歧视，也是对妇女人身自由的约束"。也有学者从笔记小说中搜寻了许多唐代寡居妇女主动改嫁的故事，认为唐代女性再嫁的自主性"是在排除了父母、亲友等外界因素参与下，完全出于个人意愿的一种表现"。但无论哪种观点，学者们都一致认为唐代女性再嫁不受社会舆论的谴责，拥有改嫁的权利。

中国古代女性在婚姻中一般扮演三种角色，"为人女，为人妻，为人母"。除为人妻外，可从另外两种角色中探寻唐代女性的社会地位。唐代女性出嫁后仍与本家有联系，她们在本家的财产继承权是这种关系的特殊表现之一。唐文宗曾下令："自今日，如百姓及诸色人死绝，无男空有女，已出嫁者，令文合得资产。"这表明如果女子娘家父母、兄弟皆故去，且娘家也没有后嗣支撑门户，那么已经出嫁的女儿可以根据法律继承家中财产。这是以法令形式肯定了出嫁女拥有本家财产继承权。女性"为人母"的角色在三种角色中地位最高。段塔丽进一步指出只有在丈夫与舅姑等长辈皆不在世时，即"家中惟有'为人母'的女性及其子女，以及夫家同辈弟妹的情况下"，唐代女性"为人母"的地位才能高于"为人妻"的地位。

　　这一方面表现在"为人母"的家庭经济管理权。夫亡后，无子且不改嫁的女性能以亡夫名义取得相应份额的遗产，有子寡妻能够依据"子承父分"的原则获得遗产。而在儿子未成家立业之前，家庭财产的实际管理者多是其母。另一方面体现在"为人母"对子女的教诫权和主婚权。古代女性需要抚养、教育子女，但很少能够惩戒子女，惩戒权一般归父亲所有。对于那些丈夫亡故，只能依靠自己独立撑起门户的唐代女性而言，她们需要"承担起教诫子女的重任"。若是子女不受训诫，冥顽不灵，触犯她们的权威，可以凭"不孝"之名请求官府惩治子女，刑罚重则处死。在主婚权方面，丧夫女性对子女婚姻具有较大的支配权，她们可以凭借个人意志为子女选择配偶，可以强制让已婚子女各自解除婚姻关系，并且结婚仪式多是以她们的名义进行。

　　唐人文集及墓志之中，丧夫女性管理家产、训诫子女之事十分常见。如韩愈为灵州节度使、御史大夫李栾之妻何氏所撰写的墓志铭就是其一，其载："元和二年，李公入为户部尚书，薨。夫人遂专家政。公之男五人女二人，而何氏出者二男一女。夫人教养嫁娶如一。虽门内亲戚，不觉有纤毫薄厚。御僮仆，治居第生产，皆有条序。居尊卑间，无不顺适。"墓志简述何氏在夫亡后担起了管理家产、教养子女的责任，肯定褒扬了何氏的能力。

　　段塔丽认为唐代妇女的地位具有前升后降、前高后低的特点。唐代前期，女性在家庭和社会中有一定的权利和地位。而在安史之乱后，唐代统治阶级加强对礼教的倡导，社会风气也随着儒学复兴发生转变，唐代女性一步步地被传统伦理教条束缚。有唐一代，确实有许多女子婚姻生活不幸福，她们或是因容颜衰老被丈夫不喜，或因无子等各种缘由被夫家休弃，又或是陷于"悔教夫婿觅封侯"的愁怨之中。但唐代女性并不畏惧，她们敢于追逐爱情，也拥有"一别两宽，各生欢喜"的洒脱，在历史的长卷上留下了浓烈的一笔，为今人称颂赞赏。

三、婚嫁仪礼

1979 年版《辞海》将"仪礼"解释为儒家经典著作之一，是春秋战国时期一部分礼制的汇编，"简称《礼》，亦称《礼经》或《士礼》"。若将"仪礼"拆分开来，"仪"有礼节、仪式等义。"礼"可指为表示敬意或是隆重而举行的仪式，如婚礼；也可"指奴隶社会或封建社会贵族等级制的社会规范和道德规范"等。由此看，二者都可以表示仪式，而不同的是作为表示社会规范和道德规范的"礼"即是《仪礼》记载的古代中国各种礼仪制度，种种仪式是它的重要组成部分。本节将取二者相同之义，看唐代浪漫却独特的婚嫁仪式。

陈寅恪先生指出唐代礼制继承隋代礼制，而"隋文帝继承宇文氏之遗业，其制定礼仪则不依北周之制，别采梁礼及后周仪注"，"惟北齐仪注即南朝前期文物之晚擅，其关键实在王肃之北奔"。任爽先生在《唐代礼制研究》中指出，唐代礼制不仅是"对隋及南北朝因素的继承"，还根据社会发展需要进行改造创新，"是中国古代礼制发展史上的又一个高峰"。古代礼制随时间发展内容愈加丰富，体系越发完善，周以后大致可归为"吉、凶、军、宾、嘉"五类，至唐代其次序演变为吉、宾、军、嘉、凶。婚嫁仪礼是嘉礼的组成部分，通过一定的仪式使男女双方结为夫妇。想要了解唐代婚礼，可从男女结婚年龄、婚礼程序等方面着手。

古人以各种学说阐释男女成婚年纪，他们认为"天地氤氲，万物化淳。男女称精，万物化生"，所以设嫁娶之礼，用来表示对人伦关系及绵延子嗣的重视。《周礼》载："男三十而娶，女二十而嫁。"这是古人从阴阳调和、生育角度考虑男女结婚年龄，讲究"阳数奇，阴数偶。男长女幼者，阳舒，阴促。男三十，筋骨坚强，任为人父；女二十，肌肤充盛，任为人母。合为五十，应大衍之数，生万物也"。东汉班固《白虎通德论》记载了《春秋穀梁传》中"男二十五而系，女十五许嫁，感阴阳也"一说，通过有关阴数、阳数的运算解释，希望适婚年龄下的男女能够"明专一心""防其淫佚"。《礼记》也有："女子许嫁，笄而字。以许嫁为成人……十有五年而笄。"笄原指簪子（古代汉族女子到了15岁即可插簪），郑玄将其解释为"应年许嫁者。女子许嫁，笄而字之，其未许嫁，二十则笄"。后来，古代女子年满15岁便称为及笄，意指到了可以嫁人的年龄。

自周以后，"早婚"便成为我国古代社会的共同特点。为增加人口，古代统治者们采取了一系列措施。越王勾践下令若是国中女子到了17岁还没有出嫁，就把她的父母治罪。汉惠帝时，年15岁以上至30岁的女子没有出嫁，官府就向她们收取5倍赋税。刘攽认为这种处罚是"自十五至三十为五等，每等加一算也"。汉律一算为120钱，一般收税都是一算，只有贾人与奴婢加倍收取，"五算"是非常严重的处罚了。西晋泰始九年（273），国家规定女子年满17岁，父母还没有将其嫁出去，就会让长吏为她们婚配。后来，时局动荡，烽火连绵，各个政权需要恢复与发展生产力，需要物质扶持、军事力量等，而这些都离不开劳动力。为增加人口数量，北周武帝时诏令15岁以上的男子、13岁以上的女子及时嫁娶。北齐武平七年（576），下令统计杂户中未婚配的14岁以上20岁以下女子，征集她们服役，如果隐匿躲藏，她们的家长就要被处以死刑。

唐初，太宗皇帝下令：男子年二十、女子年十五以上以及符合规定的丧妻男子、丧夫女子必须要娶妻、嫁人。如果因家中贫困而无法结婚，官府规定亲近乡人、富有家庭应为他们提供一定的经济援助。此外，州县官员有责任劝勉和督促管辖范围内的男女及时结婚，如果辖区内的男女婚姻及时，将有助于他们政绩的考核与升迁。

关于唐初婚龄较前代有所提高的原因，学者们各抒己见。有学者认为唐代王朝为了缓和社会矛盾，进行休养生息，所以对婚龄有所放宽。也有学者认为随着国家统一，社会生产逐渐恢复并发展，人口也呈增长趋势，这样的社会环境使得唐代统治者决定将婚龄提高。还有学者认为这一政策表面"与唐初对儒家礼仪的遵循有关"，深层原因在于当时的社会经济条件改变了统治者的治国思想与手段。需要注意的是，唐初只是要求男子年满二十、女子年满十五必须结婚，对男子早于 20 岁娶妻、女子早于 15 岁嫁人的情况，也是允许的。

随着社会的发展，出于种种因素的现实考量，唐代统治者修改了之前关于男女结婚年龄的规定。开元二十二年（734），唐玄宗下令："男年十五，女年十三以上，听婚嫁。"没有强制要求，只是昭告天下只要男子年满十五就可以娶妻，女子年满十三就能够嫁人。学者们根据这条诏令推测，除发展生产外，当时男年十五、女年十三以上婚配的现象比较常见，因此唐王朝根据现实需要调整了相关政策。

古代男女缔结婚姻，必须有媒人参与。诗曰："娶妻如之何？匪媒不得。"大概意思是说没有媒人就不能娶妻。除纳采外，问名、纳吉、纳征、请期与亲迎也需要有媒人参与。在唐代，男女婚嫁中也常见媒人身影。唐律规定男女缔结婚姻，必须有行媒。李唐皇室聘娶、百官婚嫁都以媒人作为男方代表，向女方传达或与其沟通有关婚嫁的种种事宜。唐代一般以老媪为媒人，特殊情况下则复杂多样。皇室公主婚嫁有时以宰相为媒，官宦之家可能让同僚做媒。笔记小说中也有不少关于媒人的故事记载，其中就记有今人常说的"月老"。《续玄怪录·定婚店》载：

　　唐代，杜陵（在今陕西省西安市东南）有一位名叫韦固的读书人。他自幼双亲逝世，便盼着早点娶妻，组成家庭。不幸的是，韦固在婚事上很不顺利，多方求亲，却没有一个成功。无奈之下，韦固只能先将这件事作罢。唐宪宗元和二年，韦固前往清河郡游历，途中住在了宋城（今河南省商丘市南）的南店。恰巧，店里有客人能为韦固议亲，韦固便与这位客人相约第二天清晨在南店西边的龙兴寺前相见。韦固求婚心切，很早就去了。

　　此时，明月西斜悬空，有位老人靠着一个大布袋坐在路边，伴着月光翻阅书籍。韦固走过去看了看，发现书上的字与自己所学的完全不同，便虚心向老人请教。老人笑着告诉韦固，这是阴间之书。韦固感到好奇，便与老人谈论起来。之后，韦固得知老人掌管人间姻缘，便迫切询问自己什么时候能成家。老人表示韦固的姻缘不在当下，他的妻子如今才3岁，等到她到了17岁便会嫁给韦固。韦固又问老人边上的大口袋里装着什么东西。老人回答说："是红绳，用来绑在夫妻的脚上。只要将它系在一男一女的脚上，即使他们是仇家，或是家世悬殊，又或是相隔天涯，身处异乡，也一定会结成夫妇。"

老人劝说韦固，他脚上的红绳已经与南店北边以卖菜为生的陈婆的女儿系在一处，不要再向别人求婚了。韦固不信，觉得老人是在戏弄他，自己为官宦子弟，以后的妻子也应该出身官宦人家，即使不能娶门当户对之人，也要娶貌美女子，无论如何也不会娶陈婆的丑闺女为妻。于是，他心生歹念，决定派人去刺杀那位小姑娘。行动过程中，奴仆失手，只在小女孩的两眉间刺了一刀。此后，韦固多番求婚，还是未能成功。14 年后，韦固终于娶妻，妻子正是当年那位小女孩。

古人对婚嫁仪式十分重视，他们认为"昏礼者，将合二化之好。上事以宗庙，而下后继承世也"，举行婚礼要恭敬谨慎。我国古代一般实行婚姻"六礼"，唐代也不例外。这种嫁娶仪式形成于周朝，被编录于《仪礼·士昏礼》与《礼记·昏义》，经后世发展变得更加具体规范。婚姻"六礼"指的是纳采、问名、纳吉、纳征、请期与亲迎。

纳采，是婚姻"六礼"的第一环节，主要为男家向女家求亲。"窈窕淑女，左右采之"，"采"有选择之意，指"择其可娶者"。纳有接受的意思，"纳采言纳者，以其始相采择，恐女家不许，故言纳"。《仪礼·土昏礼》云："昏礼。下达，纳采用雁。"
中国古代男尊女卑，"男为上，女为下"，表示阳倡阴和，此处
"下达"表示男家向女家通以言辞。在纳采这一环节进行前，男
家需要先遣媒人去女家询问结亲意愿，如果女方同意议亲，男方
再派媒人行纳采之礼，带礼品去女家提亲，女家收下礼物，之后
进入"六礼"的下一环节。有学者据此推测这里的"采"即有彩
礼之意。

　　纳采用礼，一般为雁。周礼中"纳采、问名、纳吉、请期、
亲迎以雁为贽。纳征用玄纁，不用雁也"。用雁为礼，"取其顺阴
阳往来"之意。雁落叶时节南飞，冰雪消融之际北去，不失其
节。夫为阳，妇为阴，用"雁"表示妇人从夫，象征着婚姻和
谐。唐代纳采用礼不限于雁，如合欢、嘉木、阿胶、九子蒲、朱
苇、双石、绵絮、长命缕及干漆皆可作为纳采礼物，寓意浪漫美
好。"胶、漆取其固；绵絮取其调柔；蒲、苇为心，可屈可伸也；
嘉禾，分福也；双石，义在两固也。"

　　问名，是纳采之后，男家再请媒人前往女家询问相关信息并
准备合婚的仪式。这一环节，媒人需带雁上门，详细了解女子姓
名、生辰八字，之后将这些信息传达给男家，男方以此占卜，以
结果吉凶来决定两家是否缔结婚约。

　　纳吉，即男家通知女家占卜吉兆并确定婚事的过程。男家占

卜出吉兆后，让媒人携礼去告知女家，双方生辰八字相合，可以商量婚事。据此，男女两家决定正式订立婚约。唐代男女约定婚事有"报婚书"。纳吉之后，男家致书礼请，女家答书许讫，之后进行纳征。这是以契约的方式将男女婚事正式确立，并且受到法律保护。各许嫁女子有报婚书者，若违反婚约，处六十杖刑，婚约依旧。如果是男家先违反婚约，男方不受处罚，但不能收回聘财。

纳征，即纳吉后，男家将聘礼送至女家的仪式。"征，证也，成也，用皮帛以证成男女之礼也。"纳征阶段，聘礼不再用雁，一般为贵重礼物，如玄纁束帛、俪皮等，寓意婚姻和谐幸福。唐代亲王纳妃、公主降嫁纳征仪式皆有玉帛等贵重之物为聘，官宦之家纳征也用束帛等物。唐代重聘之风盛行，聘礼多少能够直接影响双方婚约的缔结，"财婚"就是其中的代表。此外，唐代聘礼在婚约中十分关键，《唐律疏议》载，如果男女双方没有报婚书，但是女家接受了男家聘财，法律也认可双方婚约关系成立，双方违约惩处如前文。

请期，即男家告知女家成婚吉日的仪式。古人讲究阳倡阴和，成婚时间也由夫家决定。纳征送聘后，男家便着手准备结婚事宜，首先是确定婚期。如何择期？占卜为佳。求得吉日后，遣媒人携礼往女家告知婚期。女家多同意男方所选日期，并根据婚期准备后续事宜。

亲迎，是婚礼的主要过程，也是最为重要烦琐的仪式。这一环节，需要新婚男子亲自前往女家将新妇迎娶回家。学者们经过研究，总结唐代亲迎包括昏时成礼、敬告先灵、奠雁、下婿、催妆、蔽膝、障车、转席、青庐、弄新妇、拜堂、撒帐、同牢与合卺、却扇、看花烛、拜见舅姑等一系列程序。我们不妨将思绪系上时光红绳，穿越到大唐，欣赏那时热闹有趣的亲迎之礼。

天刚泛起鱼肚白，都城的一户人家正在为公子娶亲而前后忙碌着。此时，公子的父亲在祭祀祖先，将家中喜事敬告先人。家中仆人按照主家要求有条不紊地装饰宅院，用3升粟米填入石臼，寓意生活富足，再用席子盖住井口，用枲麻3斤塞上窗户，在新房门口放上3支箭，寓意辟邪驱鬼，远离不祥，期望以后生活幸福美满。与此同时，女方父亲也在敬告祖先，家中人员也在积极忙碌。

黄昏时分，夕阳西下，通红的晚霞伴着湛蓝的天空，为新郎迎亲之路增添了绚烂浪漫。临行前，新郎父亲郑重地告诉他成婚的责任，新郎恭敬听训，表示不敢忘记。接着，由傧相相伴，新郎带着众人去女家迎亲。要成功接到新娘子可不是一件容易的事情。到女家门前，经三请三让才能进门。之后，新郎入堂在"北面跪奠雁"。接着，女家亲友对新郎进行一番戏弄，一会儿言语调笑，一会儿竹杖轻打，恰当适度，喜悦融洽。就要接到新娘了，新郎十分欢喜。此时盛装打扮的新娘艳丽娇美，今日的她心情复杂，既怀有对夫婿的期待，对婚姻生活的向往，也十分紧张难过，她舍不得离开父母，不愿离家。一次又一次的催促，体现了新娘的不舍之情与矜持之意。其间，男方傧相赋催妆诗一首，催促新娘。良久，新娘以"蔽膝"覆面，出阁登车。新娘登车后，新郎骑马环车三匝。启程时，女方家人或亲友拦阻车辆，不舍得让新娘离开。

新郎经过重重"关卡"，终于接到新娘。但这并不是结束，婚礼的精彩还在继续。新娘到夫家时，新郎父母以下诸人要先从家中的便门出去，等新娘进来后，再从大门踏着新娘的足迹进入家中。据说家中的人通过这个做法可以压制住新妇，可以让她孝顺公婆，家中以后和谐美满。新娘下车，双脚不能直接接触地面，需要踏着特定的毡席进门。毡席长度不够，只能递相传送，这便是"转席"。新人进入事先用青布幔布置好的屋中，屋内的男家亲友们打量着娇羞的新妇，时不时调笑戏弄一番。之后，新人相互为礼，进行拜堂。对拜后，就床而坐，新娘在左，新郎靠右，妇女们撒掷寓意祝福的钱果，宾客们纷纷争抢。新婚夫妇须同食一牲，共饮合欢酒，自此共同生活，夫妻相爱，永结同心。合卺以后，新郎东坐，新娘西坐并以花遮面。傧相于帐前吟诵三五首除花、去扇诗。去扇后，新娘除去花钗头饰，新郎以笏承之。之后，众人离去，新人共度新婚夜，礼成。

次日早晨，新妇早起，参拜舅姑（指公婆），表示新妇孝顺。见舅姑之礼完成后，新妇就正式成为夫家的一员。新婚第三日，新妇要亲自下厨，为舅姑做饭。新娘不知道公婆的口味，害怕做出来的饭菜不合公婆心意，让公婆不喜欢自己。怎么办呢？王建《新娘嫁词》曰："三日入厨下，洗手作羹汤。未谙姑食性，先遣小姑尝。"新娘突然灵机一动，想起可以请丈夫的妹妹帮忙，小姑与婆婆一同生活，她肯定了解婆婆呀。于是就请小姑先品尝，她满意了，婆婆应该也会喜欢。

唐代的亲迎之礼受到北方鲜卑族风俗影响，如青庐等仪式即继承北朝风俗。此外，不同阶层亲迎之礼有所区别，奠雁礼中，寻常人家多用鹅来代替珍贵难得的雁。催妆诗、去扇诗或为傧相所作，或是新郎自己撰写。下婿、弄新妇有时极为恶劣，引起新郎、新娘的愤怒反感，而障车后来演变成人们勒索钱财的名目。此外，民间有新娘进门后拜猪栈和炉灶、拜天地神祇的习俗，代表新娘成婚后要入厨执炊。

唐代婚姻是唐代社会生活的重要组成部分，反映了唐人的婚恋观及唐代文化的许多方面。泱泱大唐近290载，有数不清的门阀世族联姻，说不完的才子佳人故事，更有理不完的唐人婚嫁仪礼。今天，我们无法了解唐人婚姻生活的方方面面，但我们能够通过那些记载、那些故事对唐代婚姻进行初步了解。当然，接受现代教育的我们可能对唐代女性的部分行为不太认同，也会对唐代男子"红袖添香"等行为进行批判。今人期待忠诚、相濡以沫的爱情，期待"纵然时光垂垂老矣，白发苍苍的我依旧爱着白发的你，念着黑发的你"那种浪漫。而这些，都离不开人们对爱情与婚姻的反思。梦回大唐，看唐人婚姻，寻找属于自己的那份反思、那份答案。

第六章

宣经讲文：教育与唐代生活

　　唐代前期，政治清明，经济发展，社会文化欣欣向荣。唐太宗李世民创"贞观之治"，唐高宗继位后又有"永徽之治"，唐玄宗稳定武则天以后的李唐动荡时局，在他的治理下唐代迎来了"开元盛世"。安史之乱，李唐虽然逐渐走向衰落，但在政治、经济及文化等方面有着属于自己发展的特色。今人提及唐代，除了谈论其政局外，常常想起唐诗，想起唐代那些才华横溢的诗人，他们托物言志、以情寄景，表达所思所想的同时，也折射出时代背景，令人思考，发人深省。众多优秀诗人的涌现离不开唐代独特的社会环境，教育就是其中的关键因素之一。李唐统治者十分重视教育事业的发展，积极实行"守成以文""大阐文教"等方针政策，在巩固统治的同时，也汇聚成唐代璀璨的文化星河。

一、官学私学

《礼记》曰："玉不琢，不成器；人不学，不知义。是故古之王者建国君民，教学为先。"大致是说玉石只有经过打磨雕琢，才能成为精美的器物；人们只有通过不断学习，才会明白人世间的各种道理。所以古代君主在建立国家、统治人民时，都将设学施教放在首位。夏、商、周时期，学在官府，教育被上层阶级掌控。春秋时期，学术下移，以孔子为代表的学者们周游列国、授徒讲学，教育也不再被官府垄断。秦荡平六国，统治者采用法家思想治国理政，"以吏为师"，教育内容限于法令。两汉时期，统治阶级设立太学等官学，以儒家经典传道授业。此时，私学也迅速发展，规模不断扩大，"四海之内，学校如林，庠序盈门"。之后，狼烟四起，社会动荡，百姓流离，教育随着时局变动几经浮沉，时兴时废。

年轮伴着刀光剑影镌刻在了建国不久的大唐历史之中。国家统一，社会稳定，百姓安居乐业，一切都是那么的静谧美好。帝王励精图治，采取一系列措施促进发展，教育也在国家推动之下不断发展。官学体制日渐完善，私学之风盛行于世。然而李唐盛开的花蕊在一场名为"安史之乱"的暴雨中迅速凋零，官方教育走向落寞，私人办学成为社会教育主流。有唐一代，官方教育实行中央官学与地方官学两级制。其中，中央官学是指由朝廷直接设立和管辖的学校，主要包括国子监所属的"六学一馆"、弘文馆与崇文馆、崇玄学，等等。

国子监始于国子学。《晋书·职官志》载："咸宁四年（278），晋武帝初设国子学，置国子祭酒1人，国子博士1人，助教15人，来教导学生。国子博士一般聘用品德高洁纯朴、通晓明了经义且具有一定品级的官员担任，像散骑常侍、中书侍郎、太子中庶子及以上等级的官员，通过皇帝考核后方可当选。"此后国子学设置多有变动，但都隶属太常。隋初承北齐之制，国家设国子寺，隶太常。开皇十三年（593），国子寺罢隶太常，不再是太常的下属机构。之后，国家改"寺"为"学"。仁寿元年（601），隋文帝罢国子学。至隋炀帝大业三年（607），改国子学为国子监，依旧设置国子祭酒1人，司业1人，监丞3人，国子博士1人，助教1人及录事1人。

唐袭隋制，武德初，以国子监曰国子学，隶太常寺。唐太宗贞观初，复曰国子监。《旧唐书·职官志》载："贞观元年，改国子学为国子监。"而欧阳修《新唐书·百官志》注："贞观二年，复曰监。"学者们多引《旧唐书》所记，认为唐代国子监之名始定于贞观元年（627）。自此，国子监不再隶属太常寺，而成为独立机构。龙朔二年（662），唐高宗将国子监改为司成馆，国子祭酒、司业也随之更名，被称为大司成、少司成。此时，唐代政府也在东都洛阳设立了司成馆。咸亨年间，唐高宗将其复为国子监，大司成复称祭酒，少司成复为司业。武则天把持朝政后，将国子监改称为成均监。神龙元年（705），唐中宗复位，恢复高宗永淳以前官制，将成均监改回国子监。此后，国子监教育体系确立，后世王朝多沿此制。

　　作为中央教育的管理机构，朝廷对国子监行政人员及其待遇、职责等规定明确清晰。《新唐书·百官志》载设有祭酒1人，官职品级为从三品；司业2人，从四品下；丞1人，从六品下；主簿1人，从七品下；录事1人，从九品下。作为国子监的主要行政领导，祭酒、司业执掌国家儒学训导及与教育相关政令的贯彻实行，并管理下属的"六学一馆"。"天子视学，皇太子齿胄，祭酒、司业需执经讲义。国家行释奠礼时，集诸生执经论议，还需奏请京文武七品以上观礼。凡授经以《周易》《尚书》《周礼》《仪礼》《礼记》《毛诗》《春秋左氏传》《公羊传》《穀梁传》各为一经，兼习《孝经》《论语》《老子》。"岁终，以"训导多少"来对学官进行评比考核。丞"掌判监事"，主要负责管理学生的学业成绩。《新唐书·百官志》载："每年七学中若有学生业成，丞与司业、祭酒一起对他们所学进行考核。"主簿，负责掌管国子监的印鉴，"句督监事"。"如果七学中有学生不遵从教导，主簿要检举开除他们。"录事之职，《新唐书·百官志》未记，《唐六典》载："录事主要负责文案收发。"

国子监所属的"六学一馆"包括国子学、太学、四门学、律学、书学、算学以及广文馆，又称"国子监七学"。唐初，国子监仅辖国子学、太学与四门学三学。之后，唐廷陆续将律学、书学与算学编入国子监，形成了"国子监六学"。至天宝九载（750），唐玄宗下令在国子监设置广文馆，国子监"六学一馆"初步形成。唐代对"六学一馆"教职人员的设置及对学生的要求都有完备周详的规定。

国子学教职人员有国子博士、助教、典学、庙干、掌故等。《唐六典》载：唐代有国子博士2人，正五品上，负责教授、考核学生课业；助教2人，从六品上，帮助辅佐博士，分经讲授课程；典学4人，执掌课业抄录；庙干2人，职责为洒扫学庙；掌故4人。国子学招生300人，生源为唐代文武官三品以上及国公子孙、从二品以上官员的曾孙。

太学，设有太学博士、助教、典学、掌故等教职人员。太学始设于西汉。元朔五年（前124），汉武帝接受董仲舒等的建议，设立太学，置五经博士传授儒家经典。至唐代，据《唐六典》载：有太学博士 3 人，正六品上，负责掌教、考核学生；助教 3 人，从七品上；典学 4 人，掌故 6 人，助教以下人员与国子学同类教职人员职掌相同。太学招生 500 人，学生为文武官五品以上及郡、县公子、孙，从三品官员的曾孙。

四门学，设四门博士、助教、典学、掌故等教职人员。四门学始设于北魏。太和二十年（495），孝文帝设四门小学，立四门博士，置于京师四门。至唐，《唐六典》云：唐代设四门博士 3 人，正七品上，负责教授、考核学生课业；助教 3 人，从八品上；典学 4 人，掌故 6 人，助教以下人员与国子学同类人员职掌相同。四门学招生人数 1300 人，生源分为两类，一类是文武官七品以上及侯、伯、子、男的儿子，员额 500 人；另一类为平民百姓中的优秀人才，员额 800 人。

唐代律学、书学、算学都设有博士、典学等教职人员。《唐六典》记：律学博士 1 人，从八品下，始设助教 1 人，从九品上；设典学 2 人；书学博士 2 人，从九品下，设典学 2 人；算学博士 2 人，从九品下，设典学 2 人。律学博士除授课内容不同外，督课、考试、举荐与国子学、太学、四门学博士相同。助教亦辅佐博士，职责同国子学助教。书学、算学与律学等设立的博士、助教职责亦是如此。三学生源皆为收文武官八品以下子及百姓中能通其学者。书学、算学各招收 30 人，律学招收 50 人。

广文馆，置于国子监，设有博士、助教等教职人员，招收专习进士业的学生。杜佑《通典》载："广文馆博士一人，助教一人，并以文士为之。"首位广文馆博士是唐玄宗十分欣赏的郑虔。对于广文馆的废立，学者们各抒己见。有学者引《旧唐书·职官志》认为广文馆在唐肃宗至德二年（757）废除；有学者引其他史料论证唐代后期依旧存在广文馆；有学者总结广文馆自设立时兴时废，"未成为一代常制"。

国子监"六学"中，学生学习的内容也有所区别。国子学、太学及四门学中，学生主要学习儒家"九经"。《唐六典》载："三学"之生五分其经以为业，学习《周礼》《仪礼》《礼记》《毛诗》《春秋左氏传》，国子学每经各 60 人，太学每经各 100 人，四门学分经如太学。学生也要兼习"九经"中的《周易》《尚书》《公羊传》《穀梁传》。此外，还要学习《孝经》《论语》。"三学"对学生的学习年限也有规定："习《孝经》《论语》，限一年业成;《尚书》《春秋公羊》《穀梁传》各一年半，《周易》《毛诗》《周礼》《仪礼》各二年，《礼记》《左氏春秋》各三年。"学有余力的学生还需学习隶书及《国语》《说文》《字林》《三苍》《尔雅》等书籍。"三学"平时对学生课业进行考核，如旬试。"每旬前一日，对学生所学进行考核。读者，每千言内试一帖；试讲者，每二千言内问大义一条，总试三条，学生通二则及格，若只通一或全不通，国子博士等人将对其斟量决罚。"年终大考，对学生这一年的学习进行考问，有口试与笔试。"口试经义十条，通八条以上为上等，通六条为中等，通五条以下为下等。"学生的考核成绩也会按照名次排列被记录在案。

修完学业后，通二经及以上并且想要做官的学生可以由国子监举送尚书省，之后参加由吏部、礼部主持的科举考试。"通二经及以上"并不是说只要精通任意两门经或更多书籍即可，学者们经过系统研究，对其做出以下总结。唐代按照经的内容繁简深浅，将儒家"九经"分为三类：大经、中经与小经。大经有《礼记》《春秋左氏传》，中经有《毛诗》《周礼》《仪礼》，小经有《周易》《尚书》《公羊传》《穀梁传》。其中，通五经者须大经皆通，余经各通一门，兼通《论语》《孝经》。通三经者须通大、中、小经各一门。而通二经者须通一门大经、一门小经，或通两门中经。

律学生主要学习国家律、令，兼学格、式、法例。书学生研习书法字体，以《石经》《说文》《字林》为主，兼习其他字书。书学中"石经三体（古文、篆、隶）"限三年内学成，《说文》学限两年，《字林》学限一年。算学二分其业，15 人学习《九章》《海岛》《孙子》《五曹》《张丘建》《夏侯阳》《周髀》，15 人学习《缀术》《辑古》，学生兼习《记遗》《三等数》。算学中，《孙子》与《五曹》的学限合计一年，《周髀》与《五经算》的学限同前所述。《张丘建》和《夏侯阳》学限各为一年。《九章》与《海岛》的学限共计三年。而《辑古》学限一年，《缀数》的学限为四年。

唐代在东都（或称东京）洛阳也设国子监"六学一馆"，教学内容与学习年限等情况大致相同，但在教职人员数目与招生人数上存有一定差异。诸学生入学年龄在 14 岁至 19 岁，律学生入学年龄限 18 岁以上、25 岁以下。唐代对国子监"六学"学生提供免费膳食，还规定官学生享有旬假、田假、授衣假、国家重要节日等其他法定假期。

需要说明的是，由于唐代后期"六学一馆"随时局变动逐渐萧条，相关情况散见于诸书，未有系统完备记载，故本书主要以《唐六典》为依据，对唐代前期"六学一馆"职员设置及职责、招生人数、学习内容及考试制度进行概述。此外，《旧唐书·职官志》与《新唐书·百官志》有关"六学一馆"人员数目设置等方面的记载存有一定差异，可能与这些机构在唐代后期的变动有关。本书限于篇幅，不再详述。

唐代中央官学还有门下省弘文馆与东宫崇文馆。弘文馆原称修文馆，设于唐高祖武德九年（626）。武德末，修文馆改称弘文馆。之后几度改名昭文、修文。至开元七年（719），又改为弘文馆，隶属门下省。弘文馆设立之初，主要负责收藏、校雠及研究皇家典籍。贞观后，弘文馆兼具学馆性质，设有学士、直学士等教职人员，招生人数 30 人。

崇文馆可追溯至三国曹魏时期，由魏文帝曹丕始设。贞观中，太宗皇帝在东宫设立崇贤馆，置学士、直学士等人，但不常设置，主要负责教授学生等事务。之后，避章怀太子李贤名讳，改称崇文馆。崇文馆学生主要陪侍太子读书，定制 20 人。有学者总结道，弘文馆与崇文馆是专门为皇亲国戚、高官子弟设立的学校。学生为"皇帝缌麻以上亲，皇太后、皇后大功以上亲属，宰相及散官一品、封爵且实际受封租赋的功臣、京官职事正三品、供奉官正三品的子孙，及京官职事从三品，中书、黄门侍郎之子"。

崇玄学也是唐代中央官学之一。李唐皇室尊以老子李聃为始祖，推崇道教。开元年间，唐玄宗设立崇玄学，置博士、助教等职教授学生，学生研习《老子》《庄子》《文子》《列子》等道家著作。为了提高这些书的规格，唐代统治者尊称它们为经，《老子》改称《道德经》，《庄子》改称《南华真经》，《文子》改称《通玄真经》，《列子》改称《冲虚真经》，等等。天宝初，两京（西京长安、东京洛阳）崇玄学招生各 100 人，诸州县学生无常员。有学者研究指出崇玄学未能引起唐代士人的广泛共识，所以实际学生及应"道举"的人数很少，对唐代学校教育的影响并不大。

唐代地方官学是指唐代地方官府按照行政区划在地方设立的学校体系。唐代官学始建于唐高祖时期。武德初，高祖下令设中央官学的同时，也设郡学与县学，学校建制与中央官学相似，但招生人数比较少。"上郡学置生六十员，中郡五十员，下郡四十员。上县学共置四十员，中县三十员，下县二十员。"武德七年（624），唐高祖再次下诏让各地州县及乡设立学校。

有学者研究指出，限于唐初版图，武德初年的诏令在各地实施程度有限，唐王朝只能在长安和并州、汾州及河东等地区设立学校，所以统治者才会再次下诏重申建立地方教育。开元年间，唐玄宗"令天下州县，里别置一学"。有学者据此并引《唐会要》辅证，认为唐代地方教育在此时"形成了州、县、乡、里四级制"。也有学者引《唐大诏令集》等史书指出唐玄宗"令天下州县，每一乡之内，别各置学"，认为唐代在贞元以前地方官学体制为州、县、乡三级制。学者们经过研究，总结出唐代地方官学一般包括京都所在地的府学、都督府学、州学、县学。都督府学划分为大、中、下三级，州学划分为上、中、下三级，县学分为上、中、中下、下四类。在招生人数上，有学者按照地方官学等级定制将其总结为：京都所在地府学招生 80 人，大、中都督府和上州各招 60 人，下都督府和中州各招 50 人，下州招生 40 人，京县招生 50 人，上县招生 40 人，中县与中下县各招 35 人，下县招生 20 人。上述地方官学皆设博士、助教等教职人员，负责授业考核等事务。学生一般为八、九品官员之子及平民子弟。学生主要学习儒家经义，但学业水平与中央诸官学生有一定差距，若有通一经及以上的学生，或者在规定年龄之内未通经但有培养前途的学生，可以通过州县长官推荐进入四门学读书。

至于乡里学校，普遍分布在偏僻乡野间。有学者认为由地方设立的学校称乡校或乡学。也有学者总结凡在乡中举办的学校，因位于乡间僻远地方，也可称乡校。本文所指的唐代乡校为地方设的官学。乡校学生一般为乡里孩童，在学校中接受启蒙教育，主要学习《论语》《孝经》《千字文》《兔园册》。乡校教师一般由乡里聘请研习明经的儒士担任。"达官贵人或应进士举业的士人"通常看不起乡校教师，鄙夷地称他们为"乡校俚儒"，意指他们浅陋迂腐。乡校教师主要教学生识字，使学生了解一些基本知识，懂得为人处世之理。

唐代官学除教授儒家经义、道家玄学外，还进行职业教育。如隶属太医署，设"医、针、按摩、咒禁"四科，各置相关教职人员教授医学；太卜署设卜正博士、助教传授学生卜筮之法；礼院置生学习"五礼"；太乐署设博士等传授钟律、音乐；等等。

唐代学校教育中十分重视束脩礼与释奠礼。有学者指出，这是因为唐代统治者想要通过这种德礼教育来提高学子修养，使他们区别于普通百姓。束脩礼，是古人拜师的礼节，春秋时期就已经出现。古人会把 10 条干肉绑在一起作为入学礼物送给老师。孔子教授学生时，学生就行此礼。《论语·述而》曰："自行束脩以上，吾未尝无诲焉。"大意指只要是主动给孔子行束脩礼的人，他从没有不给予教诲的。唐代的束脩礼是入学学生必须要做的教育礼仪，国家对学生备礼也做出了详细规定。《唐会要·学校》载：

> 神龙二年（706）九月，唐中宗李显下令让在各个官学读书的学子们以长幼排序，不希望学生们以身份尊卑论资排辈。刚入学的学生都要向自己的老师行束脩之礼。国子学、太学学生必须各备三匹绢，四门学学生必须备二匹绢，俊士及律学、书学、算学与州县的学生各备一匹绢，学生们皆须备上酒脯。他们所备的束脩礼物，三分献给博士，二分献给助教。

束脩礼在当天清晨举行，身着青色交领长衫的学子们立于学门前，按照礼制规定行跪拜之礼，并向身穿官服的博士行弟子之礼，仪式颇为隆重。即使是身为太子，也须行束脩礼。据《大唐开元礼》载，皇太子行礼时间也在清晨，须身穿青矜服，行礼过程与官学生行礼相似。拜师礼结束了，师生关系便确定下来。束脩礼不在乎礼物数量多少，重点在于"礼"，在于尊师重道。

释奠礼是唐代学校教育中的重要礼仪之一。《唐六典》载："凡祭祀之名有四，一曰祀天神，二曰祭地祇，三曰享人鬼，四曰释奠于先圣先师。"可见释奠礼是祭祀先圣先师之礼。古人对于先圣先师的看法并不统一，有人认为是指周公和孔子，也有人视孔子和颜回为先圣先师。唐高祖时先尊周公为先圣、孔子为先师，后诏以周公为先圣，孔子配享。贞观二年（628），唐太宗听取房玄龄等人的建议，下令升孔子为先圣，以颜回配享。后来，帝王诏令多变，直到唐高宗显庆时，孔子"先圣"的地位才最终确立。

唐代举行释奠礼，天子及皇太子亲临是常有之事，从唐高祖到唐昭宗，诸位帝王都曾亲临国子监释奠。由于释奠礼复杂烦琐，专业性强，本文限于篇幅，不对其仪式进行叙述。李唐王朝十分重视释奠礼，释奠礼很少缺行。学者们认为这既与统治者"儒教治国统治策略"有关，也与"士大夫群体对孔庙释奠礼仪的坚持支持"相关。他们总结道："唐代后期释奠礼的意义已经超越了祭祀孔子、尊师重道及尊圣崇儒，某种程度上成为儒家学者的精神寄托，正是千千万万人的坚持和努力才使得释奠礼延续不断。"

关于唐代私学，有学者从私学教育入手，认为其由隐居读书、私人讲学、塾学、家学与佛寺儒学组成。有学者着眼于私人讲学，总结有唐一代名流雅士乡间讲学、山林讲学及佛门寺塾讲学之风盛行。还有学者将私学分为成人教育与童蒙教育，同时指出唐代家庭教育也属于私人教育范畴。唐代家庭教育既包括达官显贵之家聘儒师在家塾、学馆授业于子弟，也包括长辈对晚辈的教导，大致指第一种观点中的塾学与家学。本文将借鉴前辈学者诸论，从私人讲学着手，带领大家透过历史中的琅琅书声，寻找唐代私学的身影。

唐代私学的教职人员、学生人数及学习年限皆未有定制。这些私学或是大家族为方便家中子弟教育而设立的家塾，聘请学者教授知识；或是由文人雅士设立的学舍学馆，招生授业；又或是由某位读书人在村镇设立的学所，教孩童读书识字。私学中以传授儒家经典为主，兼及玄学、文学与史学，既能为年幼孩童启蒙，也能为想要科举入仕的学子指点学业。孩童教育为传授基础知识为主，私学中承担这一职能的一般为塾学与乡间童蒙教育等。士人想要借助读书入仕，就必须进一步学习。官学名额有限，部分中央官学还对学生入学资格做出了一些限制，并非人人都可入学。

而私学对广大求学之人敞开怀抱，没有严格的等级制度，教师或为官僚士大夫，或为有名儒者，他们以所学教诲学生，孜孜不倦。于是，许多学子涌入私学，拜入名师门下，请求老师指点学业。如名列"唐宋八大家"之首的韩愈就是唐代私人讲学的代表。韩愈，人称昌黎先生，他倡导古文运动，主张恢复秦汉时期质朴自由的文风，反对六朝以来华而不实的骈文，所作《师说》等文被世人传诵，对当时学子影响很大。韩愈扶持后学，不遗余力，指点了许多学子，经韩愈指导教授者，皆称"韩门弟子"。

私学设立，不受地域限制，或置于京师、府、州、县的繁华场所，或位于山林等偏远之地。如《旧唐书》载：滑州白马人王恭，少年时专心好学，博涉六经，每在乡间讲学，听课学生多至数百人，还有学生不惜自远方赶来求学。再如唐代柳宗元，"唐宋八大家"之一，与韩愈共同倡导古文运动，闻名于世。唐顺宗永贞年间，王叔文等人在顺宗的支持下进行了一场政治改革，他们反对宦官专权，反对藩镇割据，力图革除积弊，加强中央集权。柳宗元也参加了"永贞革新"。这场改革最终因宦官发动政变而以失败告终，柳宗元受到牵连，被贬为柳州司马。被贬柳州后，当地想要考取功名的学子，不远千里前来拜入柳宗元门下，而经他指导，一定能成为名士。还有一些名儒雅士，隐居山野，设馆讲学，学子们不畏山高路远，前去拜师求业者络绎不绝。如贞观初，魏州人马嘉运隐居于白鹿山，他精通儒学，在此地授徒讲学，前来求学者多达千人。

有唐一代，官学教育与私学教育呈现出许多不同。官学教育体系完备，中央官学还具有明显的等级性，入学资格多被社会上层阶级掌控，中央官学生享受国家政策优待，部分还可以免除课役。如《新唐书·食货一》载："国子、太学、四门学生、俊士，孝子、顺孙、义夫、节妇同籍者，皆免课役。"此外，唐代对外交往频繁，外国留学生也能够进入国子监读书。相较于中央官学，地方官学发展不平衡，山区州县、边州地区官学教育发展水平不如内地，唐代后期藩镇割据地区的官学发展水平也与中央辖区教育水平存在差距。私学形式多样，遍布各地，具有广泛的社会性。私学教师授业多会向学生收取一定的学费，他们授业不享受国家俸禄，便收取一定束脩度日。尽管唐代的官学与私学有很多不同之处，但二者共同构成了唐代的教育体系，它们相辅相成，为李唐王朝培养了许多优秀人才。

二、教材编纂

隋朝末年，狼烟四起，群雄纷争，社会混乱，经济文化发展受到重创，许多文化典籍在这场动乱中流失散佚。李唐王朝初建，国家经籍亡散，令狐德棻奏请以高价募求天下散佚书籍，并专门让人用楷体对书籍进行誊写。数年间，国家藏书略备。唐太宗统治时期，秘书监魏徵认为自隋末丧乱后，"典章纷杂"，图书分类不清晰，奏引学者核定群书，按照图书内容分为甲、乙、丙、丁四类，甲部为经，乙部为史，丙部为子，丁部为集，国家图书"粲然毕备"。之后，唐玄宗大兴文教，十分重视书籍的收集、编纂创作、整修及编译等工作，国家"藏书之盛，莫盛于开元"。

唐代"尊孔崇儒"，以儒家经典教育学子。然而千年以来，儒家学说在发展中不断演变，流派分立，使得"儒家经籍注说繁多，释义各异"。先秦时期，儒学在孔子逝后，产生分化。《韩非子》载："有子张之儒，有子思之儒，有颜氏之儒，有孟氏之儒，有漆雕氏之儒，有仲良氏之儒，有孙氏之儒，有乐正氏之儒。"他们继承孔子思想，并根据自己的理解，发展成不同派别。两汉时期，儒学盛行，儒学内部也有今文经（用隶书抄写的儒家经典）与古文经（用秦汉以前的古文字书写的儒家经典）之争。魏晋时期，士人趋向用道家思想阐释儒学经典，玄学风靡。后来，南北朝对立，儒学又有"南学"与"北学"之分。

书籍浩瀚如烟，经义释说繁杂，使得唐代学校教育在实践中缺乏统一的教材，在一定程度上不利于文化教育事业的发展。为解决这一问题，朝廷决定统一学校教材。贞观初，唐太宗认为国家经籍距离圣人的时代很久远了，书中文字出现了很多差错谬误，下令让中书侍郎颜师古在秘书省（这是唐代专门管理国家藏书的中央机构）考订儒家"五经"（指《诗经》《尚书》《礼记》《周易》《春秋》）。颜师古将它们整理、订正完毕后上奏朝廷，太宗诏令尚书左仆射房玄龄会集诸儒再次审议。诸儒继承师传旧说，而这些旧说在流传中早就有错误之处，他们不同意颜师古的考订，秉持己见，一时间出现了各种异说。面对他人的质疑和不同见解，颜师古引经据典，对相关问题做出清晰明确的回复。颜师古的观点出乎众人意料，他们无不叹服。之后，唐太宗将整修后的"五经"颁行于世，命天下学者以此为教材进行传授与学习。

唐太宗还认为儒学内部有很多流派，各种书籍注释纷乱，又诏令国子祭酒孔颖达等人重新审议儒学诸家注释。除孔颖达外，颜师古、司马才章、王恭、王琰等人也参与了这项工作。他们汇集儒家诸说，审慎辨义，于贞观十二年（638）撰成《五经正义》（初名《五经义赞》，奏上后改），共180卷。唐太宗十分满意他们的成果，下诏曰："卿等（指孔颖达等人）学识渊博，通达古今，博通儒家经义学说，对前辈儒者的不同学说进行考订，（使它们）符合圣人精妙高深的旨趣，实为不朽。"

《五经正义》颁行后，唐太宗将它作为教材，交付国子监试行。太学博士马嘉运对其中一部分内容提出了反对意见。于是，唐太宗下令让孔颖达等人重新考察审订。重新修订耗时耗力，主持这项工作的孔颖达在贞观二十二年（648）病逝，而《五经正义》还未完成整理修订。永徽二年（651），唐高宗诏令长孙无忌及中书门下、国子三馆博士、弘文馆学士等人对孔颖达所纂《五经正义》重新加以考正。于是，尚书左仆射于志宁、右仆射张行成及侍中高季辅等人审慎辨析，对书中内容进行了适当的删减或增加。永徽四年（653），《五经正义》重新修订完毕，唐高宗下令颁于天下，并把它作为考试教材，每年的明经科考试都以它为依据。

作为唐代经学的集大成之作，《五经正义》具体是指"《周易正义》《尚书正义》《毛诗正义》《礼记正义》与《春秋左传正义》"。不少学者都对《五经正义》所采用的传注做了系统研究，他们认为《周易正义》用曹魏王弼及东晋韩康伯注，《尚书正义》用西汉孔安国传，《毛诗正义》用西汉毛苌传（一说是毛亨）、东汉郑玄笺，《礼记正义》用郑玄注，《春秋左传正义》用晋杜预注。其中王弼、韩康伯所注《周易》，孔安国所注《尚书》及杜预所注《左传》，是南北朝时"南学"治经趋向，郑注《礼记》及郑笺《毛诗》被"南学"与"北学"共同推崇，因此人们一般认为"《五经正义》统一南北经说，主要延续了南学的传统"。学者们推测《五经正义》选择"南学"或与颜师古所撰"五经"之书有关。《五经正义》以颜师古考订之书为基础，此书曾被不少人质疑，而颜师古往往引"晋、宋（南朝宋）旧文"进行回应。"其多用晋、宋旧本，似以南学为尊。"而经过深入研究，学者们总结道："《五经正义》系折中南学北学，择善从之，严格遵守注不违经，疏不破注的汉家学法。"

　　唐玄宗开元年间，国家教材稍有改变。《唐六典·国子监》对当时各官学授课教材的记载为："《周易》郑玄、王弼注，《尚书》孔安国、郑玄注，《周礼》《仪礼》《礼记》《毛诗》郑玄注，《左传》服虔、杜预注，《公羊》何休注，《穀梁》范宁注，《论语》郑玄、何晏注，《孝经》《老子》并开元御注。其中以前用的《孝经》为孔安国、郑玄所注，《老子》为河上公注。"再后来，国家经籍因战乱散佚，有大臣认为"存世的儒家经典多有舛误，官学博士学识浅薄不能考订"，请求李唐统治者下令校雠刊订，将 12 部经书刻为石经，以示后代。除以《尔雅》替代《老子》之外，其余书籍如前文所述，但未记注者。

　　唐代教育中的书学教材有许慎撰《说文》、吕忱撰《字林》。有关算学教材，《唐会要》记载高宗显庆时，尚书左仆射于志宁奏请以李淳风等人注释的《五曹》《孙子》等 10 部算经为算学学习依据，但未详细介绍具体书名。本文以《唐六典》所记算学书籍，并结合《旧唐书·经籍志》与《新唐书·艺文志》，对唐代算学教材进行推测，总有：《九章算术》《孙子算经》《五曹算经》及唐李淳风注《张丘建算经》，唐王孝通撰注《缉古算经》（又名《缉古算术》），晋刘徽撰、唐李淳风注《海岛算经》，北周甄鸾注《夏侯阳算经》，南朝祖冲之撰、唐李淳风注《缀术》。

至于《数术记遗》，《旧唐书·经籍志》认为此书为东汉徐岳撰、北周甄鸾注，《新唐书·艺文志》也持相同观点，而清人在《四库全书总目》中认为《隋书·经籍志》对徐岳、甄鸾撰写的书籍都有记载，却没有这本书的名字，此书应该是在唐代开始被记录在册，四库馆臣再结合徐岳事迹及汉儒考古之风，进一步认为此书不是徐岳所撰，并推测这本书是唐代公职人员在购求古书时，有人写了这本书并冠上徐岳之名，冒作古书，交给唐廷。

《三等数》在《旧唐书》《新唐书》中被记为董泉撰、甄鸾注，此书也是唐以前不见记载，唐代开始出现，由于此书在后世亡佚，具体情况无法考证。此外，李淳风在算学方面还注有《五经算术》（甄鸾撰）。对于律学教材，基础文献中记载不详。关于唐代教材卷数，因作者或注者析卷不同，加上书籍流失等各种原因，各史料所记不一。

唐代文学兴盛，《文选》被士人推崇，逐渐形成了一种专门研究《文选》的"文选学"。士人传习此书，始于曹宪。曹宪，为扬州江都人士，曾担任隋朝的秘书学士。隋末唐初，他开始在江淮地区传授《文选》，后来许淹、李善及公孙罗相继以《文选》授业，自此《文选》之学在唐代流行起来。不少学者对"文选学"兴起的背景与原因有所研究，他们认为"文选学"兴起离不开李唐王朝对文治的重视、《文选》反映的文风与统治者所提倡文风的一致性以及士人对科举制中以文学取士的进士科的推崇。

《文选》收录了许多历代名作，涉及赋、诗等文体，对唐代士人影响很大，李白、杜甫、韩愈等人都受此书影响。在有关唐代的基础文献中，以《文选》为教材传授学生多见于私人讲学，官学授课中多未有明确记载，但在笔记小说中存有一丝踪迹。《太平广记》引《朝野佥载》载：唐代国子监助教张简，是河南缑氏人，曾经在乡学教授《文选》。这是乡学以《文选》为教材的记载。进士科考试重视文学，专收习进士业学子的广文馆很可能以《文选》为教材。

《千字文》和《兔园册》是唐代比较通俗的童蒙读物。它始于南朝梁。梁武帝让人从王羲之的书法作品中选取不能重复的千字，再命周兴嗣把它们编成韵文。韵文，是一种文学体裁，讲究韵律，要押韵。《旧唐书·经籍志》载萧子范撰《千字文》1 卷，周兴嗣也撰有《千字文》1 卷。《新唐书·艺文志》载："萧子范《千字文》1 卷，周兴嗣《次韵千字文》1 卷。"而学者们根据敦煌遗书发现，唐代敦煌地区孩童所学的《千字文》为钟繇撰、李遏注、周兴嗣次韵。但是学者们认为钟繇没有撰写过《千字文》，以钟繇为撰者或是有人假托其名，或是孩童撰写有误，唐代敦煌地区盛行的《千字文》应为李遏注、周兴嗣次韵。

《兔园册》，又称《兔园策》《兔园策府》《兔园册府》。对于此书撰者有两种说法，一种源自晁公武《郡斋读书志》，认为《兔园册》的作者是唐代虞世南，另一种说法出自王应麟《困学纪闻》，认为此书为唐代杜嗣先所撰。贞观时，蒋王李恽（唐太宗第七子）让杜嗣先"仿应科目策，自设问对，引经史为训注"，于是，便有此书。学者们普遍赞同后者。以"兔园"为书名，是借西汉梁孝王刘武的"兔园"典故。梁孝王刘武是汉景帝刘启同母弟弟，很受窦太后的宠爱，他在自己的封地大兴土木，建造了一个非常豪华的大花园，称东苑，又称菟园，人们也称其为梁园。刘武在梁园中广纳宾客，招揽天下豪俊，名士司马相如、邹阳等人都在此云集，成为梁孝王的座上宾。学者们认为这实际上是以刘武故事比附蒋王。

《兔园册》开始是为士人科举考试所作，但之后因为不能适应科举制的发展与社会文风转变，逐渐被科举考生抛弃，成为儿童启蒙读物。唐末五代，人们评价它为"乡校俚儒教田夫牧子之所诵也"。关于《兔园册》有这样一则小故事，据《北梦琐言》载："五代后唐宰相冯道形神庸陋，他成为丞相的时候，很多人在私底下嘲笑他。一天，刘岳与任赞走在一起讨论事情，看到路上的冯道不时回头，任赞感到很奇怪，对刘岳说：'宰相好好地走在路上，为什么要时不时地往后看呢？'刘岳笑了笑说：'他肯定是忘记拿《兔园册》了。'与冯道同乡的官员听说了这件事，并告诉了冯道，冯道因为这件事授刘岳秘书监，授任赞散骑常侍。那时北方乡野多用《兔园册》教育孩童，他们用这个来讥笑冯道。"

除《千字文》《兔园册》之外，唐代还有许多儿童启蒙教材。学者们通过研究，认为《论语》《孝经》《蒙求》《急就章》《开蒙要训》《文场修》《武王家训》《太公家训》《弁才家训》《秦妇吟》《王梵志诗集》等也是童蒙教材，也有学者认为《文选》也是其中之一。

我们无法穷举唐代学子们读书生涯中学习的书籍，也无法精确知道唐代官学与私学授课用书的总量，但我们能从有限的唐代文献中管窥一二，能从那些典籍中微微了解唐代学子的读书之路。纸张泛黄，伴有淡淡墨香，一页页轻轻翻阅，透过年轮的光辉，耳边仿佛传来了琅琅书声。从"天地玄黄，宇宙洪荒"到"学而不思则罔，思而不学则殆"，再到"大道之行也，天下为公"。懵懂稚子在岁月中浸染书香，壮志少年在无涯学海中奋力拼搏。是他们，也是我们！

三、学优则仕

孟郊在《登科后》一诗中云："昔日龌龊不足夸，今朝放荡思无涯。春风得意马蹄疾，一日看尽长安花。"这首诗是孟郊46岁时所写，这年他进士及第，将过去忧愁一扫而尽，满怀喜悦，春风得意，写下此诗。科举制的"魔力"在于它不论学子出身，以考试成绩定论，冲破了门阀士族对仕途的垄断，使得寻常人家也有机会成为"政治新贵"。因此，唐代读书人十分看重科举，许多人寒窗苦读数载，只为一朝及第，实现"鲤鱼跃龙门"。

科举制是唐代统治者为打击门阀士族，加强中央集权而实行的治国举措之一。有关科举制起源，学者们各抒己见。刘海峰将诸家观点进行整理，大致归纳为以下5种：

第一种观点，科举制度始自汉代。持此观点的学者们或认为汉代就已经"分科射策"，只是当时没有"全凭科举"，或认为"汉代的察举与唐代的科举基本一致"。第二种观点，科举制度源自南北朝。持有这种观点的学者多认为南北朝的一些荐官制度中有唐代科举制的影子。第三种观点，科举制度可追溯至隋朝，其中一部分学者认为科举制度始于隋文帝时，另一部分学者认为始于隋炀帝。第四种观点，科举制度起源于唐朝。第五种观点，广义的科举始自汉代，狭义的科举源于隋朝。刘海峰即持此观点，他认为科举分为广义的科举与狭义的科举，前者"是指分科举人，即西汉以后分科目察举或制诏甄试人才任予官职的制度"，后者"指进士科举，即隋代设立进士科以后用考试来选拔人才任予官职的制度"。人们常说的科举制度是指以科目考试来选拔人才的制度。

唐代的科举考试分为制举和常举。制举是唐代临时设置的考试，由皇帝特命，举行时间不固定，考试科目也不固定，录取人数也无常数。制举中常见的科目有贤良方正科、直言极谏科、博学宏词科、军谋宏远堪任将帅科、博通坟典达于教化科，等等。从这些考试科目也可以看出，统治者特命制举是想要招揽有特殊才能的人才。制举不常举行，每次录取人数也比较少。

唐代制举对考生资格没有限制，普通学子、在职官员都可以参加制举，即使是通过了常举考试的士人，也可以参加制举。考试合格之后，有官职的考生可以升官，无官职的考生可以被授予官职。如颜真卿在天宝元年（742）中博学文词秀逸科，被任命为醴泉县县尉。制举考试参加次数不受限制，一人可以参加多科，《旧唐书》载：崔元翰，博陵人士，进士及第之后，去应试博学宏词制科，又参加了贤良方正科与直言极谏科考试，三次制举考试都名列前茅。再如柳公绰（唐代书法家柳公权之兄）在唐德宗贞元元年（785）应贤良方正能直言极谏科，等第后授秘书省校书郎，贞元四年（788）再登贤良方正科，之后被任命为渭南县县尉。但由于举行时间及录取人数不固定的缘故，制举在唐代科举制度中的影响不及常举。

常举，通常每年举行一次，有时因为情况特殊也会暂停举行，但不久便会恢复。常举考生或出身官学，或来自私学，也有自学成才者。官学中成绩优异的学生会被推荐到礼部参加科举考试，他们被称为生徒。出自私学，或自学成才的学子们需要"怀牒"（牒，相当于今天的户口本）到州县报名，参加本地举行的选拔考试，考试合格后，再由地方长官推荐举送到中央参加考试。士人参加府州资格考试，合格者按成绩名次，第一名称为解元（也称解首、解头），其余统称为"乡贡进士"。有学者研究唐代墓志发现，一些落第举人在其墓志铭中也被称为进士。这是对他们的一种敬称，他们其实是乡贡进士，没有通过中央举行的科举考试。

唐代有一个特殊礼仪，乡贡进士于上京赴试前，要参加鹿鸣宴，由地方长官主持，行乡饮酒礼。《通典》载，每年仲冬，通过官学考核能够参加中央科举的官学生和同样赴京科考的乡贡进士会参加地方长官为他们举行的宴会，先要举行相关祭祀，要求"陈俎豆，备管弦，牲用少牢"，之后宾客宴饮，歌《鹿鸣》之诗。饯行宴会完毕后，他们就要去京师参加考试了。《鹿鸣》出自《诗经·小雅》，原本是君王宴请宾客时唱的歌，后来被逐步推广到民间。诗共 3 章，每章 8 句，字里行间都洋溢着热闹欢快的气息，赞许主人好客之情，赞美宾客的德行。学者们认为唐统治者或是以此来表达对人才的重视，勉励他们今后为官要为国家尽心尽力。

唐代中央实行三省六部制，三省即中书省（长官为中书令）、门下省（长官称侍中）及尚书省（长官为尚书令），六部指的是尚书省下辖的吏部、户部、礼部、兵部、刑部及工部。中书省掌决策，门下省负责审核政令，尚书省负责政令的执行。唐代尚书省吏部负责国家文官的铨选、政绩考核等工作，唐前期主持科举。礼部负责天下礼仪、祭享、贡举等事宜。因此，举子们赴京参加的考试是由中央尚书省主持的全国考试，称省试。而唐代前期，这项工作是由尚书省吏部主持。但至唐玄宗开元二十四年（736），国家规定省试以后由尚书省礼部负责。

这样的转变，缘于当时考官和考生的矛盾。《通典》载："国家旧制是由吏部考功员外郎负责贡举。开元二十三年（735），考功员外郎李昂被进士李权诋毁，朝廷商议后，认为考功员外郎这类官员的级别比较低，他们主持科举，不能震慑那么多的士人，决定明年的贡举由礼部侍郎主持。于是，由礼部主持贡举成为永制。"而李昂与李权之间究竟发生何事，正史中并未记载。不过，人们可以从唐人笔记小说中寻到他们的踪迹。故事未必可信，但在闲暇的时候读上一读，倒也不失乐趣。《大唐新语》载：

考功员外郎李昂性格刚强急躁，不能容忍与自己志趣、性情不相同的人或物。于是，他就把要在京参加贡举的考生们召集起来，和他们约定不要有不正当的竞争，说："你们文章的好坏呢，我也都知道了。考校取舍，我都会非常公平。如果有向人托关系、走后门的，应当全部落榜。"李昂的岳父曾经与进士李权比邻而居，两个人关系不错，于是他就在李昂面前为李权说话。李昂听后非常愤怒，把贡士们召集起来数落李权的过错。李权自己卑贱愚蠢，私底下和别人谈论了这件事，但是求他替自己说情。李昂因此说："我看大家的文章，写得很好。但古人说，再好的玉石也不能遮掩它的瑕疵，这才是忠诚。如果大家文章有什么用词不当的地方，我会和你们一起详细商讨的，怎么样？"众人都说好。等出去了，李权对众人说："他刚才说的那番话其实在针对我，李昂担任这届考官，我肯定是不能中第了，还能有什么希望呢？"

于是，他私底下偷偷寻找李昂的过错，还真找到了李昂文章中的小瑕疵。他把瑕疵处摘录下来，制成榜文，贴在大街上。李权挑衅李昂，说："礼尚往来，来而不往，非礼也。我的文章不好，我已经知道了。但是您的文章大家都知道，我想和您切磋一下，可以吗？"李昂带有怒气，回答说："又有什么不可以的。"

李权听后，心中暗喜，接着故意表示疑问："耳临清渭洗，心向白云闲，这难道是您写的句子？"李昂不明对方意图，但也给出肯定回答。李权见其落入"圈套"，便开始批评李昂的文章，说："昔日唐尧年老衰弱，不愿继续为王，打算禅位于许由，许由听到禅位这件事后非常厌恶，感到自己的耳朵受到污染，所以洗耳。当今天子正当壮年，不会把皇位禅让给您，您为什么洗耳呢？"李昂一听，非常惶恐害怕，便向上级控告李权，认为李权此人狂妄无礼，李权因此被抓了起来。

科举考试"常贡之科有秀才、有明经、有进士、有明法、有书、有算"。秀才之名，始于汉。学者们通过研究指出，隋朝极为推崇秀才科，此科考试难度较大。唐代秀才科考试必须"试方略策五条"，考试内容涉及古今，且主试者随机出题，应试者必须学识渊博，文采斐然，才有可能通过考试。合格者"以文理通粗为上上、上中、上下、中上，凡四等为及第"。唐代秀才科录取率比较低，《旧唐书》载："国家富有四海，已四十年，百姓官僚，未有秀才之举。岂今人之不如昔人，将荐贤之道未至？"此为唐高宗时刘祥道上奏之言，可见秀才科录取形势严峻。学者们指出，除了考试难度大之外，应试者考试不合格连坐举荐官员的规定也使得此科应试人数少。唐高宗永徽以后，秀才科废置。

明经中又有五经、三经、二经、学究一经、三礼、三传、史科等，三礼指《礼记》《仪礼》及《周礼》，三传指《春秋左传》《春秋公羊传》《春秋穀梁传》。应试者可以选择考其中细分科目。通五经、通三经及通二经在前文已详述，此不赘述。明经考试内容主要包括帖经、经义和时务策。关于帖经，《通典》中这样解释："帖经者，以所习经，掩其两端，中间开唯一行，裁纸为帖。凡帖三字，随时增损，可否不一，或得四、得五、得六者为通。"大概是说要把所学经书内容的上下两端掩去，只留下中间一行，用剪裁好的纸张贴去几个字，应试者必须默写出被隐去的那几个字，合格标准随时而变，要看当年要求。经义，一般以儒家经书的文句为题，应试者要领悟其中要旨，结合实际政治阐明义理。时务策，由主试官依据当年重大政治、经济事件出题，应试者按题陈述己见，发表看法，论解决对策。

明经考试具体过程如下："凡明经，先帖经，然后口试，经义问大义十条，答时务策四道，以为四等。"应试三传科，一般出题为：据《春秋左传》问大义五十条，以《春秋公羊传》《春秋穀梁传》问大义三十条，三道时务策，成绩以"义通七以上，策通二以上为第"。史科考试，一般试题为"每史问大义百条"及三道时务策，成绩以"义通七、策通二以上为第"。帖经、经义都是以背诵为基础，应试者可以采取死记硬背的方式进行学习，而且已有基本教材，对经义注释进行了统一，士人学习起来比较容易。唐初，明经科录取人数无定额，后来朝廷对录取人数进行了限制，每年 100 人左右。

进士科，始于隋炀帝时，后在唐代发展完善。唐初，进士科仅考时务策，唐太宗贞观八年（634），进士科考试"试读经史一部"。唐高宗调露二年（680），进士科考试增加帖经，后又加《老子》《孝经》为考试内容，让应试者兼习通晓。唐高宗永隆二年（681），进士科又试箴、表、铭、赋等杂文。再后来，诗赋开始在进士科中出现。在后来的发展过程中，杂文渐改诗赋。因此，唐代进士科考试内容主要包括帖经、经义、时务策和诗赋。进士科看重文辞，像诗赋有音韵格律的限制，不能仅靠背诵就可以学习。这其实是对考生文学修养的考查。

相较于重视帖经和经义的明经来说，进士科的考试难度较大。学者们通过对唐代明经科与进士科录取人数的研究，指出进士科录取人数少于明经科录取人数，"大抵进士千人中得第者为百分之一二，明经得第者为十分之一二"，由此可以感受到唐人对明经科的淡然，对进士科的推崇关注。《唐摭言》有记："进士科始于隋朝大业中，盛于贞观、永徽之际。搢绅虽位极人臣，不由进士者，终不为美，以至岁贡常不减八九百人。其推重谓之白衣公卿，又曰一品白衫；其艰难谓之三十老明经，五十少进士。"大致是说唐代士人对进士科十分推重，官员们即使已经有了很高的职位和地位，但其中那些不是"进士出身"的人，终究觉得不完美。之后进一步说，那时候进士科竞争压力很大、很难考过，应试者 30 岁考中明经，在考中明经科的人里算年纪大的，而 50 岁考中进士的人，在进士中第者里面则算年纪小的了。

进士科考试，考试时间为一天，可延长到晚上。夜里，许烧蜡烛，直到蜡烛烧尽，考试才结束。唐白居易在《论重考试进士事宜状》中说道："伏惟礼部试进士，例许用书策，兼得通宵。得通宵则思虑必周，用书策则文字不错。昨重试之日，书策不容一字，大烛只许两条，迫促惊忙，幸皆成就。"这里谈到礼部主持进士科考试，是允许考生夹带书册进入考场的，并且考试持续到了晚上（此处通宵未给出确切时间，不做参考）。但是白居易在文中又谈到这次的进士科重试不允许考生夹带书册，考生晚上答题时间也随着两支蜡烛相继燃尽而结束。

这里的科举重试是因为当年进士科的考试发生了特殊状况，使得统治者下令重新举行进士科考试。此为唐穆宗长庆元年（821）之事，当时礼部侍郎钱徽知举，下进士及第郑朗等 14 人，后以段文昌言其不公，令中书舍人王起与主客郎中、知制诰白居易等人重新主持进士科考试。特殊情况下只给两支蜡烛，正常情况下的蜡烛是几支呢？翻阅唐诗，出现了三支蜡烛的踪迹。《唐摭言》记韦承贻咸通年间有《策试夜潜记长句于都堂西南隅》，云：

褒衣博带满尘埃，独上都堂纳试回。

蓬巷几时闻吉语，棘篱何日免重来。

三条烛尽钟初动，九转丹成鼎未开。

残月渐低人扰扰，不知谁是谪仙才。

又云：

白莲千朵照廊明，一片升平雅颂声。

才唱第三条烛尽，南宫风景画难成。

《全唐诗》记薛能（一作韦承贻）《省试夜》，云："白莲千朵照廊明，一片承明雅颂声。更报第三条烛尽，文昌风景画难成。"此诗与前述诗句很是相似，所以《全唐诗》未能确定两首诗作者，也认为前述四句七言诗作者也可能是薛能。但是我们在这几首唐诗中发现省试中的第三支蜡烛，薛能于会昌六年（846）进士及第，韦承贻为咸通八年（867）进士，他们所说的正是唐代进士科夜试的燃烛数。

考中进士科者被称为"进士出身"，第一名被称为状元（或称状头）。这些进士不能直接被授予官职，他们还要经过吏部的铨选，经吏部判断合格后才可以做官。由吏部组织的这种考试又称释褐试，释褐意为脱去平民百姓穿的布衣，穿上官服。吏部铨选注重"四才"，即身、言、书、判，身须体貌丰伟，言要言辞辩正，书则楷法遒美，判要文理优长。学者们指出，"判"是一种文体，主要用于判案，考查"判"是想要考查考生的断案水平。唐人"以判为贵，故无不习熟，而判语必骈俪"。这"四才"考核必须都要合格才行，如有一项不通过，需要继续参加吏部试，直到通过。

学者们研究指出"四才"中先试"书""判"，后试"身""言"，想要全部合格并不容易，中第士人少则一年，多则数十年才能通过吏部铨选，获得做官机会。而苦试不得者，或转向他法求官，如接受地方长官征辟成为他们的幕僚，或无门路，终身仅有"出身"而无官职。韩愈曾说自己"四举于礼部乃一得，三选于吏部而无成"，可见其况。

新进士除授官或在中央任职秘书省，或去地方任县丞、县尉等职，之后各凭能力升迁。他们很受重视，也有能力，所以升迁很快，唐代后期身任中央要职的进士出身者不在少数。有学者统计发现，唐宪宗时宰相有29人，其中进士出身者17人。这种宰相多由进士出身的情况在唐代后期较为常见，这是唐人推动进士科的原因之一。在唐人眼中，进士及第意味着前程似锦。

　　唐代何扶在《寄旧同年》一诗中云："金榜题名墨尚新，今年依旧去年春。花间每被红妆问，何事重来只一人。"诗的第一、二句点明时间。唐代礼部试完毕后，主持者会现场判定名次，再交上级审定。审定完成后，中第者名单就确定下来。之后正式将中第者姓名抄录下来在礼部贡院前放榜公示，称张榜，又称金榜。首句写榜上的墨迹还很新，可见是在今年放榜后不久，第二句确定此时是春季。整首诗的意思是：又要到科举放榜的时间了，今年的春天与去年相比，好像没有什么不同，游园赏花时，路过的貌美女子频频与我交流，得知我的情况后，很好奇究竟是什么事情促使我独自前来旧地重游。诗中的"去年"指唐文宗大和九年（835），诗人何扶在此年及第。唐代进士及第者，金榜题名、游曲江、访名园、雁塔题名，风光无限。"我"去年也是这般春风得意，与一起中第的同年们赏花游园。但今年只有"我"一个人，失落之情油然而生。这首诗运用对比手法凸显了诗人旧地重游的惆怅与落寞，表达了作者对过去的怀念。

　　曲江，位于长安东南，南有紫云楼、芙蓉苑等楼宇园苑，西边方向坐落着杏园、慈恩寺。周围遍布花卉，美不胜收，是唐人游玩胜地。每逢花时佳节，鲜花盛开，都城人皆到此处游玩。曲江会是进士及第者离开长安前在曲江举行的同年大会。此日长安城内无论是达官显贵，还是平民百姓，多会前往观看，有时皇帝也会驾临紫云楼观看一二。有些人家还会趁机从新科进士中选婿，有趣热闹。曲江会上会举行曲江宴，新科进士们游园赏花，宴饮作乐，吟诗作赋，畅谈理想抱负。新科进士雁塔题名是继曲江宴之后的一项活动。雁塔即长安慈恩寺大雁塔。新科进士们会聚在大雁塔下，推选出他们中擅长书法的人，在大雁塔上一一题写他们的名字。《唐摭言》载："白乐天一举及第，有诗曰：慈恩塔下题名处，十七人中最少年。"白乐天即白居易，字乐天，及第时年二十七，同年中年纪最小，吟诗抒情，可见得意。

李唐统治者实行科举制，将选拔人才的权力从门阀士族手中收归中央，打击了门阀士族势力，加强了中央集权，促进了唐代社会阶层的流动，还在一定程度上提高了官员文化素养。科举以考试成绩为依据选拔人才，不失为一种公平的制度，但在执行过程中却衍生出了一些弊端。考生成绩由相关官员评定，本地考试由地方长官判定成绩，礼部试由礼部侍郎等评定（以下称主司），他们的意见决定着考生的成绩，更决定着考生一生的命运。主司与自己录取的考生形成了一种师生关系，那些及第者自称为门生（或门下生），尊称主司为座主。这种关系可能会让他们在政治上相互支持、相互声援。

学者们认为唐代座主与门生、同年、同门等人之间的复杂关系为唐代后期的朋党斗争提供了土壤。"牛李党争"就是其中代表，它是唐代历时最长、斗争最为激烈、影响范围最广的政党斗争。两党政见不一，在选拔人才方面，牛党领袖牛僧孺进士出身，所以牛党主张科举取士，李党领袖李德裕门荫入仕，所以李党反对以科举选拔人才，主张"朝廷显贵，须是公卿子弟"。两党斗争从唐宪宗时开始，至唐宣宗时结束，持续时间将近40年。唐武宗时，李党得势，牛党纷纷被罢免。唐宣宗前期，牛党受宠，李党纷纷被贬。两党间斗争激烈，加剧了唐代后期的统治危机。

李唐特殊的文化环境与文化政策孕育出许多善于诗赋的士人，他们之中或有人醉心科举，追名逐利，怀着"男儿立身须自强，十年闭户颍水阳"的奋发，期待着有朝一日能够"业就功成见明主，击钟鼎盛坐华堂"。亦有人心怀天下，忧国忧民，有着"安得广厦千万间，大庇天下寒士俱欢颜"的崇高境界。他们或屡试不中，惆怅落寞。落第举子相互结识，相互遗憾惋惜，唱着"俱为落第年，相识落花前"，感慨着"忧怜不才子，白首未登科"的伤感。也许是失意多了，一些士人决定放下名利，摆脱世俗困扰，效仿陶渊明戴月而归、采菊南山，在悠哉中度过余生。当然，唐代那些不拘一格、豪放不羁的士人也给我们留下了深刻印象，他们有着"自古逢秋悲寂寥，我言秋日胜春朝"的潇洒独特，他们身怀"仰天大笑出门去，吾辈岂是蓬蒿人"的得意不凡。他们似点点繁星，汇聚光芒，绚烂了李唐，耀眼于中华文化星河。

第七章

惟以尚齿：养老与唐代生活

　　尊老爱幼，这一深深植根于中华民族文化传统中的美德，源远流长，历久弥新。自古以来，我们就有尊老、养老的习俗，这种习俗在先秦时期就已经有所体现。诸多古籍中，我们不难发现对尊老思想的深入论述。以《论语》为例，其中记录了一段孔子与子路的对话。子路问及孔子的志向，孔子回答道："老者安之，朋友信之，少者怀之。"这简短的一句话，却深刻表达了孔子对社会的理想构图：他期望老人能够安然度过晚年，朋友间能保持深厚的信任，孩子们能得到妥善的照顾。这种先贤的智慧启迪以及老人在文化传承和经验分享中的独特作用，都使我们更加深刻地认识到尊老养老的重要性。思想决定行为，行为反映思想。在中国古代，许多朝代都高度重视尊老养老的文化传统和制度建设。以汉朝为例，"以孝治天下"被确立为基本国策，不仅提升了老年人的社会地位，还对孝道行为进行了明确规定。及至唐朝，物质和精神文明都达到了新的高度，其影响力甚至远播海外。在尊老养老的问题上，唐朝同样不遗余力，从思想引领到制度建设，都致力于弘扬和落实这一传统美德。

一、孝为善首

"孝"字，这个在汉语中常见的字眼，其历史可追溯至商代。其字形犹如一幅温馨的画面：一个孩子轻轻地搀扶着一位长者，象征着晚辈对长辈的敬重与扶持。其原始含义是全心全意地侍奉父母，而后衍生出晚辈在尊长离世后应遵循的礼仪之意。俗话说："百善孝为先。"那么，孝的源头何在？它又是如何逐步演化成中华民族传统文化中不可或缺的一部分呢？

孝，这一中华传统文化中的核心价值观，自古以来便深受重视。人类虽然源自动物，却在与自然的互动中形成了独特的自我认识。孝的起源可追溯到先民对生殖和祖先的崇拜，它本质上代表着生命的传承和延续。在夏商时期的祭祀活动中，我们可以窥见祖先崇拜与宗教仪式的紧密结合。

随着西周宗法制度的建立，"孝"的指向逐渐从对逝去之人的追思，转向更为人性化、世俗化的方向。在这一时期，"善侍父母"的孝道观念应运而生。对于普通家庭而言，尽心侍奉双亲便是践行孝道的最好体现。随着时间的推移，人们逐渐从对鬼神的敬畏中抽离，将更多的敬意投注于现实生活中的人。到了战国时期，"善侍父母"已成为孝的基本内涵，而"孝养"的理念也逐渐取代了原先的"追孝"观念。

在历史的长河中，孝逐渐从原始的生殖崇拜中脱胎换骨，成为一种文化崇拜，并被赋予了更为丰富的道德意蕴。古老的祖先崇拜在儒家的阐释下，演化为深邃的孝道哲学。儒家学派大力弘扬孝文化，孔子便是其中的佼佼者。他不仅提倡物质上供养父母，更强调在精神上对父母表达敬意与爱意。孔子曾深刻指出：一个孝顺父母、尊敬兄长的人，很少会做出冒犯尊长的行为；而那些不冒犯尊长的人，更不会滋生事端。因此，君子应致力于根本——孝道和悌道。这些根本原则一旦树立，治国做人的原则也就随之产生了。孝顺父母、尊敬兄长，这实乃仁爱的基石。孔子的这番论述不仅揭示了仁孝观念与行为准则、社会稳定之间的内在联系，更凸显了孝的深远意义。

曾子则进一步倡导将孝子的行为标准落实到日常生活中去。

孟子继承了曾子的思想衣钵，他强调孝是仁爱之心的核心所在。在孟子看来，人天生便具备孝心，这已然蕴含了"百善孝为先"的思想精髓。同时，他还提出："在尊敬和赡养自己的老人的同时，也应尊敬其他的老人；在抚育自己的孩子的同时，也应爱护其他的孩子。"孟子将孝的理念与国家治理相融合，认为孝作为仁爱的中心，统治者应借助孝道来推动仁政的实施。而荀子则更进一步地阐释了孝道如何为君主专制服务的功能与意义。

孝，这一中华民族的传统美德，在《礼记·大学》中得到了深刻的阐述："古之欲明明德于天下者，先治其国；欲治其国者，先齐其家；欲齐其家者，先修其身；欲修其身者，先正其心；欲正其心者，先诚其意；欲诚其意者，先致其知，致知在格物。"这一连串的"先"字，不仅揭示了个人修养与家庭和谐、国家安定的内在联系，更凸显了孝在家庭教育、个人教育中的重要地位。孝，教导我们不过于个人主义，常怀感恩之心，铭记父母的养育之恩，注重个人德行的修炼。

孝，如同一条纽带，上承父母之恩，下启子女之孝，将人类代代相传。唐代诗人孟郊的《游子吟》便是对母爱、对孝的深情赞歌："慈母手中线，游子身上衣。临行密密缝，意恐迟迟归。谁言寸草心，报得三春晖。"诗中描绘了一位慈母为远行儿子缝衣的场景，那份深深的母爱和游子的感恩之情跃然纸上。

　　孝文化与小农经济紧密相连。中国自古以来便是小农社会，精耕细作是保障作物产量的关键。农民辛勤耕耘，深知物力维艰，"一粥一饭，当思来之不易；半丝半缕，恒念物力维艰"。在这种经济基础上，国家难以承担老人的养老保障，因此家庭便自然而然地承担起了这一重任。子女与父母之间的血缘关系，使得子女赡养老人成为义不容辞的责任。

　　在传统中国社会，老人虽身体衰弱，但他们的丰富人生经历和实践经验却赋予了他们崇高的社会地位。统治者深知老人的社会影响力，因此对老人给予特殊照顾。当老人或其子女犯罪时，法律规定可适当减刑；同时，历朝历代都有减免老人家庭徭役的制度规定。这些优待措施不仅体现了统治者的仁政理念，也彰显了孝文化在传统社会中的重要地位。

　　从政治角度来看，"孝"不仅是民族传统美德，更被纳入政治体系之中，衍生出"孝治"的理念。孝治即以孝御民、以孝治国，旨在巩固政权、促进社会稳定。中国历史上许多王朝都倡导孝道、实行孝治。唐朝便是其中的佼佼者，它承袭了"昔者明王之以孝治天下"的施政策略，将孝道从伦理层面提升到国家治理层面。唐朝政府积极进行孝道教育，并将孝道与养老相结合，引导百姓尊老、爱老、敬老、养老。

　　唐朝作为我国封建社会承上启下的重要时期，其创造的灿烂文明中孝文化占据了重要地位。在这一时期，国家的官僚体系、经济政策、思想文化都达到了新的高度。为了保障老人的权益，唐朝制定了一系列规章制度，形成了一套从内而外、从思想到制度的全面体系。从中央到地方、从皇帝到官员都对老人给予特别关照，制定了许多保障老人权益的政策。这些政策贯穿于国家体系之中维护着老人的权益，从方方面面体现着对老人的尊敬和关心。

在中国古代，对"老"的定义随着时代的变迁而有所不同。从中医学的角度看，人的身体特征能够反映出其年龄和健康状况。我国古老的医学典籍《黄帝内经》详细描述了男女随着年龄增长身体的变化。例如，女性到了42岁，面部开始出现皱纹，头发开始变白；而男性到了40岁，肾气开始衰退，头发脱落，牙齿枯槁。这些生理变化在中医学上被视为老龄的标志。特别是当男女分别达到58岁时，由于肾气衰退等明显老化现象，他们被正式认定为老人。在先秦时期，有人认为男性和女性分别在60岁和50岁时即可被视为老人。唐朝对于老人的界定也经历了变化。唐高祖武德六年规定60岁为老年，但随后的规定逐渐降低了这个年龄标准。到了唐代宗广德元年，55岁就被界定为老年。这一变化反映了唐朝社会对老人的关注和尊重。

唐朝的创立者李渊在起兵反抗隋朝的初期，就非常重视尊敬老年人。他每到一处，都会对当地的老人以礼相待，给予他们抚慰和帮助。这种对老人的尊重和关怀，不仅在李渊身上体现，也在他的儿子李世民身上得到延续。这种态度对于赢得民心和稳定统治起到了重要作用。唐太宗在《存问并州父老玺书》中，深情回顾了隋朝末年的动乱和唐朝初建时的艰难，他特别感谢了父老乡亲在唐朝建立过程中所做出的贡献。这份玺书不仅体现了唐太宗对老人的感激和尊重，也彰显了他作为一位明君的仁爱和智慧。

唐朝初年，国家初定，百废待兴。统治者深感国土广袤，事务繁杂，即便亲巡四方，也难以洞悉所有民情。为了维护社会稳定、加强对地方的管理，朝廷高度重视借助老人的力量。《通典》有载，唐朝设立里、乡制度，每百户设一里，里中置正一人；五里构成一乡，乡中则设置耆老一人，这些耆老均由县里选拔补充，他们也被尊称为父老。耆老指的是那些德高望重的长者。唐初的统治者之所以如此看重耆老，正是因为他们认识到这些老人在社会道德教化和风俗塑造中的重要作用。

在唐代社会，老人在基层工作中扮演着举足轻重的角色。他们不仅在民间纠纷调解、契约签订以及社会基层组织建设方面提供宝贵建议，还积极参与地方事务，协助官府开展工作，在乡村基层组织中发挥着领导作用。在举办重大活动时，老人常常是引领者和组织者。据《金山国时期修文坊巷社再辑上祖兰若，标画两廊大圣功德赞并序》记载，正是在耆寿王忠信等人的引领下，修文坊社得以重整祖兰若，并精心绘制了两廊的功德画。在关键的农业生产活动中，由于老人积累了丰富的实践经验，他们往往被推选为负责人。而在日常生活中，人们之间难免会出现矛盾，此时老人便会充当调解者，例如在沙知的《敦煌契约文书辑校》中就提到，老人曾作为离婚的见证人，协助双方公平解决争端。

朝廷亦会根据老人的意见和建议来了解地方社会状况，并据此制定政策。例如在唐武后时期，陈元光平定潮州贼寇后，奏请朝廷在当地设立州县。然而，由于当地瘴病频发，民众和官员深受其害，因此他们祈求迁往他地。最终，朝廷采纳了当地父老的建议。

唐朝的老人不仅在地方事务上发挥着重要作用，还为朝廷选拔人才提供宝贵建议。据史料记载，在正月初一这一天，来自全国各地的乡老会前往京城朝见皇帝，并陈述他们对人才选拔的看法。由于老人在生活经验和看待事物的方式上更为成熟和富有经验，因此他们能够为地方选拔人才提供有价值的参考意见。乡里在选贤举能时也会充分考虑老人的建议。

老人们深谙当地风土人情及历史沿革，作为当地的"活化石"，他们在基层治理中扮演着重要角色。同时，老人在国家政务中也发挥着不可或缺的作用，他们参政执政、辅助地方治理。统治者认识到老人的价值，因此会任命他们为基层组织的官员。在敦煌文书中就有提及老人参与地方政务的实例。统治者深知老人的重要性，因此在制定政策时会充分考虑民意。《全唐文》记载："拜访平民百姓，见其老人，观省风俗，廉察吏民，为困苦之人提供必要的生活援助。"同时，古代官员在上书请愿时也会借助老人的力量来增强自己上书的说服力。

在社会稳定时期，老人发挥着基层治理和人才选拔咨询的作用；而在社会动荡时期，他们同样发挥着重要作用。例如安史之乱时，安禄山攻陷长安并大肆屠杀皇族。《旧唐书》记载，唐玄宗在逃往蜀地途中，曾一度陷入困境，连基本的食物和器用都无法保障。然而，在此危难之际，却有老人挺身而出为唐玄宗献上干粮，展现了老人在危急时刻的可靠性。又如建中四年（783）泾原镇兵变导致长安陷落时，唐德宗被迫逃至奉天并受困许久。《新唐书》记载："在食物即将耗尽的困境中，父老们争相献上餐具和食物以解围困之急。"这些事例都充分证明了老人在社会动荡时期同样能够发挥重要作用。

唐朝，这个历时289年的王朝，相较于动荡的魏晋南北朝，其社会环境显得尤为稳定。这种稳定为民众提供了良好的生产生活条件，使得经济基础更加坚实，从而为上层建筑提供了有力的支撑。也正因如此，唐朝的统治者们得以拥有更为充足的物质资源来推广孝道，以此作为激励民众的手段。孝道被统治者视为治理国家、稳定社会的重要工具。他们多次颁布诏书，弘扬孝道精神。唐高祖李渊在《旌表孝友诏》中明确指出："仁义在人民信奉的'五常'中占有重要地位，而在士人的众多品德中，孝道是最应被尊崇的。古代的圣人和君主们都深知此道，因此他们都非常重视道德教化。"

儒家经典《孝经》深入阐释了孝治与孝道的理念，强调孝是至高无上的道德和重要的行为准则，它不仅是个人品德的体现，更是国家治理的基石。唐朝的皇帝们对《孝经》推崇备至，唐玄宗甚至亲自为其作注，足见孝道在当时的地位。此外，孝道也是皇室教育的重要内容，皇子们的孝道表现甚至会影响到他们继承皇位的机会。在唐朝的学校教育中，《孝经》也是学生的必修课程之一。

家训，作为家庭对个人成长的教诲，对个人和家庭都具有深远的影响。在唐朝，许多家训都将孝道视为核心内容。通过家训，家长们将孝道的精神传承给下一代，以此规范他们的行为。《太公家教》中就有明确的教导："孝子应当早晚侍奉父亲，关心他们的饮食起居和情绪变化。当父母生病时，孝子应当悉心照料，甚至不惜放弃自己的享受。"

　　家庭教育在唐朝同样占据重要地位，而孝道教育是其中的重要环节。这种教育不仅停留在口头上，更通过家长的以身作则来深化孩子们对孝道的理解。例如杨炎，作为"两税法"的创造者和推行者，他和他的祖父、父亲都因孝行而受到朝廷的表彰。再如《旧唐书·穆宁传》中记载，穆宁对其寡姐极为恭敬，并曾撰写家训教导儿子们要承顺父母的心意，认为这是正直之道。他的四个儿子都因遵守这一家训而名扬当世。

　　在国家和家庭的共同推广下，孝道逐渐演变成了中华民族的传统美德。然而，有孝必有不孝。对于不孝的行为，唐朝的诗人们也会通过诗歌来进行谴责。贯休的《行路难五首》(其五)便是其中的代表作，诗曰：

　　　　君不见道傍树有寄生枝，青青郁郁同荣衰。无情之物尚如此，为人不及还堪悲。父归坟兮未朝夕，已分黄金争田宅。高堂老母头似霜，心作数支泪常滴。我闻忽如负芒刺，不独为君空叹息。古人尺布犹可缝，浔阳义犬令人忆。寄言世上为人子，孝义团圆莫如此。若如此，不遄死兮更何俟。

　　诗中，作者通过对比道旁树上的寄生枝与人的行为，深刻揭示了不孝之子的可耻与可悲。这首诗不仅是对不孝行为的严厉批判，更是对孝道精神的热烈颂扬。

二、官民殊途

唐代著名诗人白居易在诗中深情地描述了自己退休后的生活，字里行间透露出他乐观豁达、淡泊名利的生活态度，尽情享受着天伦之乐。他写道："寿及七十五，俸沾五十千。夫妻偕老日，甥侄聚居年。"诗人已然75岁高龄，虽然退休，但仍有稳定的俸禄，与妻子共度晚年，儿女甥侄也都在身边，享受着团聚的欢乐。他的生活平淡却满足："粥美尝新米，袍温换故绵。家居虽漤落，眷属幸团圆。"品尝着新米熬成的美粥，换上温暖的新袍，虽然家居简陋，但家人团圆就是最大的幸福。诗人的日常生活也充满了惬意与宁静："置榻素屏下，移炉青帐前。书听孙子读，汤看侍儿煎。"在素屏下的床榻上安坐，取暖的炉子移到青帐前，听着孙子琅琅的读书声，看着侍儿煎煮的热汤，这样的生活，夫复何求？即便有时需要"走笔还诗债，抽衣当药钱"，也不过是生活中的一点小插曲。最后，诗人以"支分闲事了，爬背向阳眠"作为结尾，描绘出了一幅悠然自得、无忧无虑的晚年生活画卷。

在人类历史的演进过程中，资源的稀缺曾使得对老人的关照显得力不从心。然而，随着时代的进步、物质财富的积累以及思想的深化，社会对老人的关怀逐渐增强。这种转变不仅源于人们内心的觉醒，也得益于政府的积极推崇，从而在社会上逐渐营造出尊老养老的良好氛围。在中国古代，尊老观念源远流长。孔子曾描绘过一幅理想社会的蓝图："大道之行也，天下为公，选贤与能，讲信修睦。"在这样的社会中，人们不仅关爱自己的亲人，也关心他人的亲人，确保老人得到妥善的赡养，无论其社会地位如何。孔子的这一思想，体现了对所有老人的普遍尊重与关怀，包括平民老人。孟子在《寡人之于国也》一文中，深刻地阐述了这种敬老尊贤的理念。他主张"谨庠序之教"，即通过严谨的学校教育来传授和弘扬孝道和悌道的精神。孟子期望看到的是一个老有所养、幼有所教的社会景象，他憧憬着"颁白者不负戴于道路"的美好时光，意指头发斑白的老人无须再肩负重物，艰辛地行走在道路之上。这不仅体现了对老人的尊重和深切关怀，更是一个社会文明与进步的重要标志。

历史的长河中，唐朝之前的各个王朝对平民老人均有所优待。这些优待措施并未因时代的变迁而消失，反而在朝代更替中不断丰富和发展。到了唐朝，对平民老人的优待政策在继承前代的基础上，更有了新的突破和创新，形成了承上启下、继往开来的重要历史时期。唐朝对平民老人的礼遇体现在多个方面。其中，直接赏赐物品是国家表达尊重和关怀的重要方式。然而，这些赏赐并非随意进行，而是根据不同的政治事件和重大活动来决定。通常，赏赐行为在满足政治需求的同时，也体现了对老人的深切关怀，具有双重意义。

唐朝赏赐老人的时机多种多样，如新皇登基、更改年号、皇帝巡游、皇帝病愈康复、皇帝诞辰等喜庆场合，或是平定叛乱、为皇帝加尊号等重大政治事件。不同场合下的赏赐范围和力度也各不相同。例如，新皇登基时，赏赐往往覆盖全国各地的老人；而皇帝巡游时，则主要赏赐巡游所在地的老人。此外，由于唐朝的统治中心位于北方，因此北方地区老人获得的赏赐数量明显多于南方。

在唐朝，朝廷对老人的赏赐物品丰富多样，这些都是根据当时的时代背景和资源来选定的。常见的赏赐品包括食物如米、面、酒和肉，这些都是老人日常生活中的必需品，实用性非常强。另外，布匹类物品如毡、袍等也是常见的赏赐，这些物品在货币经济不够发达的古代，有时甚至能充当一般等价物，其价值可见一斑。这样的赏赐无疑体现了朝廷对老人的深厚优待。据《贞观年中获石瑞曲教凉州诏》记载，贞观十七年(643)，朝廷就曾下令，对于年满70岁的男子，由州县长官用官方的酒、米、面等物品进行赏赐，这一举措充满了人文关怀。

古代的官员作为国家的中坚力量，他们肩负着维护国家正常运行的重任，上承君命，下安百姓。然而，生老病死是人生的必然，官员们也会老去。对于这些年老退休的官员，朝廷同样给予高度的重视和优待。历朝历代都对退休官员的待遇做出明确规定，唐朝自然也不例外。唐朝的制度明确规定，年满 70 岁的官员应该退休，但如果他们身体状况良好并愿意继续服务，朝廷也会酌情安排。退休的程序也根据官员的品级有所不同，五品以上的官员需要直接向皇帝报告，而六品以下的官员则由尚书省负责处理。这一制度的设计既体现了对官员的尊重，也保证了官僚体系的正常更替。

为了让退休官员能够安享晚年，唐朝政府还提供了丰厚的物质保障。根据官员的品级，他们会得到一定数量的物品和金钱作为退休金，这与现代的退休金制度颇为相似。据《通典》记载，五品以上的官员在退休后，可以得到其在职时一半的俸禄，这样的待遇无疑为他们的晚年生活提供了坚实的物质基础。

除了物质保障外，唐朝政府还考虑了退休官员的其他需求。许多官员在退休后选择回到家乡养老，这既符合中国人的传统观念，也体现了他们对故土的眷恋。然而，由于年事已高，行动不便，回乡的路途对他们来说是个不小的挑战。为此，朝廷特别为一些高级官员提供了交通工具，以确保他们能够顺利回乡。到了唐朝后期，这甚至成为一项定制。

朝廷还在身份上给予退休官员特殊的优待。一些官员在退休时会被加官晋爵，皇帝会在他们原有的官位基础上提升他们的官品阶次。这不仅是对他们过去贡献的肯定，也是为了增加他们退休后的收入。同时，皇帝还会赐予他们代表荣誉的鱼袋，以示对他们的尊重和感激。此外，作为国家级的最高礼仪之一的养老礼，被赋予极高的文化价值和社会意义。这一礼仪不仅充分展现了朝廷对老人的崇高敬意与深切爱护，更在无形中强化了全社会对尊老养老美德的认同和践行。在养老礼的实践中，老人被细致地分为"国老"和"庶老"两个层级。这种分类不仅体现了对老人个体的尊重，也反映了朝廷对于养老问题的精细管理。值得一提的是，学校因其独特的教育和教化功能，成为养老礼的主要举办场所。这一传统实际上可以追溯到更为久远的先秦时期，那时的统治者就已经有了举行养老礼的记载，以此表达对老人的敬意和关怀。

退休官员更是成为天子亲自举行养老礼的主要对象。据《旧唐书》的详细记载，五品以上的退休官员被尊称为"国老"，而六品以下的则被称为"庶老"。在盛大而庄重的养老礼仪式上，皇帝会亲自向选出的"三老"和"五更"表达深深的祝福与崇高的敬意。这些被选中的老人，无一不是年高德劭，他们不仅在社会上享有极高的声望和影响力，更是文化和道德的传承者。他们不仅在中央层面受到皇帝的隆重礼遇，更在地方层面肩负着教化礼仪的重要使命。通过这些老人的努力和奉献，养老礼仪得以在全社会范围内广泛推广和实施，对于有效调节社会矛盾、促进社会整体的和谐稳定发挥了不可或缺的重要作用。

与中央层面的养老礼相对应的是地方的乡饮酒礼。唐代的"乡饮酒礼"不仅是一项独具特色的社会礼仪活动，更是当时社会文化的重要组成部分，承载着深厚的文化内涵，并发挥着不可或缺的社会功能。这一礼仪源于古老的传统，但在唐代得到了新的发展和推广。贞观六年（632），唐太宗出于正本清源、革除社会上陈腐风俗的考虑，特别颁布了《乡饮礼》的详细规范。他要求全国各州县必须严格遵照这一规范，每年定期举行乡饮酒礼，并由各州县的长官亲自负责组织和主持。这一举措极大地提升了乡饮酒礼的官方地位和社会影响力。

《新唐书》对乡饮酒礼的记述颇为详尽，不仅描绘了礼仪的举办过程，还详细列举了参与的人员。书中载道："那些明经、秀才、进士中深谙孝道、尊重父母并爱护兄弟姐妹的士人，均会参与乡饮酒礼。而刺史，则是这一庄重仪式的主持人。在礼仪举行之前，刺史会先召集那些有德行的退休官员，共同商议和选定参与礼仪的合适人选。"

乡饮酒礼的举办，绝非简单的宴饮聚会，其更深层次的精髓，在于那严格而有序的座次安排。这一精心的布局，实际上是对当时社会尊卑与长幼秩序的精确反映。礼仪之中，60岁以上的长者受到了特别的尊崇与礼遇，他们被赋予安坐其位的特权，无须站立，以体现对他们的敬重。而相较之下，50岁的人士则需在一旁站立侍候，以此彰显对长者的敬意。这样的规定，不仅仅是对年长者的一种尊重，更是对整个社会尊老敬老风尚的直观展现。在唐代，尊老敬老的传统美德被高度推崇，而乡饮酒礼正是这一美德的具体实践。通过这样的礼仪细节，乡饮酒礼巧妙地将尊老敬老的理念根植于人们的心中，使之成为当时社会普遍接受并推崇的核心价值观。这不仅有助于维护社会的和谐稳定，更在无形中塑造了唐代社会的道德风貌。

值得一提的是，乡饮酒礼不仅仅是一种社交活动，它还承载着儒家孝悌教化的重要功能。在这一庄重而亲切的宴饮场合中，人们能够身临其境地感受到尊老敬老的气氛。这种氛围自然而然地激发出人们对长者的敬重之情，这种情感随后在日常生活中转化为实实在在的孝道行为和社会上的敬老实践。同时，朝廷还将乡饮酒礼作为地方考核的标准之一，通过地方官吏的积极推动和引导，使尊老、爱老、敬老的风气在社会上蔚然成风。可以说，乡饮酒礼在唐代不仅推动了孝文化的广泛传播，更在潜移默化中强化了人们的孝道行为，对社会的和谐稳定产生了深远的影响。

在唐代，尊老的传统美德被淋漓尽致地体现出来，朝廷不仅通过一系列细致入微的措施来优待老人，更是不分贵贱、不论男女，普遍地赋予老人们崇高的礼遇。这些举措不仅彰显了统治者的仁爱之心，也深深地影响着当时的社会风气。皇帝会根据老人的年龄，赐予他们不同的杖和封号，以此表达对长者的尊敬与关怀。杖，即拐杖，在《礼记·王制》中有明确记载，它不仅是助力行走的工具，更是老人身份与荣誉的象征。随着年龄的增长，老人可以在不同范围内持杖行走，这代表着他们的德高望重和社会地位的提升。到了唐朝，杖的赐予更加制度化，唐玄宗所颁布的《赐高年几杖诏》就详细规定了不同年龄段老人应获赐的杖的种类，如 90 岁及以上老人可获赐几杖，80 岁及以上者可获赐鸠杖，且均由相关部门统一标准和样式。这一制度不仅体现了朝廷对老人的细致关怀，也通过物质的赐予强化了尊老的社会观念。

除了杖的赐予，封号的赏赐也是唐朝优待老人的一项重要举措。唐玄宗在《加应道尊号大赦文》中明确规定，不仅京城的父老会根据年龄获得相应的物质赏赐，如绢、布、棉等，还会被授予县令、下郡太守等荣誉称号。这些封号不仅是对老人长寿和德行的认可，也是鼓励他们继续发挥余热、贡献社会的动力。同时，女性老人也同样能获得象征荣誉的几杖和封号，这无疑是唐朝保障女性权益、提倡男女平等的一个重要体现。

在赋税政策上，唐朝也给予了老人极大的优惠。前期实行的租庸调制中，明确规定 60 岁以上的老人可以减免赋税。《新唐书·食货志》更是详细规定了老年男性和寡妻当户的土地分配政策，且永业田可以继承，这无疑为老人的晚年生活提供了坚实的物质基础。同时，子孙的孝行也成为老人选择继承人的重要考量因素之一，这样的政策导向无疑鼓励了子孙后代更加重视赡养老人的责任和义务。

在赡养方面，唐朝更是考虑周全。为了保证老人能够得到妥善的赡养，朝廷规定家中有老人的家庭可以适当减免人丁的赋税，这个人丁被称为侍丁。他们的主要职责是照顾老人的生活起居，确保他们能够安度晚年。《唐令拾遗·户令第九》中对侍丁的数量和选拔方式进行了明确规定，且唐玄宗时期还进一步降低了给予侍丁的年龄界限，并扩大了侍奉老人的范围。特别值得一提的是，这一时期还强调了对老年女性的侍奉和照顾，这无疑是社会进步和文明程度提升的重要体现。为了更好地保障侍丁能够全心全意地侍奉老人，官府还会适当减轻或免除他们的赋税和徭役负担。

在法律层面，唐朝也给予了老人特殊的保护。《唐律疏议》

中明确规定了对于不同年龄段老人犯罪的处理方式。70 岁以上的老人如果犯了流放罪，可以用银钱来赎罪；80 岁以上的老人即使犯了重罪，也可以向上请示减轻处罚；而 90 岁以上的老人则几乎可以免受刑法的追究。这些法律特权不仅体现了朝廷对老人的尊重和保护，也彰显了唐朝法制的进步和人性化关怀。

唐朝通过一系列细致入微的措施和政策来优待和保护老人，这些举措不仅彰显了统治者的仁爱之心和远见卓识，也深刻地影响着当时的社会风气和道德观念。在唐朝的盛世氛围中，尊老爱幼、敬老孝亲的传统美德得到了淋漓尽致的体现和传承。

人生短暂，如白驹过隙，从青春年少到白发苍苍，每个人都不可避免地会经历生老病死的过程。对于一些老人来说，他们或许已经失去了伴侣或儿女，自己又丧失了劳动能力，这使得他们的生活陷入困境，急需他人的援手与照顾。在唐朝时期，统治者们深谙此道，他们非常注重对老人的关怀与照顾。为了保障这些老人的生活，唐朝皇帝经常颁布诏令，要求各级政府对需要帮助的老人进行社会救助。唐昭宗在《改元天复赦文》中明确规定："普天之下的寡妇、鳏夫以及 80 岁以上的老人，各地长官应亲自出面安抚。对于那些生活特别困难的老人，官府要承担起妥善安葬的责任，并照顾好他们的遗孤。"为那些无助的老人提供了一线生机。

此外，唐玄宗也在开元二十四年（736）颁布了《自东都还至陕州推恩敕》，其中规定："对于寡妇、鳏夫以及从军出征的家庭，各州县长官要亲自进行慰问。如果他们患有疾病，应适当给予药物治疗，以确保都城近郊之内的这些特殊家庭都能得到实质性的帮助。"要求为这些身处困境的老人提供及时且有力的帮助，让他们在晚年能够得到应有的照料与治疗。这不仅体现了唐朝统治者对老人的深切关怀，也彰显了他们的仁爱之心。

除了中央政府的大力推行外，地方官员们也非常注重对老人的照顾。据欧阳修所著的《新唐书》中的《卢均传》记载："卢均在担任岭南节度使期间，特别关注那些因唐德宗贞元之后被流放的士大夫们。如果他们的子孙因为贫困而无法将他们带回家乡安葬，卢均会命令官方为他们购买棺材并送他们回家乡进行安葬。对于那些患病的士大夫，卢均也会提供必要的药物治疗；而那些因病去世的士大夫，则会被妥善安葬。此外，对于那些年幼的孤女，卢均还会为她们寻找合适的夫家以确保她们的未来生活有着落。据统计，因卢均的这些善举而得到资助的家庭数量达到了数百家之多。"这些实例充分展示了唐朝地方官员对老人的关爱与扶持。

虽然普通的民众和官员在社会中扮演着不同的角色并享受着不同的待遇，但从整体上来看，唐朝的统治者们都非常重视为老人提供一定的物质保障以帮助他们安度晚年。这些政策与措施不仅体现了统治者对老人的尊重与关爱，也为后世树立了良好的典范。

三、天下侍老

《诗经·小雅·蓼莪》中的"哀哀父母，生我劬劳"，更让我们体会到父母养育子女的艰辛以及他们老去后需要照顾的必然。在唐代著名诗人刘禹锡的《酬乐天咏老见示》一诗中，他深刻地描绘了年老的无奈与哀愁，同时也表达了对晚年的积极态度。诗言：

> 人谁不顾老，老去有谁怜。
> 身瘦带频减，发稀冠自偏。
> 废书缘惜眼，多灸为随年。
> 经事还谙事，阅人如阅川。
> 细思皆幸矣，下此便翛然。
> 莫道桑榆晚，为霞尚满天。

诗中，"人谁不顾老，老去有谁怜"的悲叹，直接触及了人们内心对老去的恐惧和孤独感。通过"身瘦带频减，发稀冠自偏"的细腻描写，我们仿佛能看到一位老人在岁月侵蚀下的身形变化，感受到他们身体机能的衰退。然而，刘禹锡并未停留在对衰老的哀叹上，他以"莫道桑榆晚，为霞尚满天"来表达即使到了晚年，依然可以拥有生命的活力和光芒。这首诗不仅反映了唐代老人的生活状态，也揭示了当时社会对年老的普遍态度。在唐代，无论是皇帝还是平民，都深知这一点，因此建立了一套完善的养老体系。

家庭作为社会的基本单元，在唐代养老体系中扮演着重要角色。官员退休后虽能获得一些补助，但大多数老人在身体衰弱后失去了经济来源，这时家庭的支持就显得尤为重要。儿子作为家庭的主要继承者，不仅继承了父母的财产，也承担了赡养老人的责任。他们必须妥善照料父母的晚年生活，这是自古以来"养儿防老"观念的体现。

然而，在实际生活中，养老的责任人并非仅限于儿子。未出嫁的女儿同样有义务赡养父母。如蔡保祯在《孝纪》中所记载的那位诸暨屠氏女，她虽无兄弟，却独自承担起了照顾失明父亲和患病母亲的重任。这充分说明了在唐代女性同样肩负着养老的责任。当老人无子女或子女意外过世时，旁系亲属如妹妹、侄儿等人也会承担起赡养义务。这种行为不仅体现了家族间的互助精神，也是对传统孝道文化的传承。此外，有些老人还会选择过继"义子"来为自己养老，这种做法在敦煌文献《吴再昌养男契》中有所记载。

在唐代社会，不仅强调物质上的赡养，还注重精神上的满足。官府提倡子女应陪伴在父母身边，"父母在，不远游"的观念深入人心。同时，"色养"也是当时社会所推崇的养老方式，即要顺从父母，满足他们的意愿，让他们在精神上保持愉悦。如唐代宰相房玄龄以"色养"继母而闻名，他的孝行成为当时的典范。

在特殊情况下，邻里之间也会相互帮助照顾老人。《唐律拾遗》中的规定就明确了这一点，当老人无法自立且无近亲可依靠时，邻里可以伸出援手。这种邻里间的互助精神也是唐代养老体系中的一大特色。

为了更好地保障老人的生活，唐代官府还制定了相关政策并设立了专门官员来负责养老事务。如《周礼》中提到的太宰等官职以及"伊耆氏"赐杖的做法都体现了国家对养老问题的重视。唐玄宗在《赐诸州刺史以题座名》中的诗句也表达了他对官员们在国家治理中关心百姓康宁、公正法治、教化民众以及关怀照顾老人的期望和嘱托。诗曰：

眷言思共理，鉴梦想维良。猗欤此推择，声绩著周行。

贤能既俟进，黎献实仁康。视人当如子，爱人亦如伤。

讲学试诵论，阡陌劝耕桑。虚誉不可饰，清知不可忘。

求名迹易见，安贞德自彰。讼狱必以情，教民贵有常。

恤惸且存老，抚弱复绥强。勉哉各祗命，知予眷万方。

　　唐代的养老体系是一个由家庭、亲属、邻里以及国家共同参与构建的多元化系统。这个系统不仅注重物质上的供养和精神上的满足，还体现了深厚的孝道文化和家族互助精神。通过这些措施和政策，唐代社会努力让每一位老人都能老有所依、老有所养，安享晚年生活。在唐代，对老人的尊重和关怀体现在日常生活的方方面面，无微不至。这一时期的文献和实践中，我们可以看到许多细致入微的照顾和尊重老人的举措。

　　在饮食方面，著名的医学家孙思邈就在他的《千金翼方》中特别指出，老人的饮食应该清淡而不油腻，种类不宜过杂。他建议根据时令为老人提供合适的食物，并应考虑到他们的个人口味，精心挑选和准备他们喜爱的食材。此外，当时的社会风尚也强调，在品尝到珍稀食物时，应优先给老人品尝，以体现尊老敬老的美德。据《册府元龟》记载，唐高祖武德八年（625）七月的一次宫廷宴会上，侍中陈叔达将珍贵的蒲桃留给了自己患有口干症的母亲，这一孝行深深打动了唐高祖，不仅赐予他丰厚的财物，更彰显了当时社会对孝道的推崇。

在居住安排上，唐代社会提倡与老人同住，以便更好地照顾他们的日常生活，实践孝道。如《旧唐书·裴宽传》所述，裴宽家族在东京建造了宽敞的宅院，家族成员同住一院，击鼓聚餐，这种大家庭的生活方式在当时备受推崇。同时，家宴的盛行也促进了家庭成员间的和睦与亲情。值得注意的是，即使是家宴这样的重要场合，也要为孝道让路。例如，西平王李晟在举办家宴庆祝寿辰时，因女儿不顾生病的婆婆来参加宴会而大为光火，他不仅严厉斥责了女儿，还亲自登门向女儿的婆婆致歉，这充分体现了唐代对孝道的重视和实践。此外，《唐律》还有明文规定，如果子孙在祖父母、父母健在时强行分家或分割财产，将受到法律的严惩，这也从法律层面保障了老人的居住和生活权益。

在服饰上，《礼记·曲礼》就有规定，父母健在时，子女不得穿纯色的衣服，以示对长辈的尊重。唐代更是要求晚辈在见长辈时要穿戴整齐，以示恭敬。如《天子诸侯大夫士之子事亲仪（妇事舅姑附）》规定：

> 子事父母，鸡初鸣，咸盥，栉，笄，总，拂髦，冠，缨，端，韠，绅，搢笏……妇事舅姑，如事父母，

鸡初鸣，咸盥漱，栉，纵，笄，总，衣绅……以适父母
舅姑之所。

不仅如此，为了体现对老人的尊重，唐代还会打破常规的服
饰规定，特别赏赐高龄老人精美的绫罗绸缎。如唐睿宗在改元大
赦时，就特别赏赐了 90 岁以上老人绯衫、牙笏和 80 岁以上老人
绿衫、木笏，这种特殊的荣誉和关怀无疑提升了老人在社会中的
地位和尊严。

在出行方面，唐代社会也充分考虑到了老人的需求。当时提
倡父母健在时，子女应尽量减少远行，以便随时照顾和陪伴他
们。《通典·天子诸侯大夫士之子事亲仪（妇事舅姑附）》规定："凡
为人子之礼，冬温而夏清，昏定而晨省，出必告，反必面。所游
必有常，所习必有业。"子女的出行和归来都要告知父母，以确
保他们的安全和健康。同时，子女也被要求保护好自己的身体，
因为他们的身体健康对于父母来说是一种精神上的慰藉。有些官
员为了照顾年迈的父母，甚至宁愿放弃仕途也要留在他们身边尽
孝。这种对孝道的坚守和实践在唐代社会是被高度赞扬和推崇
的。

在唐代，人们不仅在日常生活中对老人展现出深厚的敬意，
而且在外出途中遇到长者时，也同样表现出极高的礼貌和尊重。

这一行为规范在《通典·事先生长者杂仪》中有着详尽的记载，其曰：

> 从于先生，不越路而与人言。遭先生于道，趋而进，正立拱手，先生与之言则对，不与之言则趋而退。见父之执，不谓之进，不敢进；不谓之退，不敢退；不问，不敢对。从长者而上丘陵，则必向长者所视。

当与师长或长者同行时，人们需严格遵守礼仪，不得随意越路与他人交谈，以免显得轻浮无礼。若在路上偶遇师长，必须迅速走上前去，以恭敬的姿态向其行礼。在与师长交谈时，要恭敬对答；若师长未与自己交谈，则应识趣地退在一旁，保持安静。此外，在跟随长者攀登丘陵时，应时刻注意长者的视线和动向，以示尊重和关心。

这些细致入微的礼仪规范，实际上是唐朝"以孝治天下"政策的具体体现。为了推行这一政策，国家不仅制定了相关法律，严厉惩罚不孝行为，还通过科举取士制度将儒家经典《孝经》列为必考书籍，以此引导士人树立尊老、爱老、敬老和养老的观念。同时，政府还将推进孝行作为官员考核的重要标准之一，为臣民树立了良好的榜样。

为了表彰孝行表现优秀的人，唐朝政府还会给予他们荣誉性的表彰。例如，唐朝名士武弘度在父亲去世后，从徐州披发赤脚赶到发丧的地方，背土筑坟，尽显孝道。他因守丧期间的孝行而受到了唐高宗李治的表彰和赞美。同样受到表彰的还有薛万彻的三弟薛万备，他在母亲去世后，在墓边修建芦屋居住以守孝，其孝行也受到了唐太宗的吊慰和旌表。

这些表彰活动不仅激励了人们践行孝道，还进一步弘扬了中华民族的传统美德。在唐朝政府的推动下，"百善孝为先"的观念深入人心，尊老爱幼、和睦相处的社会风尚得以广泛传播。这种社会氛围不仅有助于维护家庭和睦与社会稳定，还为后世留下了宝贵的道德财富。

在唐代，孝道不仅是一种家庭伦理，更是一种社会价值观。为了弘扬这种价值观，政府对于有孝行的人给予了各种形式的嘉奖和鼓励。这些措施极大地激励了人们去践行孝道，从而形成了一种尊老、敬老、爱老和养老的良好社会风尚。对于那些展现出显著孝行的人，政府会给予实质性的奖励，如减免课役、授官赠封或赏赐财物等。这些奖励不仅是对个人孝行的认可，更是对社会价值观的引导。例如，《新唐书》中记载的刘寂的妻子夏侯在父亲去世后表现出了极度的悲痛和孝行，不仅赤脚行走、衣衫褴褛，还亲自用身体负重为父亲建造墓冢，并忍受严寒和艰苦的生活守孝三年。为了表彰她的特殊孝行，朝廷赐予了她丰富的物品和粟米，后来她的女儿也效仿母亲，同样得到了朝廷的嘉奖。

对于孝行特别卓越的人物，政府还会采取更为隆重的表彰方式，如为其在史书中立传，以永载史册；或者为其建祠树碑，让后人永远铭记他们的孝行；甚至下诏表扬，让他们的孝行广为传颂。在地方上，政府也通过多种方式来表彰孝行，如旌表孝行典范，向中央推荐地方孝行突出的人等。这些举措不仅体现了政府对孝道的重视，也有效地引导了民众的价值取向。

值得一提的是，唐朝政府还规定地方官员应积极发现并推荐孝子顺孙、义夫节妇等闻名于乡里的人物。这些有孝行且符合条件的人，还有机会被朝廷征辟为地方佐吏，并得到适当的资助。这样的政策不仅鼓励了个人孝行的发挥，也促进了地方官员对孝道的推广和实践。

官府对孝行的褒扬和奖励，对民众产生了深远的引导作用。人们纷纷以孝行为荣，争相效仿那些受到表彰的孝子贤孙。这种社会氛围的形成，得益于唐朝政府的大力倡导和民间百姓的自觉践行。正如唐代著名诗人白居易在《十二时行孝文》中所描绘的那样，子女们在不同时段都尽心尽力地侍奉父母，体现了对孝道的深刻理解和实践。文曰：

平旦寅，早起堂前参二亲。处分家中送疏水，莫教父母唤频声。日出卯，立身之本须行孝。甘脆盘中莫使空，时时奉上知饥饱。食时辰，居家治务最须勤。无事等闲莫外宿，归来劳费父嫌憎。隅中巳，终孝之心不合二。竭力勤酬乳哺恩，自得名高上史记。正南午，侍奉尊亲莫辞诉。回干就湿长成人，如今去合论辛苦。日映未，在家行孝兼行义。莫取妻言兄弟疏，却教父母流双泪。哺时申，父母堂前莫动尘。纵有些些不称意，向前小语善诺闻。日入酉，但愿父母得长寿。身如松柏色坚政，莫学愚人多饮酒。黄昏戌，下帘拂床早交毕。安置父母卧高堂，睡定然乃抽身出。人定亥，父母年高须保爱。但能行孝向尊亲，总得扬名于后世。夜半子，孝养父母存终始。百年恩爱暂时间，莫学愚人不喜欢。鸡鸣丑，高楼大宅得安久。常劝父母发慈心，孝得题名终不朽。

　　唐朝的养老礼仪、活动以及统治者施行的养老政策，是在继承和发扬前代养老文化的基础上不断创新和发展的结果。这些政策和文化的独特之处在于它们不仅注重物质上的供养和身体上的照顾，还强调精神上的敬爱和尊重。在唐朝统治者的积极推动下，孝道被确立为社会的核心价值观之一，其影响力深远而广泛。不仅民间百姓在深厚的文化底蕴和政策的明确导向下自觉地践行孝道，这一价值观还对周边政权乃至后世王朝产生了不可估量的积极影响。

新罗和日本，作为深受唐文化熏陶的国家，通过留学生、官方使节以及民间交流，潜移默化地吸收并借鉴了唐朝的孝文化，这种文化的交融对本国文化的发展产生了深远的影响。特别是在新罗，其对唐文化的接纳不仅体现在物质层面，更深入到精神内核，其中儒家思想，尤其是孝文化的传播显得尤为突出。

新罗积极向唐朝派遣留学生，这些学子在唐朝的国子监中刻苦学习儒家典籍。值得一提的是，《孝经》和《论语》成为他们的必修课程，这些经典中蕴含的孝道精神深深烙印在他们的心灵深处。随着这些留学生学成归国，他们不仅带回了博大精深的知识，更将孝文化的种子播撒在了新罗的大地上。此外，唐朝在派遣使节时也注重选拔儒学人才，他们的到来进一步推动了儒家孝文化在新罗的传播。民间往来也成为这种文化传播的重要桥梁，人们在交流中不断传递着儒家孝道的精髓。

在孝文化的熏陶下，新罗社会逐渐形成了行孝的良好风气。在高丽王朝时期，有一位名僧一然，他在其著作《三国遗事》中详细记载了多则新罗时期的孝子故事。这些故事不仅展现了新罗社会的孝道风尚，也反映了当时政府对孝道的推崇和表彰。其中一则故事《向得舍知割股供亲》讲述了一位名叫向得舍知的孝子的事迹。在景德王时代，能川州地区遭遇荒年，粮食匮乏。向得舍知的父亲因饥饿而濒临死亡。为了挽救父亲的生命，向得舍知毅然割下自己的大腿肉给父亲食用。这一孝行感动了周围的人，他们纷纷将此事上报给政府。景德王听闻后，深受感动，立即赏赐向得舍知五百硕的租米，以表彰他的孝道精神。这则故事不仅揭示了唐代流行的割股奉亲现象在新罗社会也得到了仿效，而且表明新罗政府高度重视孝道，将其视为一种崇高的道德品质，并通过实际奖励来加以推广。

另一则引人深思的故事为《孙顺埋儿》。在兴德王时代，有个叫孙顺的人，他年幼失怙，与妻子一起靠做雇工来赚取微薄的米粮供养年迈的母亲。然而，他们的小儿子却经常抢夺母亲的食物，这让孙顺深感忧虑。为了使母亲能够吃饱肚子，孙顺和妻子商议决定把小儿子带到山脚下埋掉。正当他挖坑时，意外地发现了一口奇特的石钟。于是，他把儿子和石钟一起带回家，将石钟挂在屋梁下轻轻敲击，清脆悦耳的声音竟然传到了王宫。兴德王听闻此事后，不禁感慨道："昔日有郭巨埋儿孝母，感动天地而天赐金釜。如今孙顺为了孝养母亲而埋儿，却得到了地涌石钟的奇迹。前人的孝道和今人的孝道都得到了天地的鉴证。"为了表彰孙顺的纯孝精神，兴德王赏赐了他一栋房屋和一些粳米。

与此同时，在公元 7 世纪至 9 世纪期间，日本也频繁地向唐朝派遣使者，这些"遣唐使"多达数百人，足以见证日本对中原文化的仰慕与渴求。他们在中国不仅学习儒家文化，还参观寺庙、拜访名胜古迹，并邀请中国名家大儒前往日本传授学问。其中，鉴真东渡便是这段历史中的一段佳话。这些使者还带回了大量儒家典籍，将中原的孝文化带到了日本。

与新罗相似，日本也通过留学生、使者以及民间交流等途径深受唐朝孝文化的影响。在日本古代文学中，有一部备受瞩目的长篇小说——《宇津保物语》，其成书时间甚至比蜚声文坛的《源氏物语》还要早。这部作品以一位遣唐使俊荫作为核心人物，围绕其生平事迹展开了一系列引人入胜的叙述。值得一提的是，小说中不仅详尽描绘了俊荫的传奇人生，更在他离世后，将笔触转向了其子仲忠。仲忠的形象在小说中熠熠生辉，他以一种令人钦佩的姿态，尽心尽力地孝敬自己的母亲。他的孝行不仅体现在日常生活的点点滴滴中，更在关键时刻彰显出无尽的深情与坚定的决心。深入剖析这部小说，我们不难发现，仲忠的孝行与中国古代的孝子王祥、孟宗、杨香等人的故事有着异曲同工之妙。他们的孝行都体现了一种深厚的家庭情感和对长辈的无比尊敬。

此外，日本的律令制度在很大程度上是对唐朝律令的一种移植与借鉴。唐朝的律令体系，作为中国古代法律制度的瑰宝，其制定过程中深受儒家孝治思想的影响。儒家文化强调孝道，认为孝是为人之本，这种观念渗透到了唐朝的法律制度之中，使得律令不仅具有强制性的规范作用，更蕴含了深厚的道德教化意义。日本在引进唐朝律令时，不仅学习了其法律条文本身，更在无形中吸纳了儒家孝文化的精髓。这种文化的交流与融合，使得孝文化在日本得以广泛传播并产生深远影响。从日本的律令制度中，我们可以窥见儒家孝治思想的影子，这也进一步印证了孝文化在东亚文化圈中的重要地位。因此，可以说孝文化对日本的影响是深远而广泛的，它不仅塑造了日本社会的道德观念，更在法律制度上留下了深刻的烙印。这种影响一直延续至今，成为日本文化中不可或缺的一部分。

历史的车轮滚滚向前，但文化的传承却历久弥新。宋朝在建立后继续推行以孝治天下的国策，并继承了唐朝尊老养老的政策和措施。官府将孝道教育纳入学校教育体系，《宋会要辑稿》中明确记载，8岁以上的儿童如果不孝顺、不敬爱兄长，将失去入学的资格。这一规定凸显了孝道品行在接受教育过程中的重要性。在课程设置上，宋朝同样将《孝经》作为学生的必修课程之一，要求学生必须通晓其内涵。

在科举取士和选拔人才方面，宋朝也沿袭了唐朝的政策，将孝行作为选拔人才的重要标准。例如，《宋史》中记载的张伯威因孝行而得到升官的事迹以及申积中因孝顺养父母而受到提拔和重用的故事，都充分说明了孝行在宋朝社会中的重要地位。在社会风俗倡导方面，宋朝也继承了唐朝的传统，鼓励大家族同居，以体现家庭和睦、尊老爱幼的社会风尚。史料中多次记载了累世同居的例子，如襄阳县民张巨源五世同居的事迹得到了官府的特别表扬和朝廷的优赐。

在我国古代社会中，赡养老人不仅被视为道德上的基本要求，更是文明发展的重要体现。历史的连续性在尊老养老的传统中得到了完美的体现和延续。老人作为家庭和社会的宝贵财富，在漫长的人类历史演变中扮演着举足轻重的角色。善待老人、尊敬老人不仅是维护社会秩序、促进家庭和睦的基石，更是构建大同社会、实现人人和谐共处的关键所在。唐朝在尊老养老方面所采取的措施不仅从物质和精神层面体现了对老人的深切关爱，更从法律上彰显了老人的特殊地位，为后世树立了良好的敬老爱老风尚。

第八章

诚以致哀：丧葬与唐代生活

唐代是中国历史上一个辉煌灿烂的时代，人们的生活和文化都达到了一个新的高度。作为礼之大节，丧葬是唐人生活中不可或缺的一部分，丧葬文化折射出唐人对逝者诚以致哀的态度。它不仅是对逝者的敬意和怀念，也是对生命的教育和思考，体现了唐人对个体生命生死的深刻思考和对家族传统的重视。

一、厚葬之风

厚葬，秦汉时即已有之，它不仅是一种文化传统，更是一种社会风尚。《晋书·索琳传》就对汉代时的厚葬情形作了描述："汉朝的天子即位一年后就开始修建自己的陵墓。全国的贡赋税收中，有三分之一用于供奉宗庙，其余的用于宴请宾客和修建山陵。"达官贵族则纷纷效仿帝王之家，也厚葬成风。今人考古发掘所见的中山靖王刘胜、窦绾夫妇合葬墓，选择依山为陵，完全仿照地上宫殿建筑建造，规模宏大，装饰奢华，随葬品丰富，令人惊叹。这种风气也蔓延到民间，以至于普通百姓在为亲人送葬时，竞相变得奢靡豪华。他们平日并无足够的物资，却把所有财力都投入在建造墓地上。他们挥霍了自己一生的积蓄，只为了供应终老的一段时光。这种过度的奢华损毁了世世代代积累的财产，全部用于维持送终的开支。

虽然自汉代以至魏晋南北朝，不乏有识之士对厚葬之风提出批评，甚至在魏晋南北朝时还盛行过薄葬，但至唐代，厚葬之风又起，并在当时的社会中占据着极其重要的地位。唐代人竞相追逐厚葬的背后，与唐人有期望长生不老的观念息息相关。唐人为了追求长寿，主动服食丹药，即使是帝王之家也不例外。

在唐代帝王中，唐太宗、高宗、宪宗、穆宗、敬宗以及武宗等都有服食丹药的确切文献记载。贞观二十二年（648），唐太宗派方士那罗迩婆娑在金飙门造延年之药。《旧唐书·宪宗本纪》记载：元和十四年（819）十一月的一天，唐宪宗服用了方士柳泌炼制的丹药。起居舍人裴潾上表劝宪宗服用丹药需谨慎，认为："金石极烈，如果用火炼制的话，火毒很难控制。如果丹药已经炼成，且让方士自己服用一年，观察确实有功效后，才可以让皇帝服用。"唐宪宗看到这奏表后非常生气，甚至将裴潾贬为江陵县县令。长期服用丹药是造成唐代很多帝王暴崩的主要原因。清代人赵翼就在《廿二史札记》中这样评价道："统计唐代服丹药的有6位君主，穆宗、敬宗昏愚，他们被方士迷惑不足为奇。而太宗、宪宗、武宗、宣宗都是英明的君主，为何会愿意以身试丹药？实际上是因为他们对生命的贪恋太过强烈，以至于转而加速了他们的死亡。"

俗语云："上有所好，下必甚焉。"帝王之家服用丹药成风，致使王公贵胄、文人学士纷纷效仿，加入炼丹以及服食丹药的行列。孔平仲《续世说》中记载，节度使李抱真晚年迷恋长生不老术，有术士骗他服用丹药可以成仙。李抱真信以为真，过量服食导致消化不良，病情稍缓后又继续过量服用，很快就暴亡了。李白则沉迷于炼丹，到处寻访炼丹名师。一日，在拜江南丹家胡紫阳为师后，李白作诗表达兴奋之情。诗曰：

太白何苍苍，星辰上森列。

去天三百里，邈尔与世绝。

中有绿发翁，披云卧松雪。

不笑亦不语，冥栖在岩穴。

我来逢真人，长跪问宝诀。

粲然启玉齿，授以炼药说。

铭骨传其语，竦身已电灭。

仰望不可及，苍然五情热。

吾将营丹砂，永与世人别。

韩愈在为其侄女婿写的《故太学博士李君墓志铭》中，为服食丹药而亡的 8 人痛心不已。然而诡谲的是，韩愈晚年时，也因服用丹药致死。白居易《思旧》即是感叹韩愈服丹而亡所作，其诗（节选）曰：

闲日一思旧，旧游如目前。

再思今何在，零落归下泉。

退之服硫黄，一病讫不痊。

微之炼秋石，未老身溘然。

杜子得丹诀，终日断腥膻。

崔君夸药力，经冬不衣绵。

或疾或暴夭，悉不过中年。

　　唯予不服食，老命反迟延。

　　况在少壮时，亦为嗜欲牵。

　　但耽荤与血，不识汞与铅。

　　唐人推崇厚葬之风，还与他们相信生人死后还有灵魂有关。上自帝王，下到平民，大多认同鬼是真实存在的。他们认为鬼既可以祸祟生人或使生人得病，又可以福佑生人。

　　《太平广记》就记载了一则冤魂复仇的故事。故事大概描述了唐朝天宝年间，有一位姓张的剑南节度使，见到华阳人李尉的妻子，被其美貌所吸引。张某为得到李尉的妻子，设计将李尉陷害致死。随后，张某给了李尉母亲很多钱物，并强娶了李尉之妻。虽然张某得到了李尉的妻子，但是经常感觉到李尉在他身边出现。张某请术士祭奠消灾，却无济于事。一年后，李尉的妻子去世。几年后，张某染病，在梦中见到李尉的妻子，她告诉张某，李尉已经向天庭控告了张某所作所为，张某的命本该在当年结束，但只要张某按她说的做，就能消灾，张某深信不疑。在一个傍晚，张某见堂屋东侧的竹林中有红衣女子向他招手，他误以为是李尉的妻子，便把李尉的妻子的告诫抛在脑后。当他走近红衣女时，发现是李尉。李尉一把抓住张某，将其击杀。

　　《宣室志·冤魂捉盗》讲述了一则鬼魂梦告杀人犯的故事。

话说密州地区盗贼猖獗，有一次，强盗闯入殷家杀害3人后逃走。官府追捕一个月后依然无果。樊宗谅时为密州刺史，命令魏华南负责跟进这一案件。一天晚上，殷姓数人托梦魏华南，说凶手姓姚，居住在离这里东边10里的地方。魏华南醒来后立即带领官兵前往殷姓之人所说的地方，到达目的地后发现是一处洞穴。魏华南命令掘开，结果发现了盗贼劫掠殷家财产所得的大量钱物。随后，魏华南对姚家小孩进行审问，确认了贼盗的头目，并抓获了该团伙的10多名成员。

《太平广记·利俗坊民》记载了有鬼行疾致使诸州人多患赤疮的故事。大致是说长庆初年，各州有很多人染上疮疥，有人因此死亡。在洛阳的利俗坊，有几辆车正要出长夏门。有一人想要把随身背着的布囊寄放在车里，并告诫车内的人不要随意打开。车内有人很好奇，还是偷偷打开了布囊，发现布囊很怪异而害怕。后来那人回来看到布囊被打开过，非常不高兴，告诉车内的人说他是冥司派来人间记录500个人情况的，车内的人因阳寿未到，不必担心染疾。说完，那人突然放下布囊，不见了踪影。

《广异记·张琮》记载了一则鬼魂报恩使人幸免于难的故事。说是永徽初年，张琮担任南阳县令。在睡梦中，他听到竹林中传来呻吟声，但是看不到任何东西。连续数夜如此，他感到奇怪。有天夜晚，突然有人从竹林中出现，告诉张琮说他被叛军朱粲杀害，请求张琮移葬他的尸首。张琮答应移葬城外。后来，张琮因惩处一名乡老而使其心生怨恨，扬言要报复张琮。再后来，张琮要外出处理一起火灾，被先前移葬的鬼魂拦住不让外出，说是那名乡老要派人暗杀张琮。第二天，张琮抓捕了乡老的家人，经审讯后乡老承认了罪行。

以上所列举的仅仅是部分有代表性的故事。这些故事可以表明鬼魂观念已深入唐人心中。在唐人社会生活中，也有人将鬼魂观念外显于行为上。比如段成式《酉阳杂俎》前集卷八中记载，在京城长安大宁坊，有恶霸名叫张幹，在自己的双臂上刻刺"生不怕京兆尹""死不畏阎罗王"的字样。张幹在双臂刺刻这些文字，虽然是为证明自己天不怕地不怕，但也一方面说明，唐人在潜意识里认为生人死后是要见阎罗王的。尤其是《大目乾连冥间救母变文》（又简称《目连救母变文》）里描述的可怕的地狱场景，让唐人对鬼魂充满畏惧，因此他们希望通过厚葬的方式取悦鬼魂，以达到趋利避害的目的。而要实现这一目的，就需要生人为死者举行一系列烦琐复杂的仪式程序，引导所谓的鬼魂到新的居所，这就形成了唐代的丧葬礼仪。

二、丧葬仪礼

唐代的丧葬礼仪大体在承绪西周的基础上，将丧葬礼仪不断完善，达到系统化与程序化，并通过法律条文将这些礼仪等级化。比如，对于官员或平民死亡的称谓，唐令规定：凡是官员死亡者，三品及以上称为薨，四品、五品称为卒，六品及以下以及平民等称为死。

唐代人死亡后，其丧事料理需要一系列复杂程序。依据《大唐开元礼》等文献，结合今人的研究成果，唐代丧葬程序基本包括：

初终、复、设床、奠、讣告、沐浴、袭、设冰、饭含、赴阙、敕使吊、设铭、悬重、陈小敛衣、奠、小敛、敛发、奠、陈大敛衣、奠、大敛、奠、庐次、成服、朝夕哭奠、宾吊、亲故哭、州县官长吊、刺史遣使吊、亲故遣使致赙、朔望殷奠、卜宅兆、卜葬日、启殡、赠谥、亲宾致奠、将葬陈车位、陈器用、进引、引辒、辒在庭位、祖奠、辒出升车、遣奠、遣车、器行序、诸孝从枢车序、郭门亲宾归、诸孝乘车、宿止、宿处哭泣、行次奠、亲宾致赠、茔次、到墓、陈明器、下

柩哭序、入墓、墓中祭器序、掩圹、祭后土、反哭、虞
祭、卒哭祭、小祥祭、禫祭、袝庙。

这些程序大致可以归纳为四个阶段：第一阶段是入殓前，即
从"初终"到"庐次"，主要包括死者家属宣告死讯，家人和亲
友要穿上孝服，进行守灵、焚香、祭奠等活动。第二阶段是吊
丧，包括从"成服"到"亲宾致奠"，主要是家属将逝者送入棺
材，举行送葬仪式等。第三阶段是安葬，即从"将葬陈车位"到
"反哭"，主要是将棺材安放于墓穴内，并进行祭祀等活动。从
"虞祭"到"袝庙"则属于安葬之后的其他程序，主要包括安排
灵主牌位、进家庙等内容。

以上程序是唐代统治者通过儒家礼制以及法律条文，对臣民
作出的约束，不得背离礼制。这些程序虽主要适用于除皇帝之外
的三品及以上官员，但四品及以下官员乃至平民百姓也大体遵
循，在实际运行中或因不同地域、不同家族、不同人物等因素而
出现称呼或礼仪细节上的差异。

在整个丧事料理过程中，丧家需要根据与死者亲疏远近关系
穿戴不同类型的丧服，由重到轻，分为5个等级，即斩衰、齐衰、
大功、小功、缌麻，所谓"五服"。

斩衰，是为至亲至近之人深切的悼念。丧家男子为父亲，父

亲为长子，妻子与妾室为丈夫以及待字闺中的女儿为父亲，均需服丧 3 年，以示深切的哀思。齐衰之制则略显复杂，分为 3 个等级。一是当父亲离世后，子女为母亲、母亲为长子需守丧 3 年，尽显亲情深厚。二是在父亲健在时，子女为母亲、丈夫为妻子、男子为伯叔父母及兄弟、出嫁的女儿为母亲、儿媳为公婆、孙辈为祖父母，均需服丧 1 年，以表达对长辈的尊敬与怀念。三是男子为曾祖父母等更为久远的祖先，服丧期为 3 个月，维系着对先祖的记忆与敬仰。大功之期，是男子对已嫁姊妹与姑母，对堂兄弟及未嫁的堂姐妹等亲属的悼念，同样，女子也需为丈夫的祖父母、伯叔父母及兄弟等，还有自己的娘家兄弟侄子服丧 9 个月，这是家族情谊的深刻体现。小功，则适用于男子为从祖父母、堂伯叔父母、从祖兄弟、外祖父母等，女子为丈夫的姑母、姐妹、兄弟妻等，服丧期为 5 个月，是对家族关系的进一步维系。至于缌麻，它涵盖的范围更广，包括男子为族曾祖父母、岳父母、女婿、外甥等众多远亲，服丧期为 3 个月。这一制度的设计，既体现了对家族血脉的尊重，也彰显了中华民族尊老爱幼、重视家族的传统美德。

为加强对臣民丧葬过程的引导和管理，唐王朝还制定了一系列法律规定。一是就官员的丁忧作出制度规定。丁忧源于汉代，本来是指古人遇到父母逝世后，子女按礼必须持丧 3 年，其间通常会穿素服，不行婚嫁之事，不预吉庆之典，任官者则必须离职，后来多专指官员居丧。唐代也沿用前代官员丁忧制度，即官员父母离世，则官员需要解除所任官职，返乡居丧 3 年。如若违反，则会受到惩处。如《唐律疏议》卷二十五规定：

> 官员的父母凡是死亡的应当解除现任官职，在家居丧，如果谎称是其他亲属丧事而不解除官职的，则要处以徒刑二年半。倘若谎称是祖父母、父母以及丈夫死亡用以骗得休假以及逃避差役的，则要处以徒刑三年。若是伯叔父母、姑以及兄姊者，判处徒刑一年；如果是其他亲属，则减罪一等。若是这些人已经先行死亡却谎称刚死亡以及无病称病者，各减罪三等处罚。

二是就官员丧葬用车制定律法规范。《大唐开元礼》卷一百三十九规定送葬时，灵车开始行进，从者行动如常，击鼓奏乐声响起。车辆顺序先是灵车，其次是放置开路神方相（传说中能驱除疫鬼和山川精怪的神仙）的车辆，再次是装载墓志的车辆，然后是大棺材的车辆，接着是辒车（如果墓志和大棺材的车辆提前设置了，就不参与陈设顺序），然后是放明器的车辆，接下来是下帐的车辆，再然后是放米的车辆（用五筲进行五谷米的计量，每筲 2 升，幂用疏布包裹），再次是放酒、脯、醢的车辆（酒用壶装，每个 5 升，幂用功布包裹。脯放在两个瓮中，每个 3 升，幂用疏布包裹），然后是放苞牲的车辆，接着是放供奉的食物的车辆（食物盘碗齐全。方相以下的驾士和搬运人员都戴着帻帽，穿着深色衣服），然后是铭旌，接下来是纛，再然后是铎（铎分为左右两部分），最后是辅助车辆。在以上规定中，不同级别的官员所使用的程序也不同，比如六品以下没有"鼓吹"，也不用方相车，而是改用装载一种术士驱疫打鬼的面具；四品以下没有辒车，等等。

三是就因公殉职人员返乡安葬等具体事项，颁布了各种法规。如唐开元二十五年（737）令规定：凡是随军征战及随皇帝、太子出巡以及执行公务时殉职者，其尸骸由专人负责运送至家乡。唐代的《军防令》进一步规定：如果随军征战的卫士以上战死，均需登记随身财物及尸体，送还交付家属。如已无亲人，则交付就近州县官府分段送还。参照《兵部式》规定，如果帝王、太子出巡时的随行侍从身死，折冲赏财物 30 段办丧事，果毅 20 段，别将 10 段，提供灵车，由途经路段的官府分段负责运送返乡。《唐律疏议》卷二十六还特别作出规定：官员在任而正常死亡，因家道贫寒或人手不足无法运送尸体返乡的，其所在官府应当派遣专人负责送还家乡。违反规定不能送还者，处以杖一百。

四是允许寒食节时扫墓。寒食节扫墓是唐代丧葬仪礼中比较重要的一个习俗。寒食节又称为"禁烟节""冷节""百五节"等，是古代民间第一大祭日，由春秋时期晋文公为纪念名人介子推而设立。传说晋文公流亡时，介子推曾割下自己身上的肉为他充饥。后来晋文公分封群臣，唯独介子推不愿接受封赏，而是带着自己的母亲隐居于绵山。晋文公又亲自去绵山请介子推做官，被他拒绝。晋文公为使介子推下山，就下令放火烧山，却不料将介子推与其母亲烧死在一棵大树下。晋文公心生悔意，要求晋国民众在介子推死难日不得生火做饭，只许食用生冷的食物，称为寒食节。至唐代中后期，寒食节与清明节合二为一。《唐会要》卷八十二就记载，开元二十四年（736）二月十一日，唐玄宗诏令："寒食清明，四日为假。"大历十三年（778）二月十五日，唐代宗诏令："自今已后，寒食通清明，休假五日。"贞元六年（790）三月初九，唐德宗诏令："寒食清明，宜准元日节，前后各给三天。"

在唐代，虽然寒食节扫墓是民间早已盛行的习俗，却因礼法无据，所以唐初的统治者不仅不承认，而且还要下令禁止。《唐会要》卷二十三就记载，龙塑二年（662），唐高宗李治认为寒食节扫墓，原本纪念逝去的亲人是令人悲伤感怀的，但发现民众坐在松树密集的地方，面对寒风，却显得很欢乐。这是需要下令禁止的。但这一习俗在民间由来已久，并非一道诏令即可禁止的。因为每到寒食节时，田野道路上布满了各种人，都是去祭扫父母家人墓的。杜牧的《寒食》和白居易的《与诸孙观察书》等诗文中，通过生动的描绘展现了唐人对寒食节扫墓的重视和参与。有鉴于此，开元二十五年（737）五月，唐玄宗李隆基索性下诏，要求寒食节扫墓编入"五礼"，"永为恒式"。再后来，由于寒食节扫墓，导致京城官员旷废职事现象的发生，为了规范官员寒食节扫墓，唐宪宗时期，又下诏允许官员在寒食节扫墓时给假。

此外，还对墓地、墓田、坟墓周围树木等财物作出立法保护，他人不得随意侵占或破坏。如《唐律疏议》卷十三规定：

> 盗耕人墓田，将受到一百杖的惩罚；伤坟墓者，判徒一年。而盗取别人的田地来埋葬尸体的人，将受到笞五十的惩罚，如果是盗用墓田的话，罪加一等，并被要求移葬。如果无法确定盗葬者的身份，应当告知里正移葬别处，但如果擅自移埋，则将受到笞三十的惩罚。如果找不到合适的地方进行迁葬，可以听由田主自行处理。

在这条律文后，还针对一些特殊情况作出解释，如"盗耕不问多少，即杖一百"；"盗葬他人墓田"罪加一等，是杖六十等。如果是故意损毁他人坟墓、破坏坟墓内尸体者，则要加重处罚。《唐律疏议》卷十八规定："如果有人私自挖掘他人的地下财物而不进行迁葬，或者在墓葬周围熏狐狸而烧毁棺椁，将被判处徒两年的刑罚；而如果烧毁尸体，则徒三年。对于缌麻以上的尊长，各递加一等处罚；而对于卑幼，各依凡人减罪一等。"此外，唐律还特别强调如果是子孙于祖父母、父母，或者是部曲、奴婢于主人坟墓周围熏狐狸而烧毁棺椁，则判徒二年；如果烧到了棺椁，则要判流 3000 里的刑罚；烧到尸体的话，则要判处绞刑。

《唐律疏议》卷十九还规定："对于盗挖坟墓的，处以加役流；如果是已经打开棺椁的，处以绞刑；如果只是盗挖坟墓而没有打开棺椁者，判处徒刑三年。"还规定："如果坟墓已经损毁以及尚未埋葬而盗取尸体灵柩者，判处徒刑二年半；若只是盗取衣服者，减罪一等；盗取器物、砖块、墓铭等者，以一般盗窃罪论处。"此外，坟墓碑碣、石兽以及树木等也是受到唐律保护的，如果有盗取者，则会受到法律惩处。比如《唐律疏议》卷十九规定："凡是盗取皇陵内草木者，判处徒刑二年半；若是盗取其他坟墓周围树木者，罚杖一百。"《唐律疏议》卷二十七规定："凡是损毁他人碑碣和石兽者，判处徒刑一年；若是损坏他人宗庙和神主者，罪加一等。如果有人故意损坏具有一定价值的各类建筑物，估算其价值，依赃罪论处，并令损坏人重新修建。如果不是故意损坏的，只要令其恢复即可，而不用追究刑罚。"这些是针对盗墓行为的严厉处罚律文。

　　唐人之所以对坟墓以及其周围财产进行保护，不仅是为了体现生人对死者的尊重，也是为了对祖先行孝，以维系与祖先的联系，让后代了解和尊重家族的历史和根源，维护社会秩序的稳定。

三、墓葬之制

　　墓葬是人类发展到一定历史阶段的产物。在考古学界，一般认为"人类将死者的尸体或尸体的残余按一定的方式放置在特定的场所，称为葬；用以放置尸体或其残余的固定设施，称为墓"，两者通常合称"墓葬"。区别于地上建筑，墓葬主要是指地下供死人居住和使用的建筑体。据学界已有研究及出土文物表明，至迟在旧石器时代晚期，墓葬即已产生。早期的墓在地面以上没有坟包，也没有明显的标志物，这就是古人所说的"不封不树"。一般认为，春秋晚期，开始出现坟丘墓，到战国时期普及。西汉中期，因在形制上开始模仿现实世界中的房屋而发生划时代变化。魏晋南北朝以至隋代，大体沿用汉代形制。

　　关于唐代墓葬的分期，学界一般认为可以划分为三个历史时期，分别是唐高祖至太宗时期，时间跨度大约为 30 年；唐高宗至玄宗时期，时间跨度大约 100 年；唐肃宗至唐末，时间跨度约为 150 年。

　　根据考古发掘结果，研究者认为唐代墓葬可以大致分为 6 种类型：双室砖墓、巨型单室砖墓和双室土洞墓、大型单室砖墓和土洞墓、中型单室砖墓和土洞墓、小型单室砖墓和土洞墓以及小型土坑墓。同时，根据墓葬形制的演变，唐前期在前代墓葬形制的基础上，出现双室砖墓；在安史之乱前，虽然各种墓葬形制多已出现，但整体趋向使用长斜坡墓道、多天井的单室砖墓和土洞墓；安史之乱后，墓葬形制的简化以及规模的缩小成为主要趋势。

　　根据等级来划分，唐代墓葬可以大致分为帝陵、皇室墓、品官墓以及平民墓等，在皇室墓中又有皇后墓、太子或公主墓以及亲王墓等。帝陵是唐代皇帝的陵墓，通常建在山岳之上，规模宏大，形式庄严，设有祭祀建筑和陵寝，是最高等级的墓葬。皇室墓是皇帝家族成员的墓葬，太子或公主以及亲王或有专门的墓葬。品官墓是唐代官员的墓葬，根据官职的高低可以分为不同级别，高官的墓葬规模较大，设有墓道、墓壁等建筑。平民墓是指一般百姓的墓葬，规模较小，通常没有特殊的陪葬品和陵园建筑。一般下层官员的墓葬与平民墓葬相差不大。以下仅就帝陵、品官墓以及平民墓分类简述。

唐代在继承秦汉的基础上，衍生出一套更为严格的陵寝制度。根据"依山为陵"制度，唐代的帝陵都选择了山地作为建陵的地点，即采用山墓的形式，将陵园建筑在山岳之上，通过挖掘山体，将陵园建筑嵌入山中，形成山门、墓道、墓室等建筑群。通常在山门前设置石阶和建筑群，作为进入陵园的入口。墓道则是连接山门和墓室的通道，一般挖掘在山腹内部，起到连接和屏障的作用。墓室则是皇帝的埋葬地，通常设有石室或石宫，内部布置奢华的陪葬品和灵位，陵园则是围绕墓室而建的景观。

选择依山建陵，首先是因为山在古人心中具有崇高、稳固和神圣的象征意义，被视为可以连接天地的神秘之地。他们相信通过依山建陵，可以使皇帝陵寝与自然环境融为一体，既能彰显皇权威严，又能增添陵寝的神秘感和尊贵感，展示唐代帝王的统治权威和文化底蕴。其次，唐人认为山是"龙"的外化形式，与河流、湖泊等水域相结合形成所谓的"龙脉"，可以保护帝陵安全与帝王精神福祉。

有唐一代共 21 位皇帝，他们死后大多安葬在今天的乾县、礼泉、泾阳、三原、富平、蒲城等地，呈西南—东北一线，绵延100 余公里，称为"关中十八陵"。这些陵墓几乎与汉代帝陵成平行线，构成陕西地区一道独特风景线。

"关中十八陵"，主要包括献、昭、乾、定、桥、泰、建、元、崇、丰、景、光、庄、章、端、贞、简、靖等 18 座唐代帝王陵。献陵是唐高祖的陵墓，位于三原县，在此地的还有唐敬宗的庄陵、唐武宗的端陵；昭陵是唐太宗与文德皇后的合葬陵，位于礼泉县，唐肃宗的建陵也在此县；乾陵是唐高宗和武则天的合葬陵，位于乾县，唐僖宗的靖陵也在此县；定陵是唐中宗的陵墓，与唐懿宗的简陵、唐代宗的元陵、唐文宗的章陵、唐顺宗的丰陵一起位于富平县境内；桥陵是唐睿宗的陵墓，和唐玄宗的泰陵、唐宪宗的景陵、唐穆宗的光陵，都位于蒲城县；唐宣宗的贞陵和唐德宗的崇陵，则位于泾阳县境内。

除了这 18 座帝陵外，唐昭宗李晔的和陵、唐哀帝李柷的温陵，分别位于河南偃师以及山东菏泽。唐昭宗是唐懿宗李漼第七子、唐僖宗李儇的弟弟，是唐代第 19 位皇帝。《旧唐书》对他的描述是：

> 攻书好文，尤重儒术，神气雄俊，有会昌时期的遗风。面对先朝的衰败和国家陷入微弱的境地，他尊重礼制，亲近大臣，研习治理之术，旨在恢复和振兴旧业，宣示号令天下。登基之初，无论国内还是国外，都称道他的才德和威严。

他制定了一整套适应时局的治国方略，发动了平定四川的陈敬瑄和河东的李克用的战争，最终击败了田令孜，也打击了李克用的势力。然而，由于唐朝中央军的损失严重，国力和兵员也不足，导致他对宣武节度使朱温的实力发展无能为力，致使朱温得势成为中原的霸主，更为唐王朝的灭亡埋下祸根。朱温得势后，虽在洛阳迎回唐昭宗，但觉得已无政治价值，遂下令杀了唐昭宗，草葬于偃师顾县镇。

唐哀帝是唐昭宗第九子，也是唐代最后一位皇帝。他即位时，不过是藩镇控制下的傀儡皇帝。天祐二年（905），朱温将唐朝的朝臣全部杀害，制造了"白马驿之祸"。两年后，又迫使唐哀帝禅位给他，自己登基称帝，建立后梁。唐哀帝在被废黜之后，先是被流放到曹州（今山东省菏泽市），次年被毒杀，年仅17岁。他的温陵也成为唐代众多陵墓中唯一没有地宫的帝王陵。

唐代的帝陵基本上是仿照皇帝生前的生活环境建造，陵墓的朝向是坐北朝南，其建筑以神道为南北中轴线布局，地面建筑主要包括城阙、封丘、寝宫、游殿、祭坛、下宫以及陵署等，地下建筑是主要包含羡道、墓室等在内的地宫。在唐代众多帝陵中，最引人注目的莫过于开创"因山为陵"先例的昭陵。

昭陵位于陕西咸阳礼泉县西北的九嵕山。从贞观十年（636），文德皇后长孙氏死后安葬开始，一直到天宝二年（743），建造周期长达百余年。整个陵墓周长 60 公里，面积达 2 万公顷，计大小陪葬墓 180 余座，是极具代表性的唐代帝陵，也是中国古代帝陵中规模最大、陪葬墓最多的帝王陵墓。

根据《唐会要》卷二十记载，昭陵深 75 丈（约 221.25 米），绕山 230 步（约 339.25 米），始达玄宫门，顶部还有游殿，文德皇后就安葬在玄宫的后面。玄宫有五道重重的石门，门外有双排的栈道延伸。四周有墙垣环绕，四隅建有阙楼，东西和南北阙楼间各开一门，分别叫作朱雀门和司马门。陵园内主要有献殿、北司马院、寝宫等建筑群。献殿位于朱雀门内，主要供祭日帝王上陵朝拜、祭献以及陈列唐太宗生前用物之用。北司马院，也就是后世所称祭坛，是一组南北对称的建筑群。闻名遐迩的昭陵六骏、十四国酋长石刻像就放置在此处。寝宫（也被称为下宫），是供墓主唐太宗及长孙氏的灵魂饮食起居，后世帝王拜谒时驻跸沐斋以及守陵官员与守陵人居住的地方。

《新五代史》卷四十中记载了五代时，耀州（治所在今陕西省耀州区）节度使温韬盗掘唐代帝陵的情形。温韬沿着埏道下去，看到宫殿的结构非常宏伟，与人间别无二致。正寝室位于中间，东西两侧是排列整齐的石床，床上的石函中装满了用来保存前朝的图书、钟繇和王羲之的笔迹的铁匣，这些纸墨的状态仍然像新的一样。可见昭陵之壮丽与奢华。难怪唐代诗人杜甫在《重经昭陵》一诗中感叹：

> 圣图天广大，宗祀日光辉。
>
> 陵寝盘空曲，熊黑守翠微。
>
> 再窥松柏路，还见五云飞。

　　毫无疑问，唐代的帝陵选址讲究，规模宏大，形制庄严，环境优美，陵园内树木葱茏，花草繁盛，构成了优美的自然景观，在中国古代墓葬史上占据着重要的地位，它们不仅是历史的见证，折射出唐王朝的繁荣和强盛，也为今人深入了解唐代社会、政治、经济、文化等各个方面提供了重要的历史资料。通过对墓葬中出土的文物、墓志铭等的研究，我们可以无限接近唐代的社会面貌和历史场景，窥见那个辉煌而繁荣的时代，感受那段灿烂的历史时光。

　　唐代官员死后墓葬形制、墓室多寡大小、墓室内结构以及随葬品种类与数量等，都能够直接反映官员生前的政治地位与经济状况。目前已知的唐代墓葬数量以万计算，按照唐代墓葬类型划分，官员品级越高，他们的墓葬形制规格就越高。从现有的考古发掘成果来看，三品以上高级官员的墓葬采用双室砖墓、巨型单室砖墓和双室土洞墓、大型单室砖墓以及大型单室土洞墓。双室砖墓形制墓葬的地面以上建筑包括高大的封土、石像生以及碑铭等。地下墓室内均有超 50 米以上的长斜坡墓道（有的甚至超过 100 米）、过洞、4 个或 4 个以上的天井及小龛。前后室宽大，特别是后室的长与宽多超过 4.5 米。墓室内均有石门、石棺或石椁等。陪葬品从百十件至千件不等。葬于显庆三年（658）的尉迟敬德夫妇合葬墓、葬于 664 年的郑仁泰墓即属于这一类型。有意思的是，尉迟敬德夫妇合葬墓以及郑仁泰墓均是帝陵昭陵的陪葬墓。

巨型单室砖墓和双室土洞墓的形制基本与双室砖墓相同，地面以上建筑也有封土、石像生等，地下建筑中的长斜坡墓道、天井、过洞、甬道以及墓室等都有，随葬品也很丰富，不同之处在于没有前墓室。葬于显庆二年（657）的荆州刺史张士贵夫妇合葬墓、葬于神龙元年（705）的沙洲刺史李思贞墓即属于这一类型。且据相关研究，李思贞墓是目前考古发掘仅见的双室土洞墓。

大型单室砖墓以及大型单室土洞墓的基本形制，与巨型单室砖墓和双室土洞墓相似，其主要差别在于墓葬的长度短于后者的一半左右。墓室内有砖制棺椁，陪葬品数量虽少，但种类基本齐全。葬于总章元年（668）的李爽墓、葬于开元十一年（723）的鲜于庭诲墓、葬于天宝四载（745）的苏思勖墓等都属于这种类型。根据已有的考古发掘报告，苏思勖墓位于陕西省西安市碑林

区兴庆宫公园东南处，由墓道、甬道以及墓室等组成，全长 13.7
米、宽 1.36 米、深 6.8 米。墓室和甬道共有壁画 24 幅，其中大部
分保存完整，随葬品以陶俑居多。

　　除以上高级官员的墓葬形制外，唐代大多数中下级官员墓葬
的形制是中型单室砖墓以及土洞墓。这些墓葬大多长 10 米以上，
墓室长约为 3 米、宽 3 米左右，有斜坡或竖斜墓道，天井数量
少，陪葬品种类及数量不一。葬于贞观二十三年（649）的司马
睿墓、葬于景龙三年（709）的独孤思敬夫妇合葬墓、葬于大和
九年（835）的姚存古墓以及葬于大中十一年（857）的间志诚墓
等都属于这一类型。

　　根据既有考古发掘报告可知，唐代平民墓的形制一般是小型
单室土洞墓或竖穴土坑墓。小型单室土洞墓的形状多为不规则的
长方形，墓长 3 米左右，有斜坡墓道，墓室内有砖或土制棺床，
棺椁材质一般为木质，以砖或土封门。竖穴土坑墓一般下挖深度
1 米左右，墓长 2.5 米左右，墓室内设有天井、小龛等。虽然在
已考古发掘的唐代平民墓葬中，发现不乏墓室建造奢华者，陪葬
品种类丰富且数量多，如葬于上元二年（675）的杨保墓，在其
甬道和墓室中发现陪葬品 70 多件，应属于富裕家庭，不过，大
多数墓葬内的陪葬品种类和数量较少，以日用陶瓷器为主，个别
墓室内有陶俑。这些随葬品或是丧家从唐代出售丧葬用品的店铺

"凶肆"里购买后放置的。

从平民墓葬中出土的随葬品来看，他们生活水平普遍不高，尤其到唐末时，由于战乱频仍，百姓生活多艰。这一点，在聂夷中的诗《咏田家》中被描绘得淋漓尽致，诗曰：

> 二月卖新丝，五月粜新谷。
> 医得眼前疮，剜却心头肉。
> 我愿君王心，化作光明烛。
> 不照绮罗筵，只照逃亡屋。

诗中描述了百姓为了生活不得不忙忙碌碌，还时常需要"拆东墙补西墙"，最终却落得食不果腹的结局，这种情景实在令人唏嘘。

结　语

　　唐朝是中国历史上一个繁荣且开放的时期，其疆域广阔，物产丰富。经过唐太宗的"贞观之治"和唐玄宗的"开元盛世"，唐王朝实现了经济的巨大发展，国内安定，政令统一，与突厥、回鹘、吐蕃、南诏及渤海等少数民族政权保持稳定的关系，与中亚和海外有频繁的商贸往来。这些共同成就了唐王朝的强大和民众的自信，从衣食住行到婚丧嫁娶、教育养老等方面，无不透露出唐朝的与众不同。

　　唐人的风华绝代体现在其绚丽多姿的服饰文化上。王公大族和官员们喜欢穿着华丽而浮夸的服装，以展示自己的财富地位，彰显唐王朝的雍容大度；而平民百姓则穿着朴素的衣物，满足日常生活的需求。无论是精致华丽还是质朴无华，都共同折射出唐代服饰文化的魅力。

　　唐代社会的安定与繁荣为饮食文化的大发展创造了得天独厚的条件。宫廷中有各种珍馐美味，满足皇帝和官员的口腹之欲。中唐以后，逐渐产生夜间餐饮的习惯，尤其是南方的苏州出现了宴游之风。而平民百姓主要以米饭、面食等粗粮为主。文人雅士们善于品茶，使茶与酒成为唐人不可或缺的饮品。随着食材的丰富多样，唐人凭借独特的烹饪技巧和食谱，烹制出了令人垂涎欲滴的美食。同时，商贾贸易往来也使唐朝的饮食文化与外来元素广泛交流融合，展现出古朴清新、丰富多彩的特色。

　　在建筑方面，唐代继承前代并借鉴外来的建筑技术，使得木结构和砖石技术得以成熟。皇宫、陵墓、坛庙等建筑规模宏大，规划严谨。对建筑群的处理也不再简单地纵横排列，而是将重要建筑物放置于中轴线突出的位置，体现出唐代建筑的整体性和庄严气质。华丽精美的亭台楼阁展示了唐人对建筑美学的深刻理解，彰显了唐人的生活品位。普通百姓的住房则简单朴素，符合基本的居住需求。唐代也见证了唐人使用家具的生活习惯的变革，从席地而坐到垂足而坐的习惯逐渐传播到民间，推动了家具造型的改变。这些家具融合了实用性和美学，展示了唐人的诗情画意。

唐代的交通非常发达便捷。河流、运河和陆路共同构成了唐代的交通网络，形成了以长安、洛阳等为中心的陆路和水路交通网。另外，陆上的"丝绸之路"和海上的"丝绸之路"也让唐人的出行更加便利。交通网络的发展和开放的思想使得出行人群中女性的身影越来越多。在旅途中，唐人纵情于高山大岭、大江大河、古物遗迹、花鸟鱼虫以及水榭楼台等景观之中，享受出行的快乐。同时，交通运输的发达也带动了驿站旅馆、餐饮等行业的繁荣，对当时以及后世产生了深远的影响。

唐代的学校教育得到了极大的发展。唐王朝在中央建立了国子监，并在各地设立了官学。此外，还出现了各种类型的专科学校，尤其是医学校在地方的设立成为唐代学校教育的特色。唐代学校教育从入学到学成都有严格的规定和制度。尽管儒家经典被列为最重要的必修课程，但也增加了许多专业知识的学习。唐王朝的统治者将治国、选拔人才和教化融入到学校教育中，以加强政权的基石和统治，使得文人雅士成为唐代社会的重要群体。

除了教育，婚姻和养老也是唐人生活的重要组成部分。婚姻在唐代承载着众多的意义和责任。它不仅是家族血脉延续的方式，也是社会地位和财富继承的手段。在婚姻中，女性扮演着贤良淑德的角色，婚姻对于她们来说是一种使命和责任，需要通过服从丈夫、照顾家庭和生育后代来维系家庭和社会的稳定，同时也要养育子女，承担起母亲的责任。

养老送终是唐人特别关注的问题。在唐代，孝道被视为重要的伦理观念，孝被认为是人伦关系的核心。唐人要尽力赡养父母，当父母年老体弱时，即使在外地，子女也会回家探望和照顾他们。养老和送终是一种人伦的道义，也是对个人、家族乃至社会的尊重。

概而言之，唐人的生活不仅仅局限于政治、制度和军事等上层建筑，他们也追求优雅的服饰、美味的食物，注重居住环境的典雅和舒适。交通发达和开放的思想使得他们能够开阔视野。文化传承和教育培养在他们心中占据重要地位。他们注重家族的荣誉和婚姻利益，希望长寿并尊重长辈。丧葬仪式是他们表达哀思和尊重的重要方式。这些共同构成了唐人的生活方式和价值观。

后　记

　　这本小书是我在耿元骊教授领导下，写的第三本历史普及读物。原本因时间关系不打算写后记，但元骊教授说可以宽限到 8 月底。然而当我打开电脑准备码字时已然入 9 月了，思来还是简要交代一下写作的过程为好。

　　自打读研究生以来，我学习和研究的历史时段一直是宋代，虽然在研究过程中，基于某些议题会追溯宋代以前的历史演变，但从未想过有一天会专门围绕唐代历史时期的某一个话题来进行写作。机缘巧合的是，元骊教授询问我是否有意愿承担关于唐代衣食住行方面的历史读物的写作。想到这是迫使自己认真学习唐代历史知识的一次难得机会，我就立即应承下来。

谈到唐朝，我想每一个现代人都会在自己的脑海里构绘一幅关于它的景象，由它的起起落落而寻找一个不一样的话题，呈现它繁复的历史风貌。这本小书尝试通过对唐人衣食住行的描述，向大众展示唐人的生活特征，使读者深入体会唐人生活的实态。在写作过程中，我尽可能地搜集了关于唐代衣食住行的历史资料，力图还原部分唐人的生活面貌。

在这本小书完成之际，我想借此机会对那些在我写作过程中给予帮助和支持的人表示深深感谢。我首先要感谢元骊教授给予的这个机会，让我迫使自己深入学习唐代的历史知识，也让我对这个古老的时代有了一个全新的认识。

我也要郑重地感谢我的研究生邢益明、吕浩文、夏盼盼、张秋悦，真诚感谢我的妻子金宇娟博士以及我的岳父母和父母，是你们给予我无尽的支持，让我感受到温暖。还要感谢"鱼的记忆"群里的小伙伴，是你们的陪伴，给予我前进的鼓励，让我感受到无尽的力量。

我更要感谢前贤时擘，正是他们的研究成果以及著作为我提供了宝贵的写作思路和启示。他们的治史精神永远值得传承。

最后，我要感谢那些可能阅读这本小书的读者。我期待这本小书可以激发您对唐人生活的兴趣和好奇心，也希望您能在阅读